시와 술과 차가 있는

중국 인문 기행 2

시와 술과 차가 있는

중국인문기행

中國人文紀行

| 절강성 소흥·강소성 의흥 편 |

2

송재소 지음

창비

| 책머리에 |

나는 주위 사람들로부터 "중국의 어느 곳이 제일 좋은가?"라는 질문을 자주 받는데 이 질문에 대한 정답은 없다. '어느 곳이 좋다'는 것은 개인의 취향에 따라 결정되는 것이기도 하지만 그보다도 중국이란 나라가 워낙 넓기 때문에 각 지역의 풍광과 문화적 특색이 달라서 '어느 곳이 제일 좋다'라 단정하기 어렵기 때문이다. 자연경관만 하더라도 계림(桂林)의 산수는 그것대로 좋고 황산(黃山)의 경치는 또 그것대로 좋은 것이어서 그 우열을 따지기 어렵다.

또 중국은 56개의 소수민족이 각각 독특한 풍속과 문화를 형성해왔기 때문에 어느 곳이든 그 나름의 특징을 지니고 있다. 그뿐만 아니라 지역에 따라 기후도 다르다. 흑룡강성의 1월 평균기온이 영하 15도 정도인데 남쪽 해남도의 1월 평균기온은 영상 20도 정도다. 한 나라인데도 지역에 따라 같은 시기의 기온이 이렇게 차이가 난다. 그러므로 각기 다른 지리적 환경 속에서 수천 년 동안 집적된 문화적 내용은 지역마다 다를 수밖에 없다. 그러니 어느 곳을 좋아하느냐는 순전히 개인적 취향에 따라 달라지게 마련이다.

중국은 어디를 가도 볼만한 것이 많은데 『시와 술과 차가 있는 중국 인문 기행』(이하 『중국 인문 기행』) 제2권에서 절강성(浙江省, 저장성)의 소흥(紹興, 사오싱)과 강소성(江蘇省, 장쑤성)의 의흥(宜興, 이싱)을 다룬 것은 그럴만한 이유가 있다. 이 두 도시는 다른 어느 곳보다 인문학적 유산이 풍부한 곳이다. 이 책이 '풍경 기행'이 아닌 '인문 기행'이기 때문에 두 곳을 선택한 것이다. 특히 소흥의 인문학적 가치는 아무리 강조해도 지나치지 않는다. 이렇게 작은 도시에 그토록 많은 역사적 유적을 보유한 곳은 아마 유례가 없을 것이다. 의흥에는 죽해(竹海), 종유굴(鍾乳窟) 등의 자연경관도 빼어나다.

또 이 두 곳은 한국에서 매우 가까운 거리에 있는데도 한국인들이 잘 찾지 않은 곳이기 때문에 이 기회에 소흥과 의흥의 매력을 좀 알리고 싶은 생각도 있었다. 인천에서 항주까지 비행시간이 2시간이고 항주에서 버스로 1시간이면 닿을 수 있는 곳이 소흥이다. 일반 패키지 관광 상품으로는 가기 어려운 곳이면서 인문적 유산이 풍부한 지역을 소개하자는 것이 『중국 인문 기행』의 집필 의도 중의 하나이기도 하다. 내가 소흥을 드나든 지 십수 년이 되는데 아직도 한국어 가이드가 없는 것을 보면 이 곳이 얼마나 한국 관광객들의 관심권 밖에 있었던가를 짐작할 수 있다.

이번 책은 2011년 12월에 갔던 답사팀의 동선(動線)에 따라 서술했다.

그렇게 한 이유는 그때의 여행이 가장 인상에 남았고 또 비교적 메모가 충실히 남아 있었기 때문이다. 그 이후에도 나는 여러 번 소흥과 의흥을 다녀왔다. 그러므로 이 책에는 내가 마지막으로 갔던 2016년까지의 정보가 모두 담겨 있다. 두 도시의 풍광이나 유적이야 변할 리 없지만 그래도 사소하게 변화한 것들을 모두 기록했다.

사실상 중국은 급격히 변화하고 있어서 갈 때마다 놀라곤 한다. 막강한 경제력을 바탕으로 가는 곳마다 신축 건물이 들어서는 등 도시 전체가 개조되는 듯한 인상을 받는다. 역사적 유적지의 경우에도 대대적으로 재정비를 하여 진입로부터 전혀 낯설게 새 단장을 한 곳이 있는가 하면, 유적지 안의 진열물도 기존의 것을 없애거나 새로운 것을 추가한 곳이 많고 진열물의 위치도 이전과는 다르게 옮겨놓은 것을 볼 수 있다. 그래서 2015년 출간된『중국 인문 기행』1권의 어떤 부분은 책에 서술된 사실과 다르게 바뀐 것이 많다. 마치 내가 거짓말을 한 것처럼 보일 정도로 확 달라진 곳도 있다. 2권에는 2016년까지의 변화된 모습을 서술했지만 앞으로 또 어떻게 바뀔지는 모르는 일이다.

중국 여행에서 술을 빼놓을 수 없어서 이 시리즈의 제목을 '시와 술과 차가 있는 중국 인문기행'으로 정하고 1권에서는 내가 마셔본 다양한 백주(白酒)를 소개했는데 이번 책에서는 중국 황주(黃酒)만을 집중적으로 소개했다. 소흥이 황주의 본고장이기 때문이다. 우리나라 사람들은 아직 황주의 맛을 모르는 경우가 많은데 본문에서 기술한 바와 같이 황주, 특히 소흥주는 프랑스산 최고급 와인보다 절대 뒤지지 않는 좋은 술이다. 그래서 황주의 오묘한 맛을 독자들과 함께하고 싶은 마음에서 내 나름으로는 황주에 대한 모든 정보를 담으려고 했다.

한시(漢詩)는 나의 주 전공인지라 역사적 사실이나 인물과 관련된 시를 가능한 한 많이 소개하려고 노력했다. 기행 현장에서 상황에 맞는 시를 적절히 소개하고 해설하는 이 한시 부분이 아마도 다른 중국 기행문과 구별되는 이 책만의 특징이 아닐까 하고 감히 자부해본다. 그리고 감흥에 못 이겨 쓴 어설픈 나의 한시도 군데군데 삽입했다. 너그러이 봐주시기 바란다.

1권이 나온 지 2년 6개월 만에 2권이 나오게 되었으니 상당히 늦은 감이 있다. 이렇게 늦은 것은 내 글쓰기의 '생산성'이 높지 않은 탓도 있지만 컴퓨터 조작의 미숙으로 중간에 많은 부분을 '날려버렸기' 때문이다. 나는 2015년 9월부터 중국 남경대학의 초빙교수로 있는 동안 비교적 시간 여유가 있어서 2권 집필 작업을 하고 있었는데 어느 날 200자 원고지 700매가량의 내용이 날아가버린 것이다. 분명히 내가 컴퓨터를 잘못 조작해서 없어졌을 것이다. 없어진 부분을 복구하기 위하여 백방으로 노력했으나 끝내 복구하지 못했다. 그날은 정말이지 잠을 잘 수가 없었다. 그러나 곧 '하늘이 나로 하여금 이 글을 다시 쓰게 하는 것'이라 체념하고 마음을 가라앉혔다. 그래서 늦어진 것이다. 기계가 편리하기는 하지만 또 이렇게 사람을 골탕 먹이기도 하는구나 하는 생각이 들었다.

이 책을 쓰는 데에 도움을 받은 사람이 많다. 의흥의 자사기(紫砂器) 부분은 단국대학교 도예학과의 박종훈 교수와 조일묵 교수가 도자기에 문외한인 나에게 많은 도움을 주었다. 이 자리를 빌려 감사의 뜻을 전한다. 그리고 사진작가인 나의 벗 정시식 형은 그가 촬영한 수려한 사진을 게

재하도록 허락해주었다. 정형에게도 감사하다는 마음을 전한다.

'중국 인문 기행' 시리즈를 기획할 때부터 지속적인 관심을 가지고 성원해주고 책으로 펴내준 창비 여러분께 고맙다는 뜻을 전한다. 또한 정편집실 유용민 씨의 노고도 잊을 수 없다. 유용민 씨는 창비 시절부터 지금까지 나의 책을 전담하다시피 맡아서 편집을 해주었다. 이번 책에도 세심한 손질을 해서 이만한 책이 나올 수 있었다. 정말 고맙다.

2017년 9월 지산시실(止山詩室)에서

송재소

차 례

일러두기

1. 중국의 지명은 한자를 우리말로 읽어주는 것을 원칙으로 하되, 주요 지명에만 처음 나올 때 괄호 안에 중국어 표기를 병기했다. 예, 절강성(浙江省, 저장성), 소흥(紹興, 사오싱).
2. 중국의 인명은 한자를 우리말로 읽어주는 것을 원칙으로 하되, 현대 인명에만 처음 나올 때 괄호 안에 중국어 표기를 병기했다. 예, 서비홍(徐悲鴻, 쉬베이훙).
3. 본문 안에 방주로 넣은 '이 책 1권 참조'는 『시와 술과 차가 있는 중국 인문 기행』(창비 2015)을 말한다.

제1부

절강성 소흥

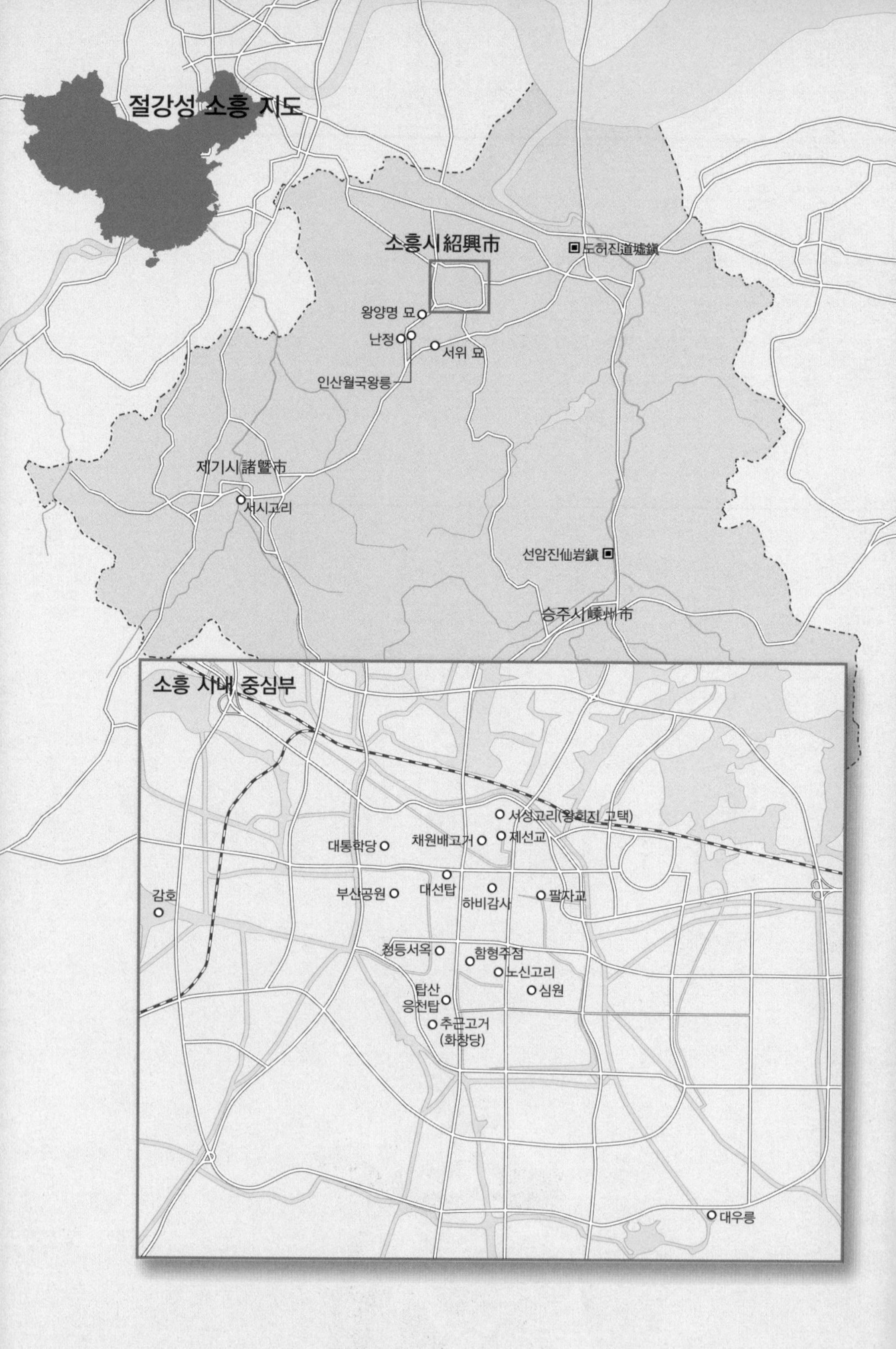

절강성 소흥 지도
소흥시紹興市
도허진道墟鎮
왕양명 묘
난정
서위 묘
인산월국왕릉
제기시諸曁市
서시고리
선암진仙岩鎮
승주시嵊州市
소흥 시내 중심부
서성고리(왕희지 고택)
채원배고거
제선교
대통학당
대선탑
부산공원
하비감사
팔자교
감호
청등서옥
함형주점
노신고리
심원
탑산
응천탑
추근고거
(화창당)
대우릉

와신상담의 현장, 부산을 찾아서

소흥을 처음 와보는 가이드

2011년 12월 17일 12시 35분 인천공항을 이륙한 아시아나 OZ 359편 비행기가 오후 1시 37분(현지시간) 항주(杭州, 항저우)의 소산(蕭山, 샤오산) 국제공항에 착륙했다. 공항에는 중국동포 3세 가이드 원영일이 나와서 우리 일행(17명)을 맞았다. 그는 투박하게 생긴 외모에 다소 무뚝뚝한 인상을 주었지만 그 나름대로 열심히 우리를 안내했다. 소흥(紹興, 사오싱)에 와본 적이 있느냐고 물었더니 처음이란다. 어떤 지역에 한 번도 와본 적이 없는 사람이 그곳을 안내한다는 게 납득이 안 될 수도 있지만 나는 이런 일에 이미 익숙해 있었다. 나는 처음 소흥을 방문한 이래 십수 년 동안 일고여덟 차례나 이곳을 찾았으나 소흥에 와본 가이드는 한 명도 만나지 못했다. 소흥에 와본 적이 있는 조선족 가이드가 한 명도 없다는 것은 그동안 이곳을 찾는 한국인이 없었다는 사실을 말해준다. 우리나라와 지리적으로 가까워 교통도 편리하고 볼거리도 많은 소흥에 한국인 관광객이 오지 않는 이유를 모르겠다.

언젠가 어느 가이드로부터 들은 이야기인데, 한국 측 여행사에서 소흥 관광 의뢰가 오면 중국 측 여행사의 가이드는 모두 가기를 꺼린다고 한다. 현지 사정을 꿰뚫고 있는 상태에서 관광객에게 안내를 하는 것이 가이드의 임무인데, 가본 적이 없는 생소한 지역에 가겠다고 나설 가이드가 없는 것은 당연한 일일 것이다. 그래서 하는 수 없이 고참 가이드가 차출되기도 한다는 이야기였다. 원영일이 함응호라는 보조 가이드를 데리고 나온 이유를 알 만했다. 이런 일에 대비해서 미리 실습을 시키려는 의도로 데리고 나온 것 같았다.

역사와 문화의 도시 소흥

올 때마다 느끼는 것이지만 소흥은 매력적인 도시이다. 크고 화려한 대도시는 아니지만 아담한 분위기가 나의 마음에 들었다. 그러나 그 매력의 대부분은 소흥이 가진 풍부한 인문학적 유산 때문일 것이다. 소흥은 1982년 국무원이 공포한 제1차 '24개 국가역사문화 명성(名城)'에 선정될 만큼 역사적 유적을 다량 보유하고 있다. 소흥 시내에는 역사의 향기를 맡을 수 있는 유적이 도처에 널려 있다. 그래서 소흥은 '담장 없는 박물관'이라는 애칭을 얻게 되었다.

소흥 특유의 수상 교통수단인 오봉선이 수로를 따라 오가는 모습 소흥은 '동방의 베니스'라 불릴 정도로 물이 많은 도시이고, 시내에는 크고 작은 수로가 종횡으로 펼쳐져 있다.

소흥은 도시 자체가 오랜 역사를 지니고 있다. 그리고 오랜 역사에 걸맞게 수많은 인재를 배출했다. 4천여 년 전, 치수(治水)사업을 완성하고 이곳에서 제후들과 회맹(會盟)했다는 우왕(禹王)은 신화적 인물로 치더라도, 기원전 490년 범려(范蠡)의 건의로 이곳에 도성을 쌓은 월(越)나라 왕 구천(句踐), 이백을 '적선(謫仙, 귀양 온 신선)'이라 부른 당나라 시인 하지장(賀知章), 송나라의 애국시인 육유(陸游), 청등화파(青藤畫派)의 시조인 명나라 서위(徐渭), 양명학의 창시자인 송나라의 왕수인(王守仁)을 비롯해서 근대의 교육자 채원배(蔡元培, 차이위안페이)와 「아Q정전」의 작자 노신(魯迅, 루쉰)에 이르기까지 실로 기라성 같은 인물들이 이곳을 무대로 활동했다. 따라서 소흥 곳곳에 이들의 숨결이 스며 있다.

소흥은 또한 '동방의 베니스'라 불릴 정도로 물이 많은 도시이다. 시내에는 크고 작은 수로(水路)가 종횡으로 펼쳐져 있으며 그 위에는 갖가지 모양의 교량이 저마다의 자태를 뽐내고 있다. 수로를 따라 오가는 소흥 특유의 수상 교통수단인 오봉선(烏蓬船) 또한 소흥의 정취를 더해준다.

소흥은 중국이 자랑하는 소흥 황주(黃酒)의 본고장이기도 하다. 소흥 황주는 중국 평주회(評酒會)에서 한 번도 빠짐없이 '중국 명주'로 선정될 만큼 유명한 술이다. 그래서 1988년 서안(西安, 시안)에서 거행된 제1회 주문화절(酒文化節)에서 의빈(宜賓, 이빈), 노주(瀘州, 루저우), 준의(遵義, 쭌이), 박주(亳州, 보저우)와 함께 '전국 5대 주문화 명성(酒文化名城)'에 선정되는 영광을 누렸다.

월나라의 도읍지 부산

소흥은 항주에서 동남쪽으로 60km 정도 떨어진 곳에 있다. 2시 15분에 절강성(浙江省, 저장성) 항주 공항을 출발한 전용버스가 3시 조금 지나서 소흥 시내 중심부에 도착하여 미리 대기하고 있던 소흥 현지 가이드를 태우고 우리는 서북쪽에 있는 부산(府山)으로 향했다. 소흥 시내에는 세 개의 산이 있는데 부산과 서남쪽의 비래산(飛來山, 탑산으로도 불림), 동북쪽의 즙산(蕺山)이 그것이다. 말이 산이지 약간 높은 언덕에 불과해서 부산은 74m, 비래산은 29m, 즙산은 51m에 불과하다. 청나라 시인 장사

'소흥 3산' 중 하나인 즙산이 보이는 소흥 시내 부산, 탑산, 즙산은 소흥의 역사와 문화를 간직하고 있어 소흥을 상징하는 산으로 일컬어진다.

전(蔣士銓)은 이렇게 읊었다.

종산(種山)엔 관공서가 늘어서 있고
즙산엔 강당이 가로놓였고

탑산(塔山)엔 불탑이 세워져 있어
솥발처럼 우뚝이 서로 바라보고 있다네

種山列郡署 蕺山橫講堂
塔山植浮圖 鼎峙耳相望

종산은 부산의 별칭이고 탑산은 비래산의 별칭이다. 이 세 개의 산이 높지는 않지만 소흥의 역사와 문화를 풍부하게 간직하고 있어서 소흥을 상징하는 산으로 일컬어진다. 이 세 산 중에서 우선 부산을 먼저 찾은 것이다. 즙산과 비래산에 관해서는 후술하기로 한다.

부산은 월(越)나라 이래 소흥부(紹興府)의 행정 중심지로 여러 관공서가 있었던 곳이어서 붙여진 명칭이다. 소흥이란 명칭은 남송(南宋, 1127~1279)의 고종(高宗)이 1129년 금나라의 침입을 피해 이곳으로 피난하여 월주(越州, 소흥의 옛 이름)를 소흥부(紹興府)로 개칭한 데에서 비롯되었다. 이는 '광대한 숲과 같은 여러 대(代)의 업적을 이어서〔紹〕 앞으로 백년의 큰 실마리를 일으킨다〔興〕'는 뜻으로, 기울어가는 송나라를 부흥시키겠다는 고종의 결의를 나타낸 것이다. 고종은 1131년 남송의 수도를 항주로 옮기고 연호도 건염(建炎)에서 소흥으로 바꾸었다.

부산은 산의 형상이 용이 누워 있는 것 같다고 해서 용산(龍山) 또는 와룡산(臥龍山)으로 불리기도 했고 월나라 대부 문종(文種)의 묘가 있다고 해서 종산(種山)으로 불리기도 했다. 부산은 월나라 도읍이 있었던 곳으로, 여기에는 월왕대(越王臺), 월왕전(越王殿), 비익루(飛翼樓), 문종묘(文種墓) 등 여러 문물이 들어서 있다. 이를 이해하기 위해서 우선 월나라의 역사를 살펴볼 필요가 있다.

와신상담 고사의 유래

중국 춘추시대에 장강(長江) 이남에 두 개의 부족이 웅거하고 있었으니 지금의 강소성(江蘇省, 장쑤성) 소주(蘇州, 쑤저우)를 중심으로 한 오(吳)나라와 절강성 소흥을 중심으로 한 월(越)나라가 그것이다. 이 두 나라는 서로 국경을 접하고 있어서 끊임없이 전쟁을 벌였다. 기원전 496년에 월왕 윤상(允常)이 죽고 그 아들 구천(句踐)이 즉위하자 왕위 교체기의 혼란을 틈타서 오왕 합려(闔閭)가 월나라를 공격했으나 대패하고 부상을 당한 끝에 사망했는데 합려는 죽을 때 아들 부차(夫差)에게 복수하라는 유언을 남겼다. 이에 부차는 절치부심하며 복수할 것을 다짐하고 장작더미에 누워 자면서〔臥薪〕 아침저녁으로 출입하는 사람들로 하여금 이렇게 외치게 했다.

"부차야, 너는 월나라가 너의 아버지를 죽인 것을 잊었느냐?"

이에 부차는 군사들을 훈련하며 복수의 기회를 엿보고 있었는데 이를 알아차린 구천이 오나라를 선제공격했으나 부차는 월나라 군대를 부초(夫椒)에서 크게 무찔렀다. 싸움에서 패한 구천은 병사 5천 명을 이끌고 회계산(會稽山)으로 피신했지만 오나라 군대는 포위망을 점점 좁혀왔다. 다급해진 구천은 신하인 범려(范蠡)의 건의를 받아들여 '자신은 오왕의 신하가 되고 처는 오왕의 첩이 되겠다'는 굴욕적인 조건을 제시하며 화친을 요청했다. 부차는 이를 승낙하려 했지만 그의 신하 오자서(伍子胥)의 강력한 반대로 화친이 이루어지지 못했다. 이 소식을 접한 구천은 처자를 모두 죽이고 자신도 끝까지 싸우다가 죽으려고 결심했다. 이때 대부 문종(文種)이 한 가지 계책을 제시했다. 부차가 신임하는 백비(伯嚭)에게 뇌물을 주어 그로 하여금 부차를 설득시킨다는 것이다. 이 계책이 성공하여 두 나라는 화친을 맺었다.

화친의 조건으로 구천 부부와 범려는 오나라에 인질로 잡혀 2년 동안 온갖 고초를 겪었다. 구천은 오나라의 석실(石室)에서 생활하며 풀을 베어 말을 사육하는 일을 맡았고 부인은 물을 길어 말똥을 청소하는 등의 궂은일을 했다. 또한 부차가 행차할 때면 말고삐를 잡고 마부 노릇을 해야만 했다. 일국의 제왕이었던 구천이 이렇게 천한 일을 감수한 것은 후일을 도모하기 위해서였다. 어느 때는 부차가 심한 설사병을 앓아 고생을 하자 그의 변을 입으로 맛보고 병을 진단해주기도 했다. 그런 노력의 결과 부차의 의심을 피할 수 있었고 2년 후에는 귀국을 허락받았다. 부차는 구천이 다시 재기할 수 없으리라고 판단했던 것이다.

귀국한 구천은 비상한 각오로 복수할 계획을 세웠다. 그는 거처하는 방에 짐승의 쓸개를 매달아놓고 누워서 쓸개를 올려다보며 이렇게 말했다.

"너는 회계(會稽)의 치욕을 잊었느냐?"

그러면서 음식을 먹을 때에도 쓸개를 핥았다(嘗膽)고 한다. 이것이 이른바 '와신상담(臥薪嘗膽)'의 고사로, 원수를 갚거나 마음먹은 일을 이루기 위하여 온갖 어려움과 괴로움을 참고 견딤을 이르는 말이다. 그런데 문헌에 따라 약간의 차이가 있다. 증선지(曾先之)의 『십팔사략(十八史略)』에는 부차가 '와신(臥薪)'하고 구천이 '상담(嘗膽)'한 것으로 기록되어 있는 반면에, 사마천(司馬遷)의 『사기(史記)』에는 구천의 '상담'만 기록되어 있다. 한편 후한시대 조엽(趙曄)의 『오월춘추(吳越春秋)』에는 구천이 '와

바위에 새겨진 월왕 구천의 와신상담하는 모습 구천은 거처하는 방에 매달아놓은 짐승의 쓸개를 핥으며 복수의 의지를 불태웠다.

신'도 하고 '상담'도 한 것으로 나와 있다.

기원전 490년에 오나라로부터 귀국한 구천은 범려의 건의를 받아들여 '십년생취 십년교훈(十年生聚十年教訓)'이라는 장기 계획을 세운다. 즉 '10년 동안 인구를 늘리고 물자를 모으며, 또 10년 동안 백성을 가르치고 군사를 훈련시킨다'는 20년에 걸친 장기 프로젝트이다. 이를 위해서 구천은 직접 농사를 짓고 부인은 몸소 길쌈을 했다. 그는 육식을 하지 않고 겹옷을 입지 않았다. 또한 사방의 어진 인재들을 초빙하여 후하게 대접했으며 가난한 자를 돕고 죽은 자를 위문하는 등 백성과 고락을 함께 했다고 한다.

구천은 범려와 문종이라는 두 탁월한 신하의 도움을 받아 국력을 튼

튼히 다지는 한편으로 범려의 계책을 받아들여 미녀 서시(西施)를 오나라 부차에게 바치는 미인계를 쓰기도 했다. 구천은 드디어 기원전 473년에 오나라를 침공하여 멸망시켰다. 부차는 스스로 목숨을 끊었다. 이후 구천은 북으로 진격하여 영토를 크게 넓히고 제 환공(齊桓公), 진 문공(晉文公), 초 장왕(楚莊王), 진 목공(秦穆公)과 함께 '춘추오패(春秋五霸)'의 반열에 올랐다.

월왕대

일행을 태운 버스가 부산에 도착했다. 부산공원(府山公園) 매표소를 통과하면 맨 먼저 나타나는 건물이 월왕대(越王臺)이다. 이 건물은 이른바 '십년생취 십년교훈'의 일환으로 천하의 어진 선비들을 초빙하여 묵게 한 곳이다. 원래는 규모가 굉장한 건물이었다고 하는데 처음 위치가 어디인지는 고증할 길이 없다. 기록에 의하면 월왕대는 부산의 동북쪽에 있었다고 하는데 1222년에 지부(知府, 부府의 행정 수장) 왕강(王綱)이 부산의 동남쪽에 월왕대를 중건했으니 바로 현재의 위치이다. 이곳에는 당송 이래 소흥의 역대 관아가 있었고 남송 초기에 고종이 금(金)나라에 쫓겨서 남으로 피난했을 때도 이곳을 행궁으로 사용했다. 1713년(강희 52년)에 지부 유경(兪卿)이 건물이 낡은 것을 보고 다시 중건했으며 1792년(건륭 57년)에 또 한 차례 대대적인 확장·보수를 거쳐 현재의 골격을 갖추었다.

월왕대 구천이 회계산의 치욕을 씻기 위해 천하의 인재를 초빙하여 자문을 구한 곳으로, 이 일대에 월나라의 왕궁이 있었다.

1939년에 주은래(周恩來, 저우언라이)가 성묘차 소흥에 왔을 때 월왕대에 올라 소흥 시민들에게 '구천의 불굴의 정신을 본받아 항일(抗日) 전쟁에서 승리하자'는 요지의 연설을 했다고 한다. 주은래는 북송의 이학가(理學家) 주돈이(周敦頤)의 후예로, 주돈이의 후손들은 16세손 주경(周慶)이 소흥에 정착한 이래 대대로 이곳에 거주했다. 주은래도 소년 시절에 소흥에서 살았다. 그래서 지금 소흥에는 '주은래기념관' '주은래조거(祖居, 조상이 살던 집)'가 있다. 주은래의 연설에도 불구하고 월왕대는 1940년 일본군의 폭격으로 파괴되었고 지금의 월왕대는 1981년 소흥시 인민정부가 그 자리에 다시 세운 것이다.

이백의 회고시

월왕대는 구천이 회계산의 치욕을 씻기 위해서 천하의 인재를 초빙하여 자문을 구한 곳이고, 오나라를 멸한 후에도 중원의 패자가 되어 영화를 누리던 월나라의 중심지였다. 이 일대가 월나라의 왕궁이 있었던 곳이다. 먼 훗날 당나라 시인 이백(李白, 701~762)은 이곳을 방문하고 다음과 같은 시를 남겼다.

월나라 구천이 오나라 격파하고 귀국하니
돌아온 전사들 모두 비단옷 입었고

꽃 같은 궁녀들 봄 궁전에 가득했는데
지금은 오로지 자고(鷓鴣)새만 날고 있네

越王句踐破吳歸 義士還家盡錦衣
宮女如花滿春殿 只今惟有鷓鴣飛

「월중람고(越中覽古)」라는 시로, 제목의 뜻은 '월나라의 옛일을 회고하다'이다. 이백이 이 시를 쓴 때는 726년으로 추정되는데 구천이 오나라를 격파하고 귀국한 지 1200여 년의 세월이 흐른 후였다. 아마도 이백이 이곳에 왔을 때 월왕대는 아무도 돌보는 이가 없어 폐허였던 것 같다. 이를 보고 이백은 과거의 화려했던 영화와 현재의 처량함을 대비시킴으로써 인간 세상의 영고성쇠(榮枯盛衰)의 무상함을 노래한 것이다.

이 시는 칠언절구인데도 절구의 일반적인 규율을 따르지 않고 있다. 절구시의 시상(詩想)은 보통 기승전결(起承轉結)로 전개되는데 제3구에서 시상을 반전시켜 제4구로 마무리한다. 그런데 이백은 이 시의 제3구에서 반전을 시키지 않았다. 제2구와 제3구는 병렬적 구조로 되어 있다. 즉 비단옷을 입고 승리의 기쁨을 누리는 전사들의 모습에 이어 꽃 같은 미녀들이 가득한 궁전의 번화함을 반전 없이 계속 묘사한다. 그리고 갑작스럽게 제4구로 마무리한다. 이것은 극도로 화려했던 당시의 분위기를 강조함으로써 현재의 황량함을 극대화하려는 이백의 시적 의도에서 나온 것으로 보인다. 후대의 평자들은 이를 두고 '이백의 천재성이 아니면 쓸 수 없는 시'라고 높이 평가한다.

범중엄의 자취

월왕대를 지나 안으로 들어가면 오른쪽에 청백당(淸白堂)이 있다. 이 건물은 「악양루기(岳陽樓記)」의 저자로 유명한 북송의 범중엄(范仲淹, 989~1052)이 이곳 태수로 좌천되었을 때의 관아, 즉 집무실이다. 그는 청렴하고 밝게 정사를 펴겠다는 자신의 의지를 담아 집무실을 청백당으로 이름 지었다. 안에는 범중엄의 생애와 업적을 20개의 패널로 전시하고 있다. 청백당 맞은편에는 그가 직접 팠다는 청백천(淸白泉)이 있고 그 옆에 '청백(淸白)'이란 편액이 달린 사각형의 정자가 세워져 있는데 매우 초라하다. 편액에는 '범중엄(范仲淹)' 세 자가 새겨져 있었지만 이것이 정말 범중엄의 글씨인지는 알 수 없다. 정자 옆 담벼락에는 범중엄의 「청백당기(淸白堂記)」가 석각되어 있다. 범중엄은 이곳 백성이 생활고 때문에 갓난아기를 양육할 수 없어 물에 빠뜨리는 것을 보고 산에 자생하는 삼(麻)을 베어 베 짜는 법을 가르쳐서 생활을 안정시키는 등의 선정을 많이 베풀었다고 한다. 이 이외에도 소흥에는 범중엄과 관련된 일화가 많이 전하고 있다.

청백당 앞 광장에 거대한 나무 화석(化石) 두 개가 놓여 있다. 하나는 높이가 1.2m, 지름이 1m, 무게가 1200kg이나 되는 소나무 화석이고 또 하나는 측백나무 화석으로 높이와 지름이 각각 1.3m, 무게가 1000kg이라고 한다. 안내판에 의하면 이 화석은 명나라 가정(嘉靖)황제가 산음(山陰, 소흥의 옛 이름) 태수에게 하사한 것인데 그후 여러 곳으로 전전하다가 소흥시 소산가(蕭山街)에 있던 것을 1983년에 이곳으로 옮겨놓았다고 한다. 보기 드문 거대한 나무 화석이다.

나무 화석 앞쪽에 붉은색으로 '고월용산(古越龍山)' 네 글자가 새겨진 비석이 서 있다. 이곳이 '옛 월나라의 용산'임을 알려주는 표지일 터인데, '고월용산'은 소흥에서 생산되는 유명한 황주(黃酒)의 상표이기도 하다. 아마도 고월용산 황주를 생산하는 회사에서 선전용으로 세운 듯하다.

월왕전의 그림들

이 고월용산 비석 옆으로 난 계단을 올라가면 웅장한 월왕전(越王殿)이 나타난다. 월왕전 안으로 들어가면 우선 눈에 확 들어오는 것은 좌우 벽에 걸려 있는 대형 그림 두 폭이다.

오른쪽 벽의 그림은 「와신상담도(臥薪嘗膽圖)」인데 그림 중앙에 구천이 무릎 위에 칼을 얹고 앉아 있다. 굳게 다문 입과 찢어진 눈초리가 복수를 다짐하는 그의 각오를 나타내준다. 구천상 좌우에는 각각 '십년생취' '십년교훈' 문구를 전서(篆書)로 써놓았고 그 주위에는 구천이 와신상담하며 십년생취, 십년교훈을 한 내용이 그려져 있다. 또한 '분발도강(奮發圖强, 분발하여 강성함을 도모하다)'이라 쓰인 부분에는 구천과 범려와 문종이 몸소 쟁기를 끌고 농사를 짓는 모습이 그려져 있고, '광수인심(廣收人心, 널리 인심을 수습하다)'이라 쓰인 부분에는 병자를 위문하고 백성에게 양식을 나누어주는 모습이 그려져 있다. 「와신상담도」는 원색의 강렬한 채색화인데 전통적인 중국 화풍과는 거리가 멀다. 특히 중앙에 있는

월왕전 월왕전 안의 오른쪽 벽에는 「와신상담도」, 왼쪽 벽에는 「복국설치도」라는 대형 그림이 설치되어 있다.

「와신상담도」(위), **「복국설치도」**(아래) 「와신상담도」는 구천이 무릎 위에 칼을 얹고 앉아 복수를 다짐하는 모습이고, 「복국설치도」는 구천이 칼을 들고 출정하는 모습이다.

구천의 모습에서는 일본 사무라이를 보는 듯한 느낌이 든다.

왼쪽의 벽화는 「복국설치도(復國雪恥圖, 나라를 회복하여 치욕을 씻다)」인데 중앙의 인물은 역시 구천으로 칼을 들고 출정하는 모습이다. 그 주위에 '서시예오(西施詣吳, 서시가 오나라에 가다)' '소대가무(蘇臺歌舞, 고소대의 노래와 춤)' 등의 장면이 그려져 있다. 소대(蘇臺)는 고소대(姑蘇臺)로 부차가 서시를 위하여 지은 궁전인데 그림에는 서시가 부차 앞에서 춤을 추는 장면이 그려져 있다. 이렇게 부차가 환락에 빠진 틈을 타서 구천이 오나라에 쳐들어간 것이다.

월왕전 안의 커다란 두 기둥에는 다음과 같은 영련(楹聯, 주련)이 새겨져 있다.

臥薪嘗膽志切沼吳 (와신상담지절소오)
生聚教訓功垂於越 (생취교훈공수어월)

와신상담의 간절한 뜻은 오나라를 늪으로 만드는 것이었고
십년생취 십년교훈의 공적이 월나라에 드리워졌네

월왕전 안의 정면 벽에는 세 개의 대형 오석(烏石, 흑요암)에 구천, 범려, 문종의 상반신이 선각(線刻)되어 있다. '십년생취 십년교훈'의 결과 우여곡절 끝에 회계산의 치욕을 씻고 오나라를 멸망시킨 이 한 편의 드라마 같은 이야기에서 주인공은 구천이지만 주연 못지않은 역할을 수행한 조연이 범려와 문종이었다. 그래서 월왕전 안에 세 사람을 나란히 모셔놓은 것이다.

월왕전을 둘러보고 나서 산 위로 더 올라가자고 하니 소흥의 현지 가이드가 위에는 아무것도 없다며 앞장서 내려가버렸다. 나는 전에 와본

비익루 부산 정상에 웅장하게 서 있는 비익루에 오르면 소흥 시내가 한눈에 들어온다.

적이 있기 때문에 용산 위에 비익루(飛翼樓)와 문종의 묘가 있다는 것을 알았지만 가이드와 다투기가 싫어서 그냥 내려와버렸다. 산 위로 올라가기가 싫은 가이드가 거짓말을 한 것이다. 이런 일은 중국을 여행하면서 수도 없이 겪는 일이다. 부산, 즉 용산 정상에는 비익루가 웅장하게 서 있다. 이 누각은 구천이 오나라에서 돌아온 후 범려를 시켜서 세운 4층 건물인데 오나라의 동정을 관찰하려는 군사적 목적으로 세운 것이다. 이후 훼손된 것을 10여 차례의 중수를 거쳐 오계정(五桂亭), 월망정(越望亭), 진월정(鎭越亭) 등으로 불리다가 1997년에 춘추시대의 건축 풍격을 본떠서 재건하고 비익루라 명명했다. 상층에는 '고월제일루(古越第一樓)'란 편액이 걸려 있다.

비익루 아래에 문종(文種)의 묘가 있다. 묘 앞의 사각형의 석정(石亭) 안에 '월대부문종묘(越大夫文種墓)'라 쓰인 비석이 세워져 있다.(41면 사진 참조) 비석의 뒷면에는 1981년의 중수문종묘비기(重修文種墓碑記)가 새겨져 있다. 생전의 그의 업적에 비하면 무덤이 초라하다는 느낌이 든다.

구천을 떠나 거부가 된 범려

여기서 범려와 문종의 행적에 관하여 좀더 자세히 살펴보기로 한다. 범려와 문종은 월나라 사람이 아니고 초(楚)나라 사람이었던 듯한데 그들이 왜 월나라로 왔는지에 관해서는 여러 설이 있다. 원래 평민 출신이었지만 뛰어난 재능을 지닌 범려는 그 재능을 시기하는 자들의 모함을 받자 거짓으로 미친 척하고 지내다가 조그마한 벼슬을 하고 있는 문종을 설득하여 함께 월나라로 망명했다는 설이 있다. 일설에는 초나라가 오(吳)나라를 견제하려는 의도로 이들을 월나라에 보냈다고도 한다. 즉 이들을 파견하여 월나라의 국력을 키움으로써 오나라를 견제하려 했다는 것이다.

월나라로 와서 두 사람은 구천을 보좌하여 혁혁한 공을 세웠다. 구천이 오나라에 인질로 잡혀 노예생활을 하는 동안 범려는 구천과 함께 있으면서 구천이 복수의 의지가 꺾이지 않도록 세심하게 보살폈으며, 이 기간에 문종은 월나라의 국정을 맡아 원대한 계획의 초석을 마련했다. 구천이 귀국한 후에도 범려는 주로 군사와 국방을 담당하고 문종은 내치(內治)를 맡아 '십년생취 십년교훈'을 성공적으로 이끌었고 드디어 오나라를 멸할 수 있었다. 그러나 이후 두 사람은 서로 다른 길을 걸었다.

범려 초상

오나라를 멸망시킨 후 상장군이 된 범려는 너무 커진 자신의 명성을 유지하기 어렵다고 여겨 구천에게 물러날 뜻을 전했다. 그가 사직서에서 밝힌 은퇴의 명분은 이러했다.

> 신이 듣건대 국왕이 걱정거리가 생기면 신하는 고생을 아끼지 말아야 하고 국왕이 모욕을 당하면 신하는 목숨을 던져야 한다고 합니다. 일찍이 왕께서 회계에서 모욕을 당하셨는데 제가 죽지 않았던 것은 복수하기 위해서였습니다. 이제 그 치욕을 씻을 수 있게 되었으니 회계에서 죽지 못한 죄를 받겠습니다.

명분은 이러했지만 범려가 물러나겠다고 결심한 이유는 다른 데에 있었다. 범려가 보기에 구천의 사람됨이 '어려움을 같이할 수는 있어도 즐거움을 같이할 수는 없는' 인물이었던 것이다. 이 사직서를 보고 구천은 이렇게 말했다.

"나는 나라의 절반을 그대에게 주려고 한다. 나의 청을 거절한다면 나는 그대와 그대의 가족을 죽일 것이다."

그러나 이미 마음을 굳힌 범려는 간단한 보물을 챙겨 가족과 함께 배를 타고 멀리 떠나버렸다. 범려가 떠난 후 구천은 회계산을 범려의 영지로 하사하고 궁전에 범려의 동상을 만들어 신하들로 하여금 아침저녁으로 그 앞에서 절을 하도록 했다는 이야기가 전한다.

『사기』의 기록에 의하면 범려는 제(齊)나라에 도착하여 성과 이름을 바꾸고 열심히 농사를 지어 큰 재산을 모았고 그가 현명하다는 소문이 나서 제나라의 상국(相國, 재상)이 되었다고 한다. 그러나 그는 부와 명예를 오랫동안 지니고 있는 것이 좋지 않은 일이라 여겨 재산을 친구와 마을 사람들에게 나누어주고 멀리 도(陶) 땅으로 갔는데 그곳에서 스스로 '도주공(陶朱公)'이라 칭하며 농사를 짓고 가축을 기르고 장사를 하여 또다시 큰 재산을 모았다. 이후 도주공은 중국 부자의 대명사가 되었고 급기야 범려는 중국의 4대 재신(四大財神)의 반열에 올라 추앙을 받았다. 지금 소흥 시내에는 도로에 '범려로(范蠡路)'라는 이름을 붙여 그를 기념하고 있다.

민간에서 추앙하는 중국의 4대 재신은 일반적으로 문재신(文財神)과 무재신(武財神)으로 나뉘는데 문재신은 비간(比干)과 범려이고 무재신은 조공명(趙公明)과 관우(關羽)이다. 비간은 은(殷)나라의 마지막 황제인 주(紂)의 삼촌으로 황제의 폭정을 바로잡기 위한 간언(諫言)을 하다가 죽음을 당했다. 기록에 의하면 주(紂)가 "성인의 심장에는 구멍이 일곱 개가 있다고 하는데 내가 이를 확인해보겠다"라 하며 비간의 심장을 꺼내어 죽였다고 한다. 일설에는 심장을 꺼내고도 어떤 신선이 그에게 선약(仙藥)을 주어 죽지 않고 살아 있었다고 한다. 그는 심장이 없기 때문에 사물을 처리함에 있어서 한쪽으로 치우치지 않고 공평무사(公平無私)할 수 있었다. 이러한 비간을 재신의 반열에 올린 것이 다소 어울리지 않는 듯하지만, 재물을 관장하는 데에는 비간과 같이 공평무사한 정신이 필요하다고 여겨 그를 재신으로 숭배했다는 이야기가 전한다.

조공명에 관해서는 다음과 같은 민간전설이 있다. 중국 신화에 의하면 고대에 열 개의 태양이 출현하여 천지가 불타고 있을 때 명궁(名弓) 예(羿)가 활을 쏘아 아홉 개의 태양을 떨어뜨려 만민을 구제했다. 예의 화살을 맞은 아홉 개의 태양은 청성산(青城山)에 떨어진 후 악귀(惡鬼)가 되어 백성을 괴롭혔는데 그중 하나의 태양은 마음씨가 선량하여 사람들에게 해를 입히지 않고 종남산(終南山) 아래 조씨(趙氏) 집안에서 인간으로 다시 태어났다. 그가 바로 조공명이라는 것이다. 그는 엄청난 힘을 가지고 목재를 운반하는 일에 종사하여 큰 재산을 모았고 빈민을 구제하는 등의 선행을 베풀었다.

후에 그는 신선이 되어 천둥과 번개를 조종하고 비와 바람을 불러오며 각종 질병을 없애주는 등의 초능력을 발휘하여 도교의 '용호현단진군(龍虎玄壇眞君)'으로 봉해져 인간 세상의 금전과 재물을 관리하는 신이 되었다. 중국에서는 그의 생일인 음력 정월 초닷새 날에 상인들이 제사를 지내는데 명나라 이후에는 그가 회족(回族)이라 하여 제사상에 돼지고기를 올리지 않는다고 한다.

유비를 도와 충의(忠義)의 화신으로 일컬어지는 관우 또한 민간에서는 상인을 보호하고 재물을 불러온다고 믿어 그를 재신으로 추앙했다. 그러나 이들 네 명 중에서 진정한 재신은 범려라 할 수 있다.

토사구팽당한 문종

한편 문종은 범려와 달리 몰락의 길을 걸었다. 역시 『사기』의 기록에 의하면 범려가 제나라에 도착하여 문종에게 다음과 같은 편지를 보냈다고 한다.

> 나는 새가 다 잡히면 활 잘 쏘는 자는 숨어버리고 교활한 토끼가 죽으면 사냥개는 삶아지는 법이오. 월왕 구천은 목이 길고 입이 새처럼 뾰족하니 어려움을 같이할 수는 있어도 즐거움을 같이할 수는 없소. 그대는 왜 월나라를 떠나지 않는 것이오?

이것이 유명한 '토사구팽(兎死狗烹)'의 성어가 만들어진 유래이다. 문종은 이 편지를 읽고 병을 핑계로 조정에 들어가지 않았다. 그러던 중 어떤 사람이 그가 반란을 일으키려 한다고 참소하자 구천은 그에게 칼을 내리며 이렇게 말했다.

> 그대는 나에게 오나라를 칠 수 있는 계책 일곱 가지를 가르쳐주었소. 나는 그중 세 가지만을 사용하여 오나라를 물리쳤소. 나머지 네 가지는 그대에게 있으니 그대는 선왕(先王)을 뒤따라가서 나를 위하여 그것을 시험해보기 바라오.

문종이 건의했다는 일곱 가지 계책은 아홉 가지라는 설도 있는데 구

문종 묘 석정(石亭) 안의 비석에 '월대부문종묘(越大夫文種墓)'라 쓰여 있다. 생전 그의 업적에 비하면 무덤이 초라해 보인다.

천이 이를 거론하며 칼을 내린 것은 그 칼로 자결하라는 것이었다. 월나라의 부흥을 위하여 큰 공을 세운 자신을 설마 죽이지는 않을 것이라 여겼으나 일이 이렇게 되자 문종은 범려의 충고를 따르지 않은 것을 후회하며 자결하고 말았다. 예나 지금이나 정치는 비정한 것이어서 권력을 탐하는 정치판에서는 언제 어디서든 '토사구팽'이 일어나고 있으니 범려의 선견지명이 놀라울 따름이다.

황주

(1) 황주는 어떤 술인가

황주(黃酒)는 쌀, 찹쌀, 기장, 옥수수 등의 곡물을 원료로 하여 누룩으로 당화(糖化), 발효시켜서 만든 양조주(釀造酒)이다. 황주는 알코올 함량이 14~20%에 달하는 저도주(低度酒)에 속한다.

'황주'라는 명칭은 술의 색깔이 황갈색을 띠기 때문에 붙인 것인데, 곡물을 원료로 하여 누룩으로 당화, 발효시켜 만든 양조주가 원래 모두 황갈색을 띠는 것은 아니다. 명나라 때는 이를 '백주(白酒)'라 불렀다. 지금은 증류주를 백주라 부르지만 그 당시에는 비교적 짧은 양조 시간을 거쳐 만든 다소 혼탁한 백색의 술을 가리켰다. 우리나라의 막걸리와 비슷한 술이었을 것으로 추측된다. 그러다가 양조 시간이 비교적 긴 술을 빚게 되었는데 저장 과정에서 술 속의 당분과 아미노산이 화학반응을 일으켜 옅은 황갈색을 띠게 되었고 이를 황주라 불렀다. 그러나 명나라 때만 해도 백주와 황주의 구분이 엄격하지 않았다. 청나라 때에 와서야 소흥(紹興) 지방에서 만든 술이 전국적으로 유행하고 짙은 황갈색을 띠었기 때문에 황주라는 명칭이 확립되었다. 이후 청나라의 역대 황제들이 소흥주를 특히 좋아해서 금주령이 내려졌을 때도 '소주는 금하고 황주는 금하지 않았다'는 이야기가 전한다.

황주는 전통적으로 인체에 유익한 술로 인식되어왔다. 영양 가치가 높

황주 저장고

은 술이라는 사실은 현대에 와서 과학적으로 입증되고 있다. 과학적 분석에 의하면 황주는 18종의 아미노산을 함유하고 있는데 그중 7종은 필수아미노산으로 인체에서 합성할 수 없는 것이라 한다. 또한 비타민 B와 E가 풍부하여 항노화 작용을 하며, 마그네슘, 셀레늄 등의 미량원소가 적포도주의 5~12배나 들어 있어서 혈압 상승과 혈전 생성을 방지해준다고 한다. 이밖에 아연도 풍부하여 성기능을 향상시킨다는 보고가 있다. 이렇기 때문에 한의학에서 고약이나 환약을 만들 때 황주가 반드시 첨가된다고 한다. 황주는 쓰임새가 다양해서 양고기나 생선을 조리할 때 황주를 넣으면 누린내나 비린내를 없애주고 음식 맛을 내는 데에도 꼭 필요하기 때문에 각종 요리에 필수적인 조미료 역할을 하기도 한다. 청나라 시인 원매(袁枚)는 그의 저서 『수원식단(隨園食單)』에서 황주를 이렇게 평했다.

소흥주는 청렴한 관리와 같이 털끝만큼의 가식도 섞이지 않았기 때문에 그 맛이 진실하다. 또 (소흥주는) 덕망 있는 명사(名士)가 인간 세상에 오래 살면서 세상의 변고를 다 겪은 것과 같아서 그 품질이 더욱 진하고 깊다. 그러므로 소흥주는 5년이 지나지 않으면 마실 수 없는데 물을 섞은 것은 5년을 넘지 못한다. 우리는 소흥주를 '명사'라 칭하고 소주를 '무뢰한'이라 칭한다. (괄호 안의 보충은 인용자)

원매가 지적한 것처럼 황주는 오래될수록 향기가 더욱 짙은 좋은 술이 된다. 그래서 황주를 '노주(老酒)'라고도 부른다. 그리고 여기서 말하는 소주는 증류주를 가리킬 터인데 평소에 술을 즐기지 않았다고 알려진 원매가 증류주인 백주의 참맛은 몰랐던 듯하다. 그러나 소흥주의 진정한 가치만큼은 잘 묘사했다고 생각한다.

(2) 황주의 분류

① 생산 지역에 따른 분류

소흥주(紹興酒), 금화주(金華酒), 단양주(丹陽酒), 구강봉항주(九江封缸酒), 산동난릉주(山東蘭陵酒), 무석혜천주(無錫惠泉酒), 복건침항주(福建沈缸酒), 즉묵노주(卽墨老酒) 등이 있다.

② 사용 원료에 따른 분류

나미(糯米, 찹쌀)황주, 흑미(黑米)황주, 서미(黍米, 기장)황주, 옥미(玉米,

옥수수)황주, 청과(靑稞, 쌀보리)황주 등이 있다.

③ 당(糖)의 함량에 따른 표준 분류

현재는 이 분류법이 일반적이다.

간형(乾型): 당분이 완전히 발효되어 단맛이 전혀 없는 드라이한 황주이다.

반간형(半乾型): 당분이 완전히 발효되지 않아 약간의 단맛이 나는 황주이다. 황주 중의 상품(上品)이며 장기 저장할 수 있다. 대부분의 황주가 반간형이다.

첨형(甛型): 밑술을 만들어 일정 정도 당화(糖化)가 일어나면 40~50도의 미백주(米白酒)나 조소주(糟燒酒)를 넣어 당화 발효를 억제하기 때문에 단맛이 나는 황주이다.

반첨형(半甛型): 독특한 공법으로 당분이 발효되는 것을 일정하게 억제하므로 첨형 황주보다 단맛이 적게 난다. 황주 중의 진품인데 오래 저장할 수가 없다.

농첨형(濃甛型): 매우 단 황주이다.

중국 신문화운동의 대부 채원배의 옛집

교육혁신운동에 투신
북경대학을 신문화운동의 본영으로
학계의 큰 별, 인간 세상의 모범
채원배의 구혼 조건
소흥주를 나누며 토론을

중국술 2 소흥주

교육혁신운동에 투신

기행 첫날의 두 번째 행선지는 소흥시 월성구(越城區, 웨청구) 소산가(蕭山街, 샤오산제)에 자리 잡고 있는 '채원배고거(蔡元培故居, 차이위안페이구쥐, 채원배 옛집)'이다. 그가 살았던 옛집을 둘러보기 전에 잠시 그의 삶의 발자취를 더듬어본다.

채원배(1868~1940)는 중국 근대의 저명한 민주혁명가, 교육가, 정치가이다. 자(字)는 학경(鶴卿), 호는 혈민(孑民)으로 전통적인 학문을 하여 과거를 통해 입신한 인물이다. 25세(1892년)에 진사가 되었고 27세에는 한림원 편수(翰林院編修)에 임명되었으나 31세가 되던 1898년에 강유위(康有爲, 캉유웨이) 등이 주도한 개혁운동인 변법자강운동(變法自强運動)이 실패로 끝나자 관직을 버리고 고향인 소흥으로 돌아갔다. 그는 변법운동

채원배고거 입구에 세워진 채원배 동상 채원배는 근대 중국 학제의 기초를 세운 교육가이자 민주혁명가다.

의 실패 원인이 혁신적인 인재를 배양하지 못한 데에 있다고 판단하여 고향에서 교육사업에 투신했다.

그해 12월에 소흥의 전통적 서당인 중서학당(中西學堂)의 총리(지금의 교장)로 취임하여 학제와 교과과정을 개편하는 등 혁신적인 신교육을 실시했다. 그러나 같은 학교 보수파 인사들의 반대와 모함으로 1900년 봄에 사퇴하고 말았다. 비록 2년여의 짧은 기간이었지만 이곳에서의 경험은 그가 필생의 사업으로 추진한 중국 교육혁신의 씨앗을 마련해주었다. 이후 그는 상해(上海, 상하이)로 가서 애국학사(愛國學社), 애국여학(愛國女學) 등의 교육단체를 창설하는 한편 1904년(37세)에는 반청(反淸) 비밀결사인 광복회를 조직하여 혁명 활동을 전개했다. 1905년 손문(孫文, 쑨원)이 일본에서 중국혁명동맹회(中國革命同盟會)를 결성하자 광복회는 그 산하에 들어가고 채원배는 동맹회의 상해 책임자에 임명되었다.

채원배는 1907년(40세) 독일로 유학해서 심리학, 미학, 철학 등을 연구하고 1911년 신해혁명이 일어나자 4년 만에 귀국했다. 이듬해(1912년) 남경(南京, 난징)에 중화민국임시정부가 수립된 후 그는 초대 교육총장에 임명되어 과감한 교육개혁에 앞장섰다. 서양의 교육제도를 채용하여 학교에서의 공자(孔子) 제사와 경서(經書) 수업을 폐지하고 남녀공학을 실시하는 등 자본주의 민주교육 체제를 확립했다. 그리고 같은 고향 출신인 노신(魯迅, 루쉰)을 교육부 직원으로 채용했다. 그러나 임시정부 수립 후 몇 달 만에 손문이 총통직에서 물러나고 원세개(袁世凱, 위안스카이)가 집권하자 그는 교육총장직을 사퇴하고 1913년에 프랑스 유학길에 올랐다.

북경대학을 신문화운동의 본영으로

1916년(49세) 원세개가 죽고 북경(北京, 베이징)의 여원홍(黎元洪, 리위안훙) 정권이 들어서자 11월에 귀국하여 북경대학 교장에 취임했다. 그는 북경대학의 교학 방침으로 '사상자유(思想自由), 겸용병포(兼容幷包)'를 내세웠다. 겸용병포란 '모든 것을 다 받아들인다'는 뜻이다. 이러한 교학 방침은 봉건적인 구습으로부터 벗어나 새로운 문화를 적극적으로 받

任命狀

任命蔡元培為北京大學校長此狀

黎元洪

范源廉

북경대학 교장 임명장 채원배는 재직 시절 북경대학을 신문화운동의 중심지, 5·4운동의 발원지가 되게 하였다.

아들이자는 개방적 자세를 의미한다. 그가 북경대학 교장에 취임한 후 잡지 『신청년』의 편집장 진독수(陳獨秀, 천두슈)를 초빙하여 문과학장에 앉히고 이대교(李大釗, 리다자오), 호적(胡適, 후스), 전현동(錢玄同, 첸쉬안퉁) 등 신문화운동의 중심인물을 교수로 초빙한 것은 이 교학 방침을 실천하기 위함이었다. 또한 일본에 있던 화가 서비홍(徐悲鴻, 쉬베이훙)을 북경대학 화법연구회(畫法硏究會)의 지도교수로 초빙하고 1920년에는 노신을 북경대학 강사로 초빙하기도 했다.

채원배는 북경대학 교장에 취임한 당년에 교수평의회를 조직했다. 당시는 대학의 모든 일이 교장을 비롯한 소수 인사들에 의해서 결정되고 있었는데, 채원배는 교수 5인당 1인의 평의원을 선출하여 평의원회를 조직하고 이를 학교의 최고 의결기구로 만들었다. 대학을 민주적 관리체제로 운영하려는 의도였다. 그는 "내가 지옥에 들어가지 않으면 누가 지옥에 들어가겠는가"라고 말하며 실로 지옥에 들어갈 각오로 북경대학의 개혁에 온갖 정열을 쏟았다. 흥미 있는 사실 하나는, 이대교가 북경대학 도서관장으로 있을 때 모택동(毛澤東, 마오쩌둥)이 그 밑에서 내외 신문을 관리하는 보조원으로 일했다는 점이다.

북경대학 교장 시절의 채원배

그리하여 북경대학은 채원배의 적극적인 후원에 힘입어 신문화운동의 본영으로 자리 잡았고 1919년 5·4운동의 발원지가 되었다. 5·4운동이 일어났을 때 북양군벌(北洋軍閥, 청나라 말기 원세개가 육성한 신식 육군을 바탕으로 신해혁명기에 정권을 장악한 군부세력)은 "북경의 학생 1만 5천 명의 행동에 대한 모든 죄는 북경대학이 져야 하고 북경대학의 죄는 채원배 교장 한 사람이 져야 한다"라고 공포하고 채원배를 살해하는 자에게 300만금의 포상금을 내걸었다고 한다. 그는 공립대학인 북경대학에 최초로 여학생을 입학시키는 등 중국 교육의 근대화를 위해서 많은 기여를 했으나 1923년에는 당시 북양정부 교육총장의 교육정책에 불만을 품고 북경대학 교장직에서 사퇴한 후 다시 유럽으로 가서 연구와 저술에 몰두했다.

1926년(59세)에 귀국한 후 남경 국민당 정부의 요직을 두루 거치고 중앙연구원 원장으로 재직하는 동안에는 과학교육에 힘써서 수많은 과학자를 양성했다. 1931년 일본이 이른바 '만주사변'을 일으켜 노골적인 침략 야욕을 드러내는데도 소극적으로 대처하는 장개석(蔣介石, 장제스)을 비판하며 국공합작을 주창하고 송경령(宋慶齡, 쑹칭링) 등과 중국민권보장동맹(中國民權保障同盟)을 결성하여 적극적인 항일운동을 전개하며 국민들의 단결을 호소했다. 이윽고 일본군에 의하여 상해가 함락되자 1937년 말에 홍콩으로 이거했다가 1940년 그곳에서 병으로 서거했다.

학계의 큰 별, 인간 세상의 모범

채원배고거 입구에는 그를 기념하기 위해 조성한 광장에 책을 들고 앉아 있는 그의 동상이 놓여 있다.(47면 사진 참조) 광장 후면 기념관으로 들어가는 골목 벽에는 '학계태두(學界泰斗) 인세해모(人世楷模)' 여덟 글자가 크게 새겨져 있다. 이것은 채원배가 서거한 직후 모택동이 보낸 조전(弔電)의 한 구절인데 그 내용은 이렇다.

> 혈민 선생은 **학계의 큰 별**이요 **인간 세상의 모범**이었는데 갑자기 도산(道山, 신선이 사는 산)으로 돌아가셨으니 이 지극한 슬픔이 어찌 끝나리오(孑民先生 **學界泰斗 人世楷模** 遽歸道山 震悼曷極). (강조는 인용자)

이로부터 '학계태두 인세해모'는 채원배를 상징하는 구호처럼 되어 버렸다. 좁은 골목길을 따라 들어가면 채원배고거가 나타난다. 대문 위

채원배고거 대문 양쪽에 '학계태두(學界泰斗)' '인세해모(人世楷模)'라 새겨져 있다.

에는 횡으로 '채원배고거(蔡元培故居)'라는 편액이 걸려 있고 양쪽 기둥에는 각각 '학계태두' '인세해모'가 새겨져 있다. 안으로 들어가 '채원배 기념관'이라 쓰인 문을 통과하면 대청(大廳)이 나온다. 중앙에 채원배의 흉상이 있고 그 위에는 역시 '학계태두' 편액이 걸려 있다. 그리고 흉상 뒷벽에는 다음과 같은 글귀가 새겨져 있다.

> 中國爲一人 (중국위일인) 중국은 한 사람이 되고
> 天下爲一家 (천하위일가) 천하는 한 집안이 되어야

이 말은 일본군에 대항하여 싸우던 항일전쟁 시기에 전 국민이 일치

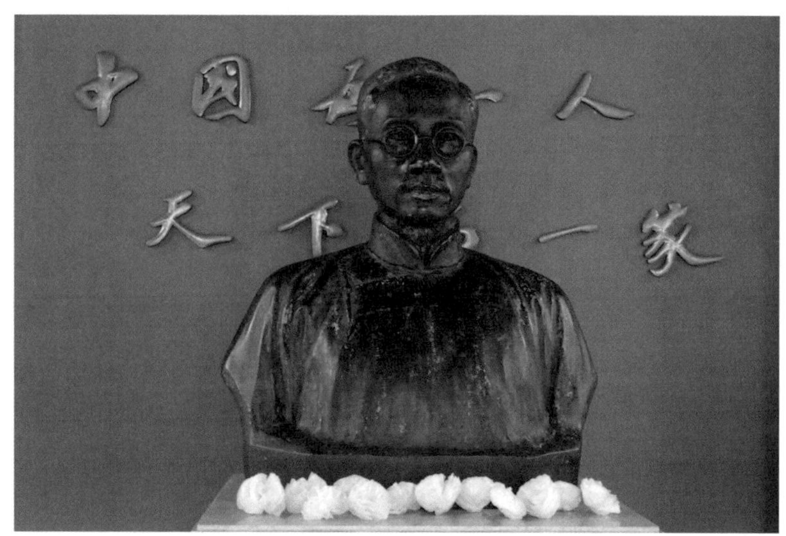

채원배 흉상 흉상 뒷벽에 '중국위일인(中國爲一人) 천하위일가(天下爲一家)'라 새겨져 있다.

단결하여 국난을 극복하자는 의미로 그가 내세운 구호인데『예기(禮記)』「예운(禮運)」편에 나오는 구절이다.

대청의 두 기둥에는 주은래(周恩來, 저우언라이) 총리의 다음과 같은 대련(對聯)이 새겨져 있다.

> 從排滿到抗日戰爭 (종배만도항일전쟁)
> 先生之志在民族革命 (선생지지재민족혁명)
> 從五四到人權同盟 (종오사도인권동맹)
> 先生之行在民主自由 (선생지행재민주자유)

만주를 배격하고 항일전쟁에 이르기까지
선생의 뜻은 민족혁명에 있었고
5·4운동으로부터 인권동맹에 이르기까지
선생의 행동은 민주자유에 있었다

대청 뒤편에 응접실 격인 소당전(小堂前)이 있고 좌우에 서방(書房), 주방, 식당 등이 있다. 기타의 부속건물은 모두 '채원배 생애사 진열관(蔡元培生平簡史陳列館)'으로 꾸며져 있다. 여기에는 모두 다섯 개의 주제로 그의 업적을 사진과 도표로 전시하고 있다.

제1부: 고향에 남긴 자취, 회계산과 경호가 영재를 길러내다(故鄕遺踪 稽山鏡水育英才)

제2부: 민주혁명으로부터 교육사업에 투신하다(從民主革命 投身教育事業)

제3부: 모든 것을 다 받아들여 새로운 북경대학을 길러내다(兼容幷包 孕育新北大)

제4부: 과학·문화 사업에 힘을 쏟고 민주자유를 쟁취하다(致力于科學文化事業 爭取民主自由)

제5부: 공이 백세에 드리우고 덕이 천추에 빛나다(功垂百世 德耀千秋)

여기에는 여원홍이 발령한 북경대학 교장 임명장, 당시 북경대학 교직원 일람표, 북경대학 제1회 여학생 명단과 사진, 전현동·마인초(馬寅

初, 마인추)·노신·주작인(周作人, 저우쭤런)을 비롯한 유명 인사들의 사진 등 귀중한 자료들이 진열되어 있다.

채원배의 구혼 조건

채원배기념관에서 한 가지 눈에 띄는 것이 있는데 2층 그의 침실 앞에 걸려 있는 '구혼(求婚) 조건'이 그것이다. 그는 22세 때 부모의 명에 따라 얼굴도 보지 않은 왕소(王昭, 왕자오)와 구식 결혼을 했다. 두 사람은 성격이 맞지 않아 부부관계가 원만하지 못했는데 채원배가 서양사상을 받아들여 여권(女權)을 존중하면서 이른바 '부처공약(夫妻公約)'을 공표한 후 관계가 개선되었다. 그러나 부처공약을 공표한 그해에 부인이 병으로 죽었다. 이때 그의 나이는 33세였다. 부인이 죽자 주위에서 재혼을 권유하는 요청이 빗발쳤다. 이미 봉건적 예속의 굴레를 벗어나 남녀평등을 주창한 그는 다음과 같은 구혼 조건을 붓으로 써서 침실 바깥벽에 걸어 놓았다.

1. 여자는 전족(纏足)을 하지 않아야 한다.
2. 여자는 반드시 글자를 알아야 한다.
3. 남자는 첩을 두지 않는다.
4. 남자가 죽은 후 여자는 재혼할 수 있다.
5. 부부가 서로 맞지 않을 때는 이혼할 수 있다.

당시로서는 혁명적인 이 소식이 전해지자 중매를 주선하던 사람들은 모두 물러났다. 그로부터 1년 반 만에 황중옥(黃仲玉, 황중위)이라는 용감한 여성이 나타났다. 그녀는 전족을 하지 않았고 글자를 알 뿐만 아니라 서화에도 조예가 있어 두 사람은 1902년 1월 1일 항주 서호(西湖)에서 혼례를 올렸다. 결혼식도 전통적 절차를 따르지 않고 파격적으로 거행했다고 한다. 일종의 '문명 결혼식'을 올린 것이다. 이들은 서로를 존중하며 이상적인 결혼생활을 영위했으나 1920년 채원배가 유럽에 출장 중일 때 황중옥이 북경에서 병사했다. 귀국 후 그는 죽은 부인을 위하여 애절한 제문을 지었다.

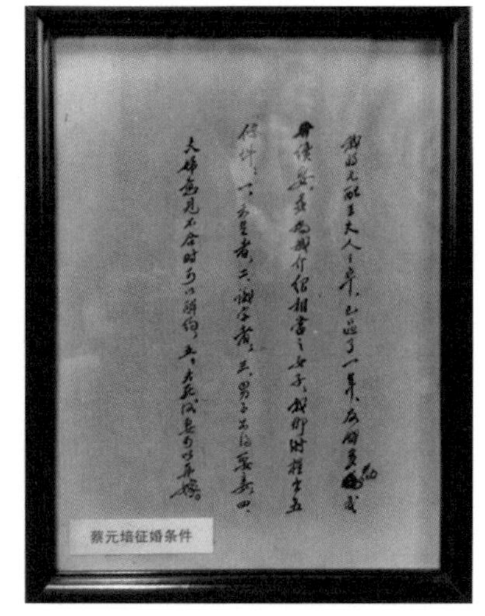

침실 벽에 걸어놓은 '채원배의 구혼 조건' 액자

오호라, 중옥이여! 끝내 나를 버리고 가버리다니. 당신과 결혼한 이래 20년 동안 당신에게 자식들 기르는 수고를 끼쳤고 가계를 꾸리는 수고를 끼쳤고 국내외를 분주하게 다니는 수고를 끼쳤고 빈곤하게 생활하는 수고를 끼쳤으며 근심 걱정 하는 수고를 끼쳤도다. 당신으로 하여금 글씨 쓰게 하고 그림 그리게 하여 미술적 천재를 무한히 발전시키지 못하게 하고 피로가 쌓여 병을 얻어 천수를 누릴 수 없게 했도다. 오호라! 내가 당신에게 진 빚이 얼마이던가.

황중옥이 별세했을 때 채원배의 나이는 53세였다. 그리고 북경대학 교장이라는 막중한 임무를 안고 있었기 때문에 그에게는 내조해줄 배우자가 필요했다. 그래서 황 여사가 별세한 지 1년 후에 주준(周峻, 저우쥔)과 다시 결혼했다. 주준은 채원배가 상해에서 애국여학교를 설립했을 때의 학생으로 평소 그를 사모하던 여자였다. 22살의 나이 차이에도 불구하고 두 사람은 1940년 채원배가 작고할 때까지 17년간 행복하게 살았다.

채원배는 소흥이 낳은 위대한 교육자이기 때문에 그에 대한 소흥 사람들의 애정은 각별하다. 1988년 채원배 탄신 120주년을 기하여 기념우표를 발행했고 그의 집 근처(현재 그의 좌상이 있는 광장 옆)에 있는 '동풍전영원(東風電影院)'을 그의 호를 따서 '혈민전영원'으로 개명했다. 전영원은 영화관이다. 그리고 1990년 채원배 서거 50주년 기념일에는 '원배중학(元培中學)'을 설립했고 이어서 '원배소학' '원배유아원'도 설립하여 그에 대한 존경의 뜻을 표했다. 2016년 5월에 방문했을 때는 '혈민전영원'이 '혈민연예광장'으로 이름이 바뀌어 있었다.

채원배 탄신 120주년 기념우표

소흥주를 나누며 토론을

기행 첫날의 일정을 마치고 우리는 고월용산주루(古越龍山酒樓)에서 소흥주를 곁들여 저녁식사를 했다. 반주로 마신 술은 5년 된 5리터(*l*)들이 고월용산패 소흥주로 도자기 용기에 들어 있었다. 뚜껑이 석고로 단단히 밀봉되어 있어서 도저히 열 수가 없어 종업원에게 부탁했더니 10위안(약 1,700원)을 받고 열어주었다. 우리 일행은 모두 17명으로 남녀를 불문하고 술을 잘 마시는 사람이 많았다. 반주로 얼큰해진 일행은 호텔로 돌아와서 다시 잔을 들었다. 배기표 군이 근처 상점에 가서 소흥주 370밀리리터(ml) 열두 병을 사왔는데 모두 비웠다.

술기운이 오르면서 자연히 토론이 벌어졌다. 요즘 대학교수들의 학문자세, 대학의 운영문제, 한미관계, 남북문제, IT문제 등에 관한 열띤 토론이 이어졌다. 상지대학교 총장을 역임한 강만길(姜萬吉) 교수는 대학운영의 합리적 방안에 대하여 일가견이 있었다. 다산연구소 박석무 (朴錫武) 이사장은 학술진흥재단(현 한국연구재단) 이사장으로 재임할 적에 대학의 강사들에게도 연구비를 지급한 업적을 이야기했다.

토론의 수위가 점점 높아지면서 강만길 교수와 김영평(金榮枰) 교수가 다소 날카롭게 대립했다. 두 분은 고려대학교에서 정년퇴직했는데, 한국 근현대사를 전공한 강 교수는 이른바 '국내파'이고 미국에서 정치학을 공부한 김 교수는 '해외파'라 할 수 있다. 그러니 자연 의견이 갈라지는 경우가 많았다. 두 사람 모두 고려대학교를 졸업한 선후배 사이인데도 학문적 견해에선 한 치의 양보도 없었다. 하기야 『논어』에서도 "인

(仁)을 행하는 데 있어서는 스승에게도 양보하지 않는다(當仁不讓於師)" 라고 말하지 않았던가. 때로는 아슬아슬하게 위험수위를 넘나든 경우도 있었지만 자기 분야에서 최고의 위치에 있는 두 분이 토론하는 광경은 아름다워 보였다. 대학원에 다니는 젊은 연구자들도 노 교수들의 토론이 무척 흥미로운 듯 시종일관 귀를 기울이고 있었다. 이렇게 소흥에서의 첫날 밤은 소흥주의 취기와 토론의 열기로 깊어갔다.

소흥주

(1) 소흥주는 어떤 술인가

황주 중에서 가장 유명한 것이 소흥주(紹興酒, 사오싱주)이다. 소흥주는 절강성의 소흥 일대에서 생산되는 황주로 오랜 역사를 지니고 있다. 『여씨춘추(呂氏春秋)』의 기록에 의하면, 월왕 구천(句踐)이 와신상담(臥薪嘗膽) 끝에 오(吳)나라를 정벌하기 위하여 출정할 때 어떤 노인이 술 한 동이를 구천에게 바쳤다고 한다. 구천은 이 술을 혼자 마실 수 없어서 궁리 끝에 술을 강물에 흘려 보내어 주위에 있는 군사들이 한 모금씩이나마 함께 마시게 했다. 이에 사기가 오른 군사들이 오나라를 격파했다는 이야기가 전하는데 그 노인이 구천에게 바친 술이 소흥주라는 것이다. 지금도 소흥에는 '투료하(投醪河, 탁주를 던져 쏟은 하천)'라는 하천이 있다. 그리고 여기서 '단서노사(簞醑勞師, 맛있는 한 동이 술로 군사를 위로하다)'라는 성어가 생겼다. 이렇게 보면 소흥주는 2500여 년의 역사를 지닌 셈이다.

물론 그때의 소흥주는 우리나라 막걸리와 비슷한 초기 형태의 양조주였을 터이지만 그후 계속해서 양조법을 개선하여 오늘날처럼 훌륭한 술을 만들 수 있었던 것이다. 1915년에는 미국 샌프란시스코에서 개최한 '파나마 태평양 만국박람회'에서 금상을 수상하는 등 국내외 대회에서 여러 차례 좋은 술로 선정되어 그 품질을 인정받았다. 또한 1952년부터 1989년까지 5회에 걸쳐 부정기적으로 개최된 '중국 평주회(評酒會)'에서

한 번도 빠지지 않고 '중국명주'에 선정되었을 만큼 황주를 대표하는 술로 자리매김했다.

소흥주는 중국이 세계에 자랑하는 술로, 1952년에 주은래(周恩來, 저우언라이) 총리가 직접 지시를 내려 '소흥주 중앙창고'를 건립토록 했고, 1995년에는 강택민(江澤民, 장쩌민) 총서기가 직접 '소흥 황주집단'을 방문하여 이 술을 맛보고는 "중국 황주는 천하의 제일이다. 이 술의 양조(釀造) 기술은 선배들이 물려준 고귀한 재산이니 잘 보호하여 위조품이 없도록 하라"는 지시를 내렸다고 한다. 평소 술을 무척 사랑했던 등소평(鄧小平, 덩샤오핑)도 85세 때 의사의 권고에 따라 담배를 끊고 매일 소흥주를 한 잔씩 마셨다는 이야기가 전한다.

1988년에는 북경 조어대(釣魚臺, 댜오위타이)에서 외국 국빈(國賓)들을 접대하는 전용주로 소흥주가 선정되었고 이후 캄보디아 국왕, 일본 천황, 미국의 닉슨 대통령, 클린턴 대통령 등에게 선물로 소흥주를 주었다고 한다. 그만큼 소흥주에 대한 중국인의 자부심은 대단하다.

이런 사실을 접하면서 나는 '우리나라에는 왜 좋은 술이 없는가'라는 생각이 들었다. 우리나라에도 훌륭한 전통주가 있었지만, 36년간의 일제강점기를 거치고 1960년대 초의 경제개발 정책의 일환으로 쌀의 사용을

금지하자 술 산업이 발전하지 못했다. 그러나 지금은 사정이 달라졌다. 식량이 남아돈다. 그러니 양조 기술을 개발하면 우리도 얼마든지 좋은 술을 만들 수 있는 여건이 마련되어 있다. 그럼에도 불구하고 세계에 내놓을 만한 술을 만들지 못하는 것은 기본적으로 술에 대한 잘못된 인식 때문이라 생각한다.

담배세와 더불어 주세(酒稅)는 이른바 '죄악세(罪惡稅)'로 일컬어진다. 즉 담배를 피우거나 술을 마시는 것은 '죄악'을 저지르는 행위여서 그 대가로 세금을 내야 한다는 논리이다. 이렇게 술 마시는 것을 죄악시하는 환경에서는 결코 좋은 술이 만들어질 수 없다. '술을 마시면 60여 가지의 질환을 일으키고 각종 사회문제와 가정폭력 등의 범죄를 유발한다'는 논거를 앞세워 술에도 국민건강증진부담금을 부과하자는 논의가 일고 있다. 이래서는 좋은 술이 나올 수 없다. 모택동(毛澤東, 마오쩌둥)을 비롯한 중국의 역대 지도자들은 유명한 술 공장을 방문하여 '더욱 좋은 술을 만들라'는 내용의 휘호(揮毫)를 남겼다. 우리나라의 지도자들은 어떤가?

(2) 소흥주의 분류

소흥주는 양조 방법에 따라 다음 네 가지로 분류된다.

① 원홍주(元紅酒, 위안홍주)

소흥주의 대종 산품으로 옛날 술동이의 외벽을 주홍색으로 칠한 데에서 원홍주란 명칭이 붙었다. 당화 발효(糖化醱酵)가 완전하게 이루어져 단맛이 거의 없는 간형(乾型) 황주이다. 알코올 도수는 13도 내외다. 데워서 마시는 것이 좋으며 닭고기, 오리고기 안주와 어울린다. 원래 원홍주는 겨울철에 저온발효를 거쳐 만들어진다. 대개 소설(小雪) 전후에 쌀을 물에 불리고 대설(大雪) 전후에 고두밥(지에밥)을 쪄 발효를 시켜 이듬해 입춘 전후에 술을 거른다. 지금은 생산과정이 기계화되어 계절에 관계없이 생산되고 있다. 그러나 아직도 술병에 '동양(冬釀)' '수공동양(手工冬釀)' 등의 표기가 되어 있는 상품이 있는 걸 보면 역시 겨울철에 빚는 소흥주가 좋다는 것을 알 수 있다.

② 가반주(加飯酒, 자판주)

소흥주 중의 최상품으로 양조 과정이 복잡하고 원료가 다량 투입되기 때문에 생산량이 많지 않음에도 불구하고 현재는 원홍주를 대신해서 소흥주의 대종 산품의 위치를 점하고 있다. 먼저 고두밥과 누룩과 물을 섞어 1차 발효를 시킨 다음, 거르지 않은 원홍주를 밑술로 투입하여 2차 발효를 거쳐 완성한다. 알코올 도수는 15도 내외로 반간형(半乾型) 황주에 속한다. 이 술은 장기 저장이 가능하여 묵을수록 더욱 향기롭고 진하다. 소흥주를 '노주(老酒)'라 부르는 까닭이 여기에 있다. 이 술 역시 데워서 마시면 좋고 냉채(冷菜) 안주와 어울린다. 또한 원홍주와 칵테일해서 마시면 특별한 맛이 난다. 가반주를 다년간 저장한 것을 화조주(花雕酒)라 한다.

③ 선양주(善釀酒, 산냥주)

양조 과정에서 물 대신 1~3년 묵은 원홍주를 사용해서 만든 술로 반첨형(半甛型) 황주에 속한다. 알코올 도수는 12도 내외다. 데워서 단맛이 나는 안주와 마시면 좋다. 선양주는 1890년에 처음 제조되어 비교적 역사가 짧은 소흥주이다.

④ 향설주(香雪酒, 샹쉐주)

양조 과정에서 물 대신 묵은 조소(糟燒)를 사용해서 만든 전통적 소흥주로 단맛이 나는 첨형(甛型) 소흥주이며 알코올 도수는 15도 이상이다. '조소'는 황주를 여과한 후 남은 지게미를 다시 발효시켜 증류한 술로 알코올 도수가 높다. 조소주를 사용하는 것은 당화 발효를 억제하여 당도를 높이기 위해서이다. 향설주는 일반적으로 데우지 않고 마시며 사이다 등을 타서 마시기도 한다.

이상 네 개 품종 중에서 시중에 출시된 것은 가반주가 주종을 이루고 원홍주, 선양주, 향설주는 주로 블렌딩(blending)용으로 쓰인다. 그래서 시중에 나와 있는 상품의 상표에는 탑패(塔牌), 고월용산(古越龍山), 회계산(會稽山) 등 제조사 이름이 크게 쓰여 있고 그 옆에 '십년진화조(十年陳花雕)' '십이년가반(十二年加飯)' '소흥화조(紹興花雕)' 등의 글씨가 병기되어 있다. 특별히 겨울철에 제조되었음을 나타내기 위하여 '동양(冬釀)' '수공동양(手工冬釀)'이라 표기한 경우도 있고 '영구 수장 보존이 가능함'이라 표기된 상품도 있다.

가반주 계열의 소흥주는 장기 저장이 가능하기 때문에 시중에는 최소 3년부터 40년, 50년 된 상품까지 나와 있다. 50년짜리 화조주는 500ml 한 병에 7000위안(약 130만 원)을 호가하는 것도 있다.

중국 근대문학의 거장 노신의 고향

소년 시절의 노신

기행 둘째 날 아침, 우리는 소흥 시내의 노신고리(魯迅故里, 루쉰구리, 노신의 고향)로 향했다. 문화의 거리로 조성된 이 일대에는 노신의 생가와 기념관, 유년 시절에 뛰놀던 뒤뜰 백초원(百草園), 서당 삼미서옥(三味書屋) 등이 모여 있다. 노신의 고향 마을에서 평생 불의와 타협하지 않은 그의 삶과 문학을 돌아보기로 한다.

모택동에 의하여 '중국 문화혁명의 주장(主將)'이라 일컬어진 노신(1881~1936)은 소흥의 한 관료지주의 집안에서 태어났다. 본명은 주수인(周樹人, 저우수런)이다. 그의 집안은 생계 걱정을 하지 않아도 될 만큼의 가산을 가지고 있었다. 그는 12세부터 집 근처의 서당인 삼미서옥에서 전통적인 유학교육을 받았다. 그러나 그는 사서오경(四書五經) 등의 교재 이외에도 유학에서 금기시하는 기타 서적도 두루 읽어 안목을 넓혔다.

13세(1893년) 때 조부 주복청(周福淸)이 과거시험 부정에 연루되어 투옥되고 부친마저 병석에 눕게 되어 집안의 장남인 어린 노신은 서당에 다니는 한편 부친의 병수발을 도맡아 해야만 했다. 가세도 급격히 기울었다. 이때의 사정을 그는 훗날 첫 소설집 『납함(吶喊, 외침)』(1923)의 서문에서 이렇게 쓰고 있다.

> 나는 일찍이 4년 남짓 되는 기간, 거의 매일 전당포와 약방을 다녔다. (…) 나는 내 키의 배나 되는 전당포의 계산대 밖에서 옷가지나 머리 장식품 같은 것을 내밀고 멸시를 받으며 돈을 받았으며, 뒤이어 내 키만 한 약국 계산대를 찾아가 오랫동안 앓아누운 아버지를 위하여 약을 지었다. 의사가 유명한 사람이었기 때문에 별의별 보조 약재를 적어주었다. 겨울의 갈대 뿌리, 3년 서리 맞은 사탕수수, 짝짓기하는 귀뚜라미, 열매 달린 탱자나무 (…) 약재는 대부분 구하기 힘든 것이어서 집에 돌아와서도 분주히 뛰어다녀야 했다.

이런 노력에도 불구하고 부친은 노신이 16세 되던 해에 별세했다. 그가 훗날 일본에 유학해서 센다이(仙臺)의학전문학교에 입학하여 의학을 전공한 것은, 일본의 메이지유신(明治維新)이 주로 현대의학에서 출발했다는 사실을 알았기 때문이지만, 고향 '돌팔이 의사'의 비과학적인 처방으로 고생했던 경험과 무관하지 않았을 것이다.

부친의 사망 이후 극심한 가난에 시달리고 주위 사람들로부터 냉대를 받던 그는 드디어 남경(南京)으로 가기로 결심했다. 당시 글 읽은 사람들이 택하는 길은 과거시험을 통하여 관료로 진출하거나 고위관료의 막료로 들어가거나 그것도 안 되면 장삿길에 나서는 수밖에 없었다. 그런데 그는 서양 학교에 입학하기로 마음먹은 것이다. 어머니의 만류를 뿌리치고 그는 어머니가 마련해준 은전(銀錢) 8원을 들고 남경의 강남수사학당(江南水師學堂)에 들어갔고 이어서 광무철로학당(礦務鐵路學堂)으로 옮겼다. 이들 학교는 양무파(洋務派)가 부국강병의 기치를 들고 세운 서양식 학교였다. 그래서 학비가 없었다. 여기서 그는 수학, 물리, 화학 등의 자연과학과 외국의 문학, 사회과학 서적을 접할 수 있었다. 특히 그에게 큰 영향을 미친 것은 영국의 생물학자 토머스 헉슬리(Thomas H. Huxley)의 『진화와 윤리』(1893)를 엄복(嚴復)이 중국의 실정에 맞게 번역한 『천연론(天演論)』(1898)이었다. 노신은 이 책에서 다윈(C. R. Darwin)의 진화론을 바탕으로 한 적자생존의 원리에 깊은 감명을 받았다.

의학에서 문학으로

성적이 우수했던 노신은 관비 유학생에 선발되어 1902년(22세) 일본에 갈 수 있었다. 그는 도쿄(東京)의 고분학원(弘文學院)에 입학하여 일본어와 과학의 기초를 배웠다. 그리고 변발을 잘랐다. 그만큼 그의 의지가 굳었다.

1904년 9월에는 센다이의학전문학교에 입학하여 후지노 겐쿠로(藤

野嚴九郎) 교수의 지도를 받으며 본격적인 의학 공부를 시작했다. 그러나 이 학교에서 그의 진로를 바꾸어놓은 이른바 '환등기(幻燈機) 사건'이 발생했다. 그는 쉬는 시간에 학생들에게 보여준 환등기(슬라이드) 속에서 당시 중국인의 속살을 목격했다. 이 무렵은 러일전쟁이 막 끝난 후이기 때문에 전쟁에서 승리한 일본군의 동정에 관한 사진이 많았는데 그중에 러시아의 밀정 노릇을 하다가 체포되어 처형당하는 중국인 사진이 있었다. 그런데 처형 장면을 구경하는 사람 상당수가 중국인이었는데도 처형당하는 동포를 보고도 아무런 표정이 없었고 어떤 사진에는 만세를 부르는 장면도 있었다. 이 슬라이드를 본 뒤 그는 의학을 포기하고 문학을 하기로 마음먹었다. 역시 첫 소설집 『납함』의 서문에서 그때의 심경을 이렇게 밝히고 있다.

일본 유학시절의 노신

그때 이후로 나는 의학이 전혀 중요하지 않은 일이라 생각하게 되었다. 우매하고 연약한 국민은 체격이 아무리 온전하고 건장하다 하더라도 아무 의미 없는 시위의 구경꾼밖에 될 수 없고, 병사자가 아무리 많다 해도 이를 불행이라 여길 수 없다. 따라서 우리 중국인에게 가장 중요하고 시급한 것은 정신을 뜯어고치는 것이고, 정신을 뜯어고치기 위해서는 무엇보다도 문학예술에 힘써야 한다고 생각했다. 그리하여 문학예술운동을 제창하게 된 것이다.

노신의 첫 부인 주안

1906년(26세), 문학의 중요성을 절감하고 센다이를 떠나 도쿄로 돌아온 그는 본격적인 문예활동을 펼치기 시작했다. 그러나 어머니의 전보를 받고 일시 귀국했다. 노신이 일본으로 떠난 후 모친은 미리 그의 혼처를 정해놓았는데 며느릿감은 주안(朱安, 주안)이었다. 주안의 나이가 많아지고 노신이 일본에서 결혼할 것이라는 소문이 돌자 어머니는 병세가 위급하다는 거짓 전보를 보내어 노신을 불러들인 것이다.

주안은 전족(纏足)을 한 전형적인 구식 여자였다. 이미 새로운 사상을 접한 노신에게 주안이 마음에 들었을 리 없지만 묵묵히 어머니의 명에 따라 결혼식을 올렸다. 그러고는 사흘 만에 동생 주작인(周作人, 저우쭤런)과 함께 도쿄로 돌아갔다. 전하는 말에 의하면 그는 첫날밤도 치르지 않고 몰래 신방(新房)을 빠져나와 혼자 잤다고 한다. 훗날 그의 오랜 고향 친구인 허수상(許壽裳, 쉬서우창)에게 "모친께서 며느리를 들이셨더군. 그 사람은 모친이 나에게 준 하나의 예물이라 나는 그를 잘 공양할 수 있을 뿐이지 애정은 내가 알 바 아니네"라고 한 말에서 주안에 대한 노신의 자세가 어떠했는지 짐작할 수 있다. 결국 주안은 봉건적 결혼제도의 희생물이 되어 평생을 '처녀'로 살았다.

중국 최초의 백화소설 「광인일기」

일본 유학을 마치고 1909년(29세)에 귀국한 노신은 항주, 소흥 등지에서 교편을 잡다가 1911년 신해혁명 이후 교육총장으로 있던 채원배(蔡元培)의 초청으로 남경 임시정부의 교육부 직원에 채용되었다. 이어 남경 정부가 북경으로 옮김에 따라 그도 북경에서 생활했지만 원세개(袁世凱)의 전횡으로 모든 꿈이 좌절되고 그는 고서와 금석문의 탁본을 수집하면서 외롭게 지냈다.

그의 생활에 새로운 전기를 마련해준 것은 1916년 원세개가 죽고 채원배가 북경대학 교장으로 취임한 일이었다. 당시 북경대학에는 자유주의자인 채원배와 급진주의자인 진독수(陳獨秀)를 비롯하여 호적(胡適), 이대교(李大釗), 전현동(錢玄同), 주작인 등 진보적인 인사들이 포진하고 있었고 이들의 구심체는 잡지 『신청년(新靑年)』(1915년 9월 창간)이었다. 이들은 백화문운동(白話文運動, 일상생활에서 쓰이는 구어문인 백화문으로 새로운 문학을 창조하려는 운동)을 비롯한 신문화운동의 기수들이었다.

이 중 『신청년』 편집위원이었던 전현동의 권유로 노신은 1918년(38세) 중국 최초의 백화문 소설 「광인일기(狂人日記)」를 『신청년』(제4권 제5호)에 발표했다. 이 소설을 발표하면서 처음으로 '노신(魯迅)'이라는 필명을 사용했다. 중국 현대문학사의 기념비적인 이 작품의 주제는 '식인(食人)'이다. 그는 이 소설에서 광인의 입을 빌려 이렇게 말했다.

만사는 연구해보지 않으면 알 수 없다. 옛날부터 끊임없이 사람이

新青年

LA JEUNESSE

第四卷第五號

上海群益書社印行

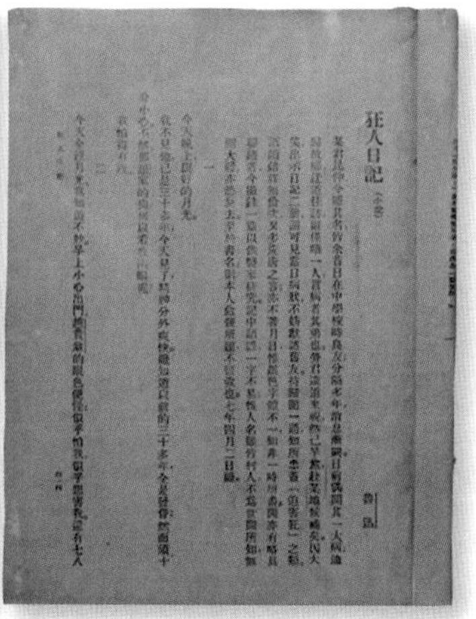
狂人日記

魯迅

『신청년』 제4권 제5호(1918)와 이 잡지에 발표된 노신의 「광인일기」 이 소설을 발표하면서 처음으로 '노신(魯迅)'이라는 필명을 사용했다.

사람을 잡아먹었다는 말을 들은 적이 있지만 확실히 알지는 못했다. 나는 역사책을 뒤져보았으나 이 역사에는 연대가 없고 어느 페이지에나 '인의도덕(仁義道德)' 따위의 글자만 삐뚤삐뚤 적혀 있었다. 나는 이왕에 잠이 오지 않아서 밤중까지 자세히 책장을 살펴보았다. 그랬더니 글자와 글자 사이에 '식인(食人)' 두 글자가 가득 쓰여 있었다.

노신은 이 소설을 쓴 직후에 친구인 허수상에게 보낸 편지에서 "나중에 우연히 『통감(通鑑)』을 보게 되었는데 그때 나는 중국인이 아직도 식인 민족이었음을 알게 되었다"라고 말했다. 그가 「광인일기」에서 말한 '역사책'은 『통감』을 가리키는 것이고 『통감』류의 역사책에는 '인의도덕'만을 끊임없이 선양해왔다는 것이다. 그리고 '식인'을 포함한 중국

역사상의 흉측했던 폭력은 모두 이 '인의도덕'이라는 명분 아래 자행되어왔다는 것이 노신의 생각이었다. 그는 유교와 봉건사회가 사람을 구속하는 상황을 사람이 사람을 잡아먹는 식인에 빗대어 표현하면서 당시 구조적 병폐에 갇힌 중국 사회에 대해 통렬한 비판을 가했던 것이다.

1919년 5·4운동이 일어난 후 그는 소흥의 옛집을 팔고 북경 팔도만(八道灣)에 새집을 마련하여 동생 주작인 가족과 모친 그리고 아내 주안을 불러들여 함께 살았다. 이해에 그는 두 번째 소설 「공을기(孔乙己)」와 세 번째 소설 「약(藥)」을 발표했다. 「공을기」에서 그는 과거제도의 희생물이 되어 함형주점 사람들의 조롱을 받는 몰락 지식인의 허위의식을 그렸다.

「아Q정전」의 세계

이후 그는 꾸준히 작품을 발표하여 1921년(41세)에는 그의 대표작이라 할 수 있는 「아Q정전(阿Q正傳)」을 연재하기 시작했다. 아Q는 일정한 직업이 없는 날품팔이꾼으로 마을 사람들로부터 놀림을 당하고 매를 맞으면서도 그만의 독특한 '정신승리법'으로 자위하며 쓸데없는 자존심만 앞세우는 인물이다. 그는 자기도 모르게 혁명군에 가담하지만 결국은 혁명군에 의하여 도둑으로 몰려 공개적으로 총살을 당한다. 말하자면 그는 무지몽매하게 살다가 왜 죽는지도 모른 채 무지몽매하게 죽는다. 이 작품에서 노신은 아편전쟁 이후 서구 열강의 침략을 받으면서도 여전히 민족의 자존만 내세우는 중국의 슬픈 자화상을 그렸다. 그가 보기에 중국 사회는 무수히 고립된 아Q들의 집단이었다. 이 소설은 다음과 같이 끝난다.

그후 마을 사람들의 여론은 별반 못마땅하게 여기는 사람은 없었다. 마땅히 아Q가 나쁘다고 하였다. 총살을 당한 것이 그 증거이고 나쁘지 않다면 총살을 당할 리가 없다고 하였다. 한편 성안의 여론은 그다지 좋지 않았다. 대부분이 아Q의 총살에 대하여 불만이었다. 총살은 목을 자르는 것만큼 구경거리가 되지 못한다는 것이었다. 더구나 그 얼마나 얼빠진 사형수란 말인가, 그렇게 오랫동안 끌려다니면서도 노래 한 마디 못 부르다니. 공연히 따라다니느라 허탕만 쳤다고 말했다.

결국 총살을 당하는 아Q나, 죄 없이 죽어가는 동족의 죽음을 단순한 눈요깃거리로 삼는 마을 사람들 모두가 현실을 직시하지 못하고 어둠속을 헤매는 중국인의 실상이다. 아마 이 소설을 쓸 때 노신의 머릿속에는 일본 센다이의학전문학교에서 겪은 충격적인 환등기 사건이 자리 잡고 있었을 것이다.

제자 허광평과 함께

노신은 1923년(43세)부터 북경여자고등사범학교의 강사로 있었는데 새로 부임한 교장은 독선적이고 반동적으로 학교 운영을 해서 학생들과 마찰이 잦았다. 교장에 반대하는 학생 대표가 허광평(許廣平, 쉬광핑, 1898~1968)이었다. 교장과 학생들의 대립은 일진일퇴를 거듭하며 여러 해 계속되었는데 이 과정에서 허광평은 노신에게 도움을 요청했고 노신도 학생 편에 서서 함께 투쟁했다. 이러는 사이에 두 사람은 서로에게 연정을 느끼게 되었다.

한편 1925년 손문(孫文)이 사망한 후 각 지방의 군벌이 할거하면서 안휘성(安徽省, 안후이성) 출신의 단기서(段祺瑞, 돤치루이)가 패권을 잡고 있었는데 1926년 대고구(大沽口) 사건(1926년 3월 12일, 국민당 군대와 일본군이 천진 근처의 대고구에서 충돌한 사건)을 계기로 일본과 미국, 영국, 프랑스 등 8개국이 무리한 요구를 하자 3월 18일 북경 천안문에서 이에 항의하는 대규모 군중시위가 벌어졌다. 이에 단기서는 발포 명령을 내리고 시위 진압에 나서 47명이 사망하고 200여 명이 부상당하는 참사가 일어났다. 노신은 이날을 "민국 이래 가장 암울한 하루"라 지적하고 단기서 정부를 규탄했다.

3·18참사가 발생한 다음 날 정부는 이대교, 노신 등 50여 명에게 체포 명령을 내렸다. 신변에 위험을 느낀 노신은 이해 8월 허광평과 함께 북경을 떠나 그는 하문대학(廈門大學)으로, 허광평은 광동여자사범학원으로 가게 되었다. 여기서 그는 두 번째 창작집 『방황(彷徨)』을 출간했다. 그러다가 노신은 광주(廣州, 광저우) 중산대학(中山大學)의 초빙을 받아 1927년(47세) 1월에 광주로 가서 허광평과 같은 도시에서 살게 되었다. 그러나 같은 해 4월 12일에 상해의 노동자 무장봉기를 계기로 장개석이 반공 쿠데타를 일으켜 노신이 '피의 유희'라 칭한 대학살이 시작되었다. 4월

뒷줄 왼쪽부터 시계방향으로 손복희, 임어당, 손복원, 노신, 허광평(노신의 두 번째 부인), 주건인 (1927)

12일부터 15일까지 상해에서만 300여 명이 살해되고 500여 명이 체포되었으며 실종된 사람도 500여 명이나 되었다. 이 여파가 중산대학에까지 미쳐 노신은 4월 21일 대학에 사직서를 제출하고 두문불출하다가 그해 10월 3일 허광평과 함께 광주를 떠나 상해로 가서 동거생활을 시작했다.

노신은 1925년 무렵부터 소설보다 잡문(雜文) 창작에 더 공을 들였다. 잡문은 산문의 한 형식으로 시사평론적 성격이 강한 문예물이다. 이 무렵에 그가 소설보다 잡문을 중시한 이유는, 어두운 현실과 투쟁하는 무기로서 잡문이 더 효과적이라 생각했기 때문이다. 노신은 「소품문(小品文)의 위기」라는 글에서 "소품문은 반드시 비수(匕首)가 되어야 하고 투창(投槍)이 되어야 한다"라고 말했다. 그에게 있어서 소품문, 즉 잡문은 적의 심장을 겨누는 비수와 투창이었던 것이다. 그래서 중국 현대 잡문의 대가인 구추백(瞿秋白, 취추바이)은 "노신의 잡문은 5·4 이래 중국 사상 투쟁의 역사이다"라고 평가했다.

혁명문학파와의 논쟁

1928년에는 상해의 젊은 공산당원들이 문학단체인 창조사(創造社)와 태양사(太陽社)를 거점으로 혁명문학의 기치를 내걸고 노신을 공격했다. 그들은 노신에 대하여 "항상 어두침침한 술집에서 술에 취해 휑한 눈으로 창밖의 인생을 바라보는" 작가로 규정했다. 이들 중 노신 공격에 가장 앞장선 전행촌(錢杏邨, 첸싱춘)은 「죽어버린 아Q시대」라는 글을 발표하여 노신을 비난했는데 이 글은 다음과 같이 끝을 맺는다.

> 아Q의 시대는 이미 오래전에 죽어버렸다. 우리는 더이상 시대의 유해에 연연하지 말고 아Q의 시신을 그의 정신과 함께 매장해버려야 한다.

이들은 노신을 가리켜 '돈키호테 노신' '두려움에 빠진 강박증 환자' '전전긍긍하는 공포병자' 등으로 지칭하며 악의적인 비난을 퍼부었다. 곽말약(郭沫若, 궈모뤄)도 가세하여 "그는 자본주의 이전의 봉건 잔당이다" "그는 뜻을 얻지 못한 파시스트에 지나지 않는다"라고 노신을 공격했다. 노신은 이들의 공격에 대응하여 논전을 펼치는 한편으로 플레하

노프(G. V. Plekhanov)의 『예술론』을 번역하는 등 맑스주의 문예이론을 공부하기 시작했다.

1929년(49세) 9월에 허광평과의 사이에서 아들 주해영(周海嬰, 저우하이잉)이 태어났다. 1930년 2월 상해에서 비밀리에 결성된 중국자유운동대동맹의 창립대회에 참석했고, 같은 해 3월에는 중국좌익작가연맹(이하 좌련)이 결성되어 그를 위원장으로 추대하려 했으나 거절했다. 후에는 결국 좌련의 대표직을 수락했다. 좌련은 중국 공산당이 애초에 정치적 목적에서 만든 단체로, 국민당 정부의 문화 봉쇄 정책에 효과적으로 대응하기 위하여 노신을 끌어들인 것이다. 좌련이 국민당 정부에 반대하는 단체이기 때문에 참여하기는 했으나 그는 좌련의 강령에 동조하지는 않았다. 노신은 전부터 이른바 '혁명문학'에 대하여 비판적이었다. 문학에 혁명문학이 있을 수 있지만 혁명은 본질적으로 문학과 연계될 수 없다는 것이 그의 생각이었고 특히 '혁명문학'의 문학적 가치에 대하여 회의적인 견해를 가지고 있었다. 그럼에도 불구하고 그가 좌련에 가입한 것은 그의 '사다리 이론'에 근거한 행동이었다. 그는 좌련에 가입한 후 한 친구에게 이런 편지를 보냈다.

좌익작가연맹 시절의 노신(1930)

정말로 내 뒤를 따르는 사람들이 나를 딛고 높이 오를 수만 있다면 나는 아무리 밟혀도 억울하지 않을 걸세. 중국에는 이처럼 사다리가 될 수 있는 인물이 나 말고 몇 명 되지 않는 것 같네. 때문에 나는 지난 10년 동안 (…) 실패하기도 하고 속임을 당하기도 했지만 중국의 한가운데에서 뛰어난 준걸들이 배출되어 끝내 죽지 않았기 때문에 이번에도 청년들의 간청을 받아들여 자유동맹에도 가입하고 좌익작가연맹에도 가입하게 되었네. (…) 하는 수 없이 사다리의 위험을 무릅쓰기로 했네만 이들이 사다리를 제대로 타고 오르지 못할까 걱정되기도 하네.

이러한 노신의 충정에도 불구하고 좌련은 문학단체 본연의 임무를 떠나 정치적 선전에 치중하는 조직이 되자 좌련과 노신의 거리는 점차 멀어져갔다. 그러면서도 노신은 호적(胡適), 양실추(梁實秋, 량스추)와의 논전을 통하여 넓은 의미에서 좌련의 입장을 변호하기도 했다.

그가 적극적으로 좌련 활동에 가담하게 된 것은 아끼던 젊은 동지 유석(柔石, 러우스)의 죽음과 무관하지 않다. 1931년 1월에 중국 공산당 제6차 사중전회(四中全會)가 상해에서 개최되었는데 국민당 특수부대의 공격을 받아 30여 명 전원이 체포되었고 약 한 달 후에 유석, 은부(殷夫, 인푸), 이위삼(李偉三, 리웨이싼)을 포함한 24명이 총살형을 당했다. 국민당의 만행으로 좌련의 젊은이들이 무참히 희생되자 노신의 슬픔과 분노는 극에 달했다. 특히 유석의 죽음을 가슴 아파했다. 좌련과 일정한 거리를 유지해왔던 그는 이 사건 이후 자신이 좌련의 일원임을 공개적으로 천

명하고 '혁명문학'의 기치를 높이 들었다.

1932년 12월에 송경령(宋慶齡, 쑹칭링), 채원배 등의 주도로 중국민권보장동맹이 결성되어 노신은 집행위원으로 선임되었다. 이 동맹에서 그는 적극적으로 활동했지만 결성된 지 반년 만에 동맹의 총간사인 양전(楊銓, 양취안)이 총살당한 후 동맹은 해산되고 말았다. 이후 그는 그를 비방하고 모함하는 인사들과 수많은 논전을 벌이며 자신의 소신을 굽히지 않았다.

1936년 3월에 폐결핵 증세가 나타나 투병하다가 10월 19일 상해에서 작고했다. 향년 56세. 그의 장례식은 수천 명의 사람이 참석한 가운데 중국 최초의 '민중장'으로 거행되었다. 청년문학가들의 손에 의해 운구된 그의 관은 '민족혼'이라 쓰인 하얀 천에 싸여 있었다. 그의 시신은 처음에는 상해의 만국공동묘지에 묻혔다가 1956년에 홍구공원(虹口公園, 홍코우공원, 현 루쉰공원)으로 이장되었다.

잊혀져가는 노신

노신의 삶과 그의 작품은 매우 복합적이어서 노신 사후 수많은 연구가 이루어졌음에도 불구하고 아직도 그 정체성이 온전히 밝혀졌다고 할 수 없다. 그 가운데에서 다음과 같은 모택동의 평가를 정면으로 부정하는 이론은 없다.

노신은 중국 문화혁명의 주장(主將)이며, 위대한 문학가일 뿐만 아니라 위대한 사상가·혁명가이다. 노신의 기질은 가장 꿋꿋하여 노예근성이나 아첨하는 기색이 추호도 없다. 이것은 식민지, 반식민지 인민의 가장 고귀한 품성이다. 노신은 문화 전선상(戰線上)에서 전 민족 대다수를 대표하여 적들을 향해 가장 정확하게, 가장 용감하게, 가장 단호하게, 가장 충실하게, 가장 열정적으로 돌진한 미증유의 민족 영웅이다. 노신의 방향은 곧 중화민족 신문화의 방향이다.

그러나 개혁개방 이후 급격한 변화를 겪고 있는 21세기 중국에서 노신의 위치는 옛날 같지 않은 모양이다. 『중앙일보』 북경 총국장 최형규 기자의 기사(『중앙일보』 2013년 9월 11일자)에 의하면, 1920년 이후 130여 편이나 교과서에 실렸던 노신의 작품이 2013년 현재 15편 안팎으로 줄었다고 한다. 그의 대표작인 「아Q정전」의 경우만 해도 상해시에서는 2003년에, 북경시에서는 2007년에 각각 중고교 교과서에서 삭제되었다고 한다. 2013년에는 중국 초·중·고 교과서 대부분을 발행하는 인민교육출판사가 중1 어문 교과서에서 노신의 산문시 「연」을 삭제했다. 이렇게 노신의 작품을 교과서에서 삭제하는 이유로 "내용이 너무 어려워 학생들이 이해하지 못하고 배우길 싫어한다"라는 점을 내세웠다는 것이다. 최근에 삭제된 작품 「연」에 대하여 최형규 기자는 이렇게 쓰고 있다.

1925년에 발표된 「연」은 어린 시절 노신이 연을 못 날리는 동생을 괴롭혔던 얘기다.(사실은 연을 못 날리게 함으로써 동생을 괴롭혔던 얘기다.)

어린 시절 회고를 통해 동생에 대한 양심의 가책과 미안함을 담았다. 그러나 진짜 노신이 말하고자 했던 건 형의 부당한 핍박에 저항하지 못했던 동생, 그리고 동생을 그렇게 만든 가부장적 봉건 위계질서, 더 나아가 봉건사회의 폭력성에 대한 고발이다. (괄호 안의 설명은 인용자)

사실상 「연」은 내용이 어렵지도 않고 분량이 길지도 않다. 그럼에도 불구하고 이 작품을 교과서에서 삭제한 데에는 한마디로 말할 수 없는 복합적인 이유가 있었을 것이다. 그 이유를 이 자리에서 굳이 따지고 싶지는 않다. 한 가지 분명한 사실은 이러한 '노신 지우기'가 '공자의 부활'에 비례해서 앞으로도 한동안 계속될 것이라는 점이다.

노신고리 입구

노신고리(魯迅故里) 입구의 조그마한 광장에 높이 4.5m, 길이 15m의 거대한 화강암 석판이 우리를 맞이한다. 이 석판에는 전체의 4분의 1 정도의 화면에 노신의 흉상이 조각되어 있고 배경에는 삼미서옥을 비롯하여 노신의 청소년 시절의 전형적인 마을 모습이 새겨져 있다. 노신은 평소에 담배를 즐겼는데 그의 조각상에는 빠짐없이 담배가 등장한다. 이곳 노신의 흉상도 예외 없이 담배를 들고 있는 모습이다. 게다가 담배연기까지 조각되어 있다. 최근에는 중국에도 금연 바람이 불어 노신 조각상에서 담배를 제거하자는 논의도 있다고 한다.

노신고리 입구 노신이 유년 시절을 보낸 고향마을로, 입구에는 높이 4.5m, 길이 15m의 거대한 화강암 석판에 노신의 흉상과 유년 시절의 마을 모습이 새겨져 있다.

화강암 석판 앞 왼쪽에는 어린 노신과 그를 서당에서 가르친 수경오(壽鏡吾, 1849~1930) 선생의 입상이 놓여 있고, 중앙에는 노신이 소년 시절의 친구인 윤토(潤土)와 또 한 명의 친구와 앉아서 이야기를 나누는 모습이 조각되어 있다. 단편소설「고향」에는 노신이 20년 만에 윤토와 만나는 장면이 나온다. 여기에 수경오 선생과 윤토의 동상을 배치한 것은 노신이 이곳을 떠나기 전의 정서를 나타내기 위한 것으로 보인다.

이곳은 일 년 내내 관람객으로 인산인해를 이룬다. 일반인은 말할 것도 없고 초·중등학교 학생이 단체로 견학을 오기 때문에 항상 붐빈다. 우리가 갔을 때도 중학생 수백 명이 와서 북새통을 이루고 있었다. 노신고리

입구 벽에는 '민족척량(民族脊梁)' 네 글자가 크게 새겨져 있다. '민족의 척추와 대들보'라는 뜻으로 노신을 일컫는 말이다. 광장을 지나 노신고거(魯迅故居, 노신이 살던 집)로 향하는 길엔 취두부(臭豆腐) 냄새가 가득했다. 노신고리의 취두부는 옛날부터 이 골목의 명물로 이름이 나 있다.

노신의 탄생지, 주가신대문

노신의 본명은 주수인(周樹人)이다. 주씨의 시조는 송나라 때의 이학

노신고리 거리 풍경 이곳은 일 년 내내 관람객들로 붐빈다.

가(理學家) 주돈이(周敦頤)라고 한다. 입향조(入鄕祖, 어떤 마을에 맨 처음 들어와 정착한 사람이나 조상)인 주일재(周逸齋)가 명나라 정덕 연간(正德年間, 1506~1521)에 호남성으로부터 소흥으로 이거한 이래 7세조 주소붕(周紹鵬)이 1754년 지금의 노신고리에 주택을 매입한 후 대대적으로 보수, 확장하여 일족이 함께 모여 살았다. 이곳이 주가노대문(周家老臺門)으로 현재의 노신조거(魯迅祖居, 노신의 조상이 살던 곳)이다. 이후 식구가 늘어남에 따라 두 채의 집을 더 매입하여 9세조부터는 분가하여 생활했다. 장남은 주가신대문(周家新臺門)에, 차남은 주가과교대문(周家過橋臺門)에, 그리고

주가신대문 이곳에 노신이 태어나 살았던 집이 있다.

막내는 부모와 함께 노대문에서 거주하기 시작했다. 주씨 집안의 세 대문 중 과교대문은 현재 노신고리의 주차장으로 변해 있다. '대문(臺門)'은 소흥 지방의 독특한 가옥형태를 가리키는 말인데 일반적으로는 그 집 주인의 성씨를 따라 양가대문(楊家臺門), 왕가대문(王家臺門) 식으로 불린다.

노신은 신대문의 서쪽 집에서 태어나 18년간 이곳에서 생활했다. 노신 조부의 투옥과 부친의 사망으로 가세가 몰락하여 1818년에는 신대문에 거주하던 주씨 6가족의 합의하에 이웃의 주씨(朱氏)에게 매각했고 주씨

노신고거 노신이 태어나 18년간 살았던 집으로, 원형 그대로 보존되어 있다.

는 신대문을 대대적으로 개축했다. 그러나 다행히도 '노신고거'는 원형 그대로 보존되어 있어서 지금 우리가 그 옛 모습을 볼 수 있게 되었다.

신대문을 들어서면 '한림(翰林)'이라 쓰인 편액이 보이는데 이것은 주씨 대문 세 개 모두에 걸려 있다. 노신 조부의 관직인 한림은 주씨 집안 최고의 명예였던 것이다. 더 안으로 들어가면 대청으로 '덕수당(德壽堂)'이란 편액 밑에 송학(松鶴)을 그린 족자가 걸려 있다. 더 안쪽의 향화당(香火堂)에는 주씨 가족사가 사진과 도표로 전시되어 있다. 여기에는 노신의 조부와 조모 장씨(蔣氏), 부친 주봉의(周鳳儀), 모친 노서(魯瑞), 부인 주안(朱安) 등의 사진과 이력이 적혀 있다. 향화당의 동쪽 벽에는 '노신과 주작인(周作人)', 서쪽 벽에는 '노신과 주건인(周建人)'이라는 제목 아래 기록물이 전시되어 있다. 주작인과 주건인은 노신의 동생들로 둘 다

노신와실 청년 시절 노신이 거처하던 곳이다.

중국의 신문화운동과 민주혁명에 헌신한 인물이다.

이곳의 서쪽이 노신고거이다. 동선을 따라가다보면 계화명당(桂花明堂)이 나타난다. 여기에는 노신 가족이 사용하던 우물이 있고 그 옆에 계화나무가 서 있다. 노신은 어렸을 때 이 나무 밑에서 할머니로부터 옛날 이야기를 들으며 꿈과 상상력을 키웠다고 한다.

노신와실(魯迅臥室)은 1909년 일본에서 귀국하여 1912년 북경으로 이사하기까지 부정기적으로 거처하던 방이다. 노신이 쓰던 침대와 책상, 의자 등이 원형 그대로 보존되어 있다. 모친 노서가 거처하던 방에는 그녀가 사용하던 침대와 바느질 도구들이 진열되어 있다. 노서는 원래 글자를 몰랐는데 혼자 공부하여 후에는 『삼국지』 『수호지』 『서유기』 등을 읽었다고 한다. 조모 장국화(蔣菊花)의 침실도 보인다.

노신의 첫 부인 주안

노신와실 맞은편의 2층 건물에 노신의 부인 주안(朱安)의 거실이 있다. 앞에서 언급한 바와 같이 주안은 전족을 하고 글자를 모르는 전형적인 구식 여성이었다. 노신보다 3년 연상인 그녀는 신체가 극히 왜소하여 노신의 동생 주작인의 말에 의하면 '발육이 제대로 되지 않은' 여자처럼 보였다고 한다. 그러나 그녀는 품성이 좋고 예의가 바른 현숙한 여자여서 노신의 모친이 매우 총애했다. 그녀 또한 노신과는 평생을 남남으로 살면서도 시어머니를 극진히 봉양했다. 그래서 노신은 '그녀는 모친의 부인이지 나의 부인이 아니다'라고 말하기도 했다.

노신이 1919년부터 한동안 북경에서 모친과 주안과 한집에 살 때에는 비록 부부의 사랑을 나누지는 않았지만 주안은 노신을 여전히 사랑했고 노신도 주안을 극진히 보살폈다. 주안은 자신을 달팽이에 비유했다. 달팽이가 담장 밑에서 느린 속도로 기어오르지만 언젠가는 담장 위에 도달할 수 있을 것이라는 희망을 버리지 않았다. 그녀는 노신이 상해에서 허광평과 동거생활을 시작한다는 소식을 듣고도 질투심을 드러내지 않았으며 아들 해영이 태어났을 때도 조금도 불만을 나타내지 않았을 뿐 아니라 남몰래 기뻐하기까지 했다. 노신의 아들은 곧 자신의 아들이라 여겼기 때문이다. 그녀는 허광평을 자매라 생각했다.

주안이 '달팽이의 꿈'을 이루지 못한 채 1936년 10월 19일 노신이 서거했을 때는 상복을 입고 노신 영전에 문방용구와 담배와 차 그리고 노신이 평소 좋아하던 음식을 올리고 망자에 대한 예를 다했다. 1943년 시

어머니 노서는 죽기 전에 주작인으로 하여금 주안에게 매달 15위안의 생활비를 지급하라는 유언을 남겼다. 이후 혼자 남겨진 주안의 곤궁한 생활이 알려지자 사회 각계의 진보적 인사들이 경제적인 도움을 주려 했으나 모두 거절했다. 그리고 1947년, 죽기 전에 여전히 법적 부인이었던 그녀는 노신의 유산과 저작권 일체를 아들 주해영에게 양도했다. 죽으면 노신 옆에 묻어달라는 유언을 남겼으나 무엇 때문인지 그렇게 되지 못하고 북경에 있는 시어머니 옆에 매장되었다. 향년 70세였다.

백초원과 노신필하 풍정원

노신 가족이 쓰던 주방을 지나 좁은 회랑을 통과하면 백초원(百草園)이 나온다. 이곳은 신대문에 사는 주씨(周氏) 일가가 공동으로 사용하던 뒤뜰 겸 채소밭이었다. 노신은 1926년 하문대학에 있을 때 쓴 「백초원에서 삼미서옥까지(從百草園到三味書屋)」라는 서정적 산문에서 어릴 적의 추억을 아련히 떠올렸다. 어린 노신은 백초원에서 귀뚜라미나 지네를 잡기도 하고 복분자와 오디를 따먹기도 하며 하수오(何首烏) 뿌리를 캐기도 했다. 겨울에는 새를 잡고 눈사람을 만들며 천진난만하게 뛰놀았던 곳이 백초원이었다. 그는 다시는 백초원에 갈 수 없음을 알고 이 글에서 "안녕, 나의 귀뚜라미들이여. 안녕, 나의 복분자와 목련이여"라고 이들에게 작별인사를 고한다. 이 글은 현재 중국 중학교의 교과서에도 실려 있다.

백초원 뒤뜰 겸 채소밭인 백초원은 노신이 어린 시절 오디를 따먹으며 뛰놀던 곳이다.

백초원 동쪽 담장에 조그마한 문이 있는데 이 문을 들어서면 노신필하 풍정원(魯迅筆下風情園)이다. 이곳은 원래 주랑선(朱閬仙) 소유의 주가대문(朱家臺門)이었다. 주씨는 많은 재산으로 자선사업을 하는 한편 1818년에는 노신 일가의 가옥을 매입하고 대대적인 토목공사를 벌여 집을 꾸몄다. 그러나 종당에는 이로 인하여 파산한 후 이 집에는 일반인들이 거주하고 있었다. 그러다가 2003년 노신고리 정비사업의 일환으로 이곳을 '노신필하 풍정원'으로 개조한 것이다.

노신필하 풍정원은 문자 그대로 '노신의 작품에 묘사된 소흥의 여러 풍속을 재현해놓은 곳'인데 네 개 주제의 진열관이 있다. 소속축복청(紹俗祝福廳)에는 신년에 조상 제사를 지냄으로써 복을 비는 의식을 밀랍 인

할머니의 옛이야기를 듣고 있는 어린 노신 월속만화청 앞마당에 있는 조각상으로, 호기심 어린 노신의 표정과 인자한 할머니의 모습이 인상적이다.

형으로 재현했다. 월속만화청(越俗漫話廳)에서는 풍자개(豊子愷, 펑쯔카이)의 만화와 노신의 동생 주작인의 시로 소흥의 민속을 목판에 새겨서 전시하고 있다. 그런데 한국어, 영어, 일본어로 각각 번역되어 있는 풍정원 안내문 속의 한국어 번역이 눈살을 찌푸리게 했다. '월속만화'를 '관습을 뛰어넘는 이야기'로 번역해놓은 것이다. 영어는 'Random talk on Yue custom'으로, 일본어는 '古代越國の滑稽話'로 제대로 번역되었지만 한국어 번역은 터무니없는 오역이다. 중국을 여행하면서 이런 경우를 수없이 겪는데 왜 시정이 되지 않는지 모르겠다.

이 월속만화청 앞마당에는 인상적인 조각 작품이 있다. 할머니가 파초선(芭蕉扇, 파초 잎 모양처럼 만든 부채)을 부치며 앉아 있고 어린 노신이

땅바닥에 쪼그려 앉아서 할머니의 옛날이야기를 듣고 있다. 옆에는 강아지도 한 마리 만들어놓았다. 호기심 어린 노신의 표정과 인자한 할머니의 모습이 잘 표현된 동상이다. 어린 노신의 머리는 사람들이 너무 쓰다듬어서 반들반들 윤이 난다.

영신새회청(迎神賽會廳)은 문자 그대로 '신을 영접하는 굿판'을 재현해놓은 곳이다. 이 굿판은 온 마을이 총동원되어 대규모로 거행하는 행사인데 이곳에는 그 광경을 대형 밀랍으로 만들어 전시하고 있다. 마을의 가옥과 하천, 사람들의 행렬 등을 사실적으로 재현하여 마치 북송의 수도 개봉(開封)의 번화한 모습을 그린 「청명상하도(淸明上河圖)」를 보는 듯했다. 남혼여가청(男婚女嫁廳)에는 혼례식 장면을 밀랍 인형으로 재현해놓았다.

노신기념관 벽에 새겨진 시 「자조」

노신고거 동쪽에 있는 노신기념관은 1953년에 세워졌으나 2003년 노신고리 일대를 재정비하면서 기념관도 새롭게 단장했다. 기념관 건물 외벽에 소흥 노신기념관(紹興魯迅紀念館)이라 쓰여 있다. 곽말약(郭沫若)의 글씨다. 안으로 들어가면 의자에 앉아 있는 노신의 동상 뒷벽에 그의 유명한 시구 '횡미냉대천부지(橫眉冷待千夫指) 부수감위유자우(俯首甘爲孺子牛)'가 새겨져 있다. 이 구절은 그가 쓴 시 「자조(自嘲, 스스로를 비웃다)」의 일부분으로 시 전문은 다음과 같다.

노신기념관의 노신 좌상 뒷벽에 그의 시「자조(自嘲)」의 한 구절 '온갖 사람 손가락질엔 쌀쌀하게 대하지만(橫眉冷待千夫指)/고개 숙여 기꺼이 어린아이 소가 되네(俯首甘爲孺子牛)'라 새겨져 있다.

화개성(華蓋星)과 얼렸으니 무엇을 구하리오
몸 뒤집지 못하여 이미 머리 부딪혔네

해진 모자로 얼굴 가리며 시끄러운 장터 지나고
물이 새는 배에 술을 싣고 강 위에 떠 있다네

온갖 사람 손가락질엔 쌀쌀하게 대하지만
고개 숙여 기꺼이 어린아이 소가 되네

작은 집에 피신하여 일통(一統)을 이루고
겨울이건 여름이건, 봄이건 가을이건 상관 않으리

運交華蓋欲何求 未敢翻身已碰頭
破帽遮顔過鬧市 漏船載酒泛中流
橫眉冷待千夫指 俯首甘爲孺子牛
躱進小樓成一統 管他冬夏與春秋

이 시는 모택동에 의하여 높은 평가를 받았다. 그는 1942년 연안 문예좌담회(延安文藝座談會) 석상에서 이 시의 제3연에 대하여 다음과 같이 말했다.

노신 시의 두 구절 "온갖 사람 손가락질엔 쌀쌀하게 대하지만/고개 숙여 기꺼이 어린아이 소가 되네"는 응당 우리의 좌우명이 되어야 한다. '온갖 사람〔千夫〕'은 여기서 적인(敵人)을 말하여 어떠한 흉악한 적인에게도 결코 굴복하지 않겠다는 것이다. '어린아이〔孺子〕'는 여기서 무산계급과 인민대중을 말한다. 모든 공산당원, 모든 혁명가, 모든 혁명적 문예 공작자는 응당 노신의 모범을 학습하여 무산계급과 인민대중의 '소'가 되어 나라를 위하여 온 힘을 다 바쳐 죽을 때까지 그치지 않아야 한다.

모택동의 평가가 내려진 이후 이 시는 무산계급의 이익을 대변하는 혁명 시가 되었고 특히 시의 제3연은 노신의 투쟁정신을 상징하는 구호로 사용되었다. 그래서 노신기념관에도 이 구절을 새겨놓은 것이다. 제1구의 '화개성(華蓋星)'은 옛 별자리 이름으로 중국의 민간 속설에 화개성을 범하면 운수가 불길하다는 이야기가 있다. 이 시를 쓴 1932년에 노신은 국민당 정부의 박해로 피해 다니는 형편이었다. 시의 1연과 2연과 4연은 이러한 상황을 묘사한 것이다. 피해 다니는 신세이지만 적(敵)에 대한 증오심과 인민대중에 대한 애정은 변함없다는 결의를 드러낸 것이 3연이라는 것이다.

그러나 이 시를 단순하게 해석할 수 없는 점이 있다. 우선 '자조'라는 제목이 내용과 걸맞지 않다. 어려움 속에서도 적에 대한 적개심과 인민대중에 대한 사랑을 나타낸 시에 왜 '스스로를 비웃다'라는 제목을 붙였을까? 여기에 대해서 다양한 견해가 제시되었지만 이 문제를 명확히 해명하지는 못한 것으로 보인다.

이런 가운데 재미있는 해석이 하나 제시되었다. 중국의 재야학자로 노신 연구의 권위자로 평가되는 임현치(林賢治, 린셴즈)는 이 시의 '어린 아이'를 모택동과는 달리 노신이 늦게 둔 아들 '해영'으로 보았다.(임현치 『노신 평전』, 김태성 옮김, 실천문학사 2006 참조) 그렇다면 문제의 시구는, 어린 아들을 위해서라면 등에 태우고 기어 다니는 소 노릇도 기꺼이 하겠다는 뜻으로 풀이된다. 49세에 낳은 늦둥이 아들에 대한 노신의 사랑이 지극했으리라는 것은 짐작하고도 남음이 있다. 임현치는 같은 책에서 노신의 또 다른 시 한 수를 소개함으로써 자신의 견해를 뒷받침했다.

무정해야 진정한 호걸은 아니리
자식 사랑한다고 어찌 대장부 아니리오

아는가, 바람 몰고 울부짖는 호랑이도
눈 돌려 때때로 어린 새끼 돌보는 걸

無情未必眞豪傑 憐子如何不丈夫
知否興風狂嘯者 回眸時看小於菟

이 시의 제목은 「답객초(答客誚, 손님의 꾸짖음에 답하다)」이다. 노신은 1929년 9월에 아들을 얻자마자 몇몇 인사로부터 악의적인 비난을 받았다. 즉 그가 아들을 위해 탕병회(湯餠會, 아들을 낳은 지 사흘 후에 베푸는 축하잔치)를 크게 열었다느니, 남경 중앙당의 장려금을 받아 이를 아들 돌잔치에 유용했다느니 하는 비난이 잇따랐다. 이 시는 이러한 비난에 대한 답변의 형식으로 쓴 작품인데 아들을 사랑하는 아버지로서의 떳떳한 항변이 담겨 있다. 실제로 노신은 늦게 얻은 아들을 무척 사랑했다고 한다. 이 시는 노신기념관에 그의 친필로 석각되어 있다.

임현치는, 노신이 1932년에 쓴 「자조」를 1931년에 쓴 「답객초」의 연장선상에서 해석한 것이다. 시는 원래 다양한 해석을 가능케 하는 문학 장르이다. 그러므로 모택동의 해석과 임현치의 해석 중 어느 것이 절대적으로 옳다고 단언할 수 없다. 어쨌든 「자조」의 제3연은 노신의 정신을 상징하는 구호로서 지금까지 애송되고 있다.

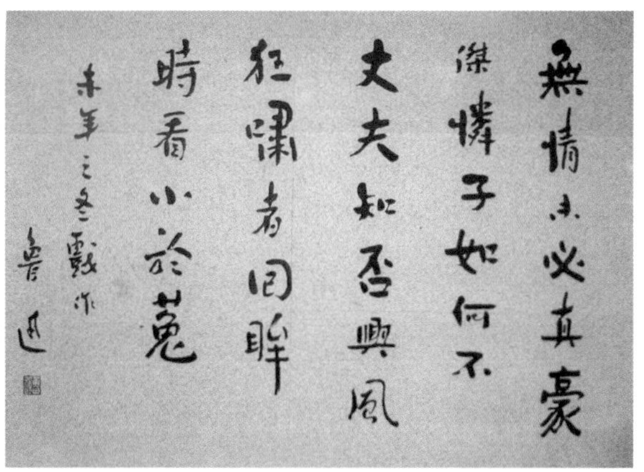

노신의 친필 시「답객초(答客誚)」 아들을 사랑하는 아버지로서의 떳떳한 항변이 담겨 있는 시다.

그러면 노신의 아들 주해영은 그후 어떻게 되었을까? 그는 북경대학 물리학과에서 무선전신 분야를 전공하고 관련 분야에 종사하다가 아버지 노신을 위한 기념사업에 전념했다. 상해 노신문화발전중심 이사장, 북경 노신기념관장 등 여러 단체에서 활동했고, 여러 차례 전인대(전국인민대표대회) 대표와 정협(전국인민정치협상회의) 위원을 역임하기도 했다. 아마 부친의 후광이 작용했을 것이다. 또 그는 사진에 취미가 있어 많은 사진 작품을 남기고 2011년 81세로 작고했다.

주해영은 3남 1녀를 두었는데 장남 주영비(周令飛, 저우링페이)가 한때 세인의 화제가 되었다. 그는 1980년 일본으로 가서 후지TV 방송국에서 연수를 받다가 대만 여자 장순화(張純華, 장춘화)와 사랑에 빠졌다. 이 사실이 알려지자 양가(兩家) 모두 반대했다. 할아버지 노신과 장개석(蔣介石)과의 관계로 보아 주영비와 장순화의 사랑은 양가에서 받아들일 수 없는 일이었던 것이다. 노신의 장손이라는 지위 때문에 일부에서는 두 사람의 관계를 정치적으로 해석하기도 했다.

이런 반대에도 불구하고 그는 대만으로 가서 장순화와 결혼식을 올리고 장인이 경영하는 백화점에서 일했다. 주해영은 아들 주영비가 "전형적인 격대유전(隔代遺傳)"이라면서 아들이 노신을 닮았다고 말한 바 있는데, 주위의 비판에 아랑곳하지 않고 과감하게 행동하는 반항정신을 두고 말한 것이다. 실제로 주영비는 콧수염을 기른 외모까지 노신과 닮았으며 노신의 예술적 재능까지 이어받았다.

그후 장인의 백화점이 파산하고 생활이 어려워지자 일자리를 구해봤지만, 그가 대륙 출신이고 노신의 장손이란 사실 때문에 아무도 그를 받아주지 않았다. 그래서 한때 대북(臺北, 타이베이) 거리에서 '뻥튀기' 장사를 하며 생계를 이어가다가 1999년 대륙으로 가서 할아버지 노신을 위한 기념사업을 활발히 전개했다. 노신 기념사업과 관련된 십수 개 단체에서 활동하는 한편으로 자신의 전공을 살려 노신을 주제로 한 많은 TV 프로그램을 제작하기도 했다. 그래서 공식적으로는 그를 '국제 대형 문화활동 제작인'으로 부른다.

노신기념관의 전시물

노신기념관은 노신의 평생 사적을 연대에 따라 다섯 부분으로 나누어 전시하고 있다. 제1부는 소흥 시절(1881~1897)로, 태어나서 남경으로 가기 전까지, 제2부는 1898년부터 1912년까지 남경을 거쳐 일본 유학을 마치고 귀국하여 소흥에서 생활하던 시기이고, 제3부는 1912년부터 1927년까지 신해혁명 이후 북경·하문·광주에서 활동하던 시기이고, 제4부는 만년의 상해 시절(1927~1936)이다. 그리고 제5부는 '민족혼'으로 노신 사후의 기념사업이다.

여기에는 노신의 가족사진을 비롯하여 일본 유학시절의 사진, 당시 같이 활동했던 인사들의 사진 등이 다양하게 전시되었고, 19세기 후반 소흥의 옛 모습을 볼 수 있는 사진들도 전시되었다. 또한 「광인일기」가 실린 잡지 『신청년』, 첫 소설집 『납함(吶喊)』 초판본, 발표 당시의 「공을기」「아Q정전」의 삽화 그리고 노신의 친필 편지들이 풍부하게 전시되어 있다. 일본에서 의학 공부 할 때의 공책도 보였다. 또 여기에는 현대문학의 걸출한 작가인 욱달부(郁達夫, 위다푸, 1896~1945)가 노신에게 보낸 친필 시도 눈에 띄었다.

취한 눈 몽롱한 채 주루(酒樓)에 오르니
『방황』과 『납함』 모두 한없이 크도다

개미 같은 까막눈들 아무리 힘을 써도
만고에 흐르는 강물을 막지는 못하리

醉眼朦朧上酒樓　彷徨吶喊兩悠悠
群盲竭盡蚍蜉力　不廢江河萬古流

이 시는 창조사와 태양사의 젊은 혁명문학 작가들이 노신과 논전을 벌이며 그를 무자비하게 비판하던 1928년경에 쓴 것으로 보인다. 노신의 소설집 『방황』과 『납함』을 욱달부는 높이 평가하고 있다. "개미 같은 까막눈"은 노신을 비판하던 젊은 작가들을 가리키는데 그들이 아무리 헐뜯어도 강물과 같이 도도한 노신의 문학을 훼손할 수 없다는 내용이다. 욱달부는 창조사의 발기인으로 참여했으나 후에 창조사를 탈퇴하고 노신과 노선을 함께했다. 이 시 끝에 '노신 선생께 드림(贈魯迅先生)'이라 쓰여 있다.

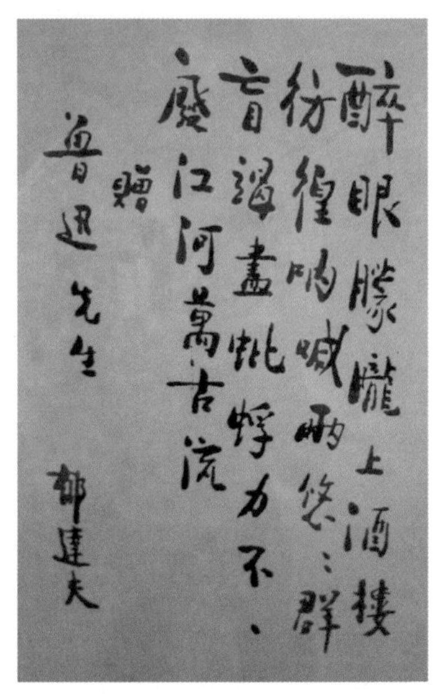

노신에게 보낸 욱달부의 친필 시 젊은 작가들이 노신을 아무리 헐뜯어도 '만고에 흐르는 강물' 같은 그의 문학을 훼손할 수 없다는 내용이다.

전시물 중에서 눈길을 끄는 것은, 일본 센다이의학전문학교 시절 선생이었던 후지노 겐쿠로 교수와 노신의 밀랍 인형이다. 이곳에 특별히 후지노 교수의 밀랍 인형을 설치한 것은 노신이 그를 매우 존경했기 때문이다. 센다이의학전문학교에서 그로부터 배운 기간은 짧았지만 그는 외국인인 노신을 세심하게 배려했다. 노신은 1926년에 쓴 「후지노 선생」이란 글에서 이렇게 말했다.

후지노 겐쿠로와 노신 밀랍 인형 일본 센다이의학전문학교 시절 노신은 후지노 교수를 매우 존경했다.

> 스승이라고 인정하는 분 중에서 그는 나를 가장 감격하게 하였고 나를 가장 격려해주었던 분 중의 하나다. (…) 내 눈으로 볼 때, 내 마음으로 볼 때 그는 위대한 인격자였다. 그의 이름을 아는 사람이 설령 적다고 할지라도. 그가 고쳐주었던 노트를 나는 세 권의 두꺼운 책으로 묶어 영구히 기념하기 위해 소중히 간직해두었었다. 그런데 칠 년 전 이사를 하다 (…) 불행히 그 노트를 잃어버렸다. (…) 그러나 그의 사진만은 지금도 북경의 방 동쪽 벽에 책상과 마주 보게 걸어놓고 있다.

후지노 선생에 대한 이러한 노신의 존경심을 담아 그의 밀랍 인형을 만든 것으로 보인다. 노신기념관 앞뜰에도 후지노 선생의 흉상을 세워 놓았다. 아무리 그렇다 하더라도 노신을 기념하는 건물 앞 광장에까지 그의 동상을 설치한 것은 좀 지나치다는 느낌이 들었다.

소년 시절의 서당 삼미서옥

삼미서옥(三味書屋)은 소흥의 이름난 서당으로 노신이 12세부터 약 5년간 수학한 곳이다. '삼미'의 뜻은 '경서(經書)를 읽는 맛은 쌀밥과 같고, 역사서를 읽는 맛은 고기 안주와 같고, 제자백가서를 읽는 맛은 식초와 젓갈과 같다'는 의미라고 한다. 그는 이곳 구식 서당에서 사서오경, 역사서, 당시(唐詩) 등을 배웠다. 그러나 노신은 여기서 그치지 않고 유가에서 금기시하는『홍루몽』『수호지』『유림외사(儒林外史)』등의 책들도 틈틈이 읽었다.

노신은 매우 총명한 학생이어서 수경오 선생의 총애를 받았다고 한다. 한번은 선생이 '독각수(獨角獸)'의 대구(對句)를 지으라는 과제를 내었는데 학생들은 '삼두사(三頭蛇)' '팔각충(八脚蟲)' 등으로 답했다. 모두 훌륭한 대구이다. '三' '八'은 '獨'과 숫자로서 대(對)가 되고, '頭〔머리〕' '脚〔다리〕'은 '角〔뿔〕'과 신체의 부위 명칭으로 대가 되고, '蛇〔뱀〕' '蟲〔벌레〕'은 '獸〔짐승〕'와 대가 된다. 그런데 노신은 '비목어(比目魚, 넙치)'로 답하여 선생으로부터 크게 칭찬을 받았다. '獨'과 '比'는 숫자가 아니면서 '獨'은 '하나'를, '比'는 '둘'을 나타낸다. 만약 문제가 '一角獸'였다면 다른 학생들의 답안도 흠잡을 데가 없었겠지만 '獨'의 대구어로서 '比' 자를 쓴 것이 선생의 칭찬을 받은 이유였다.

삼미서옥 노신이 소년 시절 수학한 서당이다.

삼미서옥에는 노신이 사용했던 책상이 그대로 보존되어 있는데 책상 오른쪽에 '조(早)' 자가 새겨져 있다. '早'는 '일찍이'라는 뜻으로 노신이 책상에 이 글자를 새긴 연유가 있다. 할아버지가 투옥되고 부친이 병환으로 눕게 되자 집안의 장남인 노신은 크고 작은 집안일을 처리해야만 했다. 그중에서 부친의 병을 치료하는 의원의 처방전에 따른 약재를 구하는 일이 힘들었다. 노신이 후일 '돌팔이'라고 술회한 그 의원은 특이한 약재를 구해오라고 했다. 앞의 인용문에 나오듯이 갈대 뿌리, 3년 서리 맞은 사탕수수, 짝짓기하는 귀뚜라미 등이었다. 한번은 10년 묵은 쌀을 구해오라고 해서 친척과 친구 집을 돌아다니다가 쌀을 구하지도 못하고 서당에 지각을 했다. 사실을 말하지도 못하고 선생으로부터 꾸중을 들은 노신은 책상 위에 '早' 자를 새겨 다시는 지각하지 않겠다는 다짐을 한 것이다. 후에 노신이 지각한 사연을 전해 들은 수경오 선생은 창고에서 오래 묵은 쌀을 구해서 노신에게 주었다고 한다. 노신은 이 이야기를 부인 허광평 여사에게 말한 적이 있는데, 노신이 서거한 지 20년이 지난 1956년에 허광평 여사가 소흥에 왔을 때 삼미서옥에 들러 노신이 친히 새긴 '早' 자를 보고 감회에 젖었다고 한다.

노신이 자신이 쓰던 책상에 새긴 조(早) 자

노신고리에는 이밖에도 그의 소설과 잡문에 등장하는 장경사(長慶寺), 토속사(土俗祠), 항제당포(恒濟當鋪), 정수암(靜修庵) 등의 건물이 복원되어 있다.

노신과 단재 신채호

삼미서옥을 끝으로 노신의 고향 마을 관람을 모두 마쳤다. 노신고리를 떠나면서 문득 단재(丹齋) 신채호(申采浩, 1880~1936) 선생이 떠올랐다. 노신과 단재는 동시대를 살면서 반제·반봉건 투쟁에 일생을 바쳤다. 단재가 노신보다 1년 먼저 태어났으나 공교롭게도 두 분은 1936년 같은 해에 서거했다. 단재는 1910년 중국으로 망명하여 1928년 체포될 때까지 줄곧 상해, 북경 등지에서 활동했는데 노신과 만났다는 기록이 없는 것이 이상하다. 두 분은 같은 시기에 같은 공간에서 반제·반봉건이란 비슷한 목표를 가지고 활동했는데 서로 교류가 없었던 것 같다.

단재와 노신은 문학을 중요하게 여긴 점에서 공통점이 있다. 노신이 의학에서 문학으로 진로를 바꾼 것은 이미 진술했거니와, 단재 또한 문학을 매우 중시했다. 단재는 이렇게 말했다.

> 소설은 국민의 나침판이라 (…) 소설이 국민을 강한 데로 이끌면 국민이 강하며, 소설이 국민을 약한 데로 이끌면 국민이 약하며, 바른 데로 이끌면 바르며 사악한 데로 이끌면 사악해지나니 (「소설가의 추세」)

이런 소설관을 바탕으로 단재는 「꿈하늘」(1916) 「용과 용의 대격전」(1928)을 비롯해서 여러 편의 소설을 남겼다. 그리고 노신이 중국 최초로 백화문(白話文)으로 소설을 썼듯이 전통적인 한문 교육을 받은 단재도 한문 아닌 한글로 소설을 썼다는 점에서 공통점이 있다. 그러나 작품의 예술적 완성도에서는 노신이 단재를 앞선다. 노신은 예술적 재능을 타고난 문학가이다.

두 분은 목표하는 바가 같았으나 그 목표를 달성하는 전술과 전략에서는 약간의 차이를 보인다. 노신이 과거의 전통을 철저히 부정한 반면에 단재는 민족의 국수(國粹, 한 민족이 지닌 고유한 장점)를 강조하기도 했다. 또 단재가 비타협적인 폭력투쟁을 마다하지 않은 반면에 '참호전(塹壕戰)'으로 대표되는 노신의 투쟁은 우회적이었다. 두 분은 당시 중국과 한국을 대표하는 혁명가였는데 노신은 민족의 지도자로 추앙을 받아온 반면에 단재는 그의 투쟁에 걸맞은 대접을 받지 못하고 있다는 느낌이 든다.

우리는 노신고리를 나오면서 입구에 있는 '공을기' 상점에서 2.5*l* 소홍주 열 통을 구입하여 버스에 실었다. 앞으로 우리 일행의 중요한 식량(?)을 비축해서 마음이 든든했다.

「공을기」의 무대 함형주점

함형주점의 어제와 오늘
'접시값'을 받는 함형주점
중국술 3 태조주

함형주점의 어제와 오늘

노신고리에서 함형주점(咸亨酒店, 셴헝주뎬)을 빼놓을 수 없다. 노신의 단편소설 「공을기(孔乙己)」에 등장한 이래 이 소설의 명성에 힘입어 함형주점은 노신과 떼어놓을 수 없는 장소가 되었기 때문이다. 함형주점은 노신 집안의 가세가 기울어지자 친척들이 합자해서 1894년에 창업한 술집인데 노신의 당숙인 주중상(周仲翔)이 책임을 맡아 운영했다. 주점의 이름은 『주역』 곤괘(坤卦)의 「단사(彖辭)」에서 따온 것이다.

> 곤의 두터움이 만물을 싣고 있으니 그 덕이 하늘의 무한함에 합치하며, 모든 것을 품고 너그러우며 빛나고 위대하여 만물이 다 형통하다(坤厚載物 德合无疆 含弘光大 品物咸亨).

1991년에 복원한 함형주점 '함형(咸亨)'은 『주역』에서 따온 이름으로, 만사형통하기를 바라는 마음에서 붙인 것이다. 주점 앞에 공을기 동상이 서 있다.

이렇게 '함형'은 주점이 번창하여 만사형통하기를 바라는 마음에서 붙인 명칭이다. 그러나 글 읽은 선비답게 『주역』의 구절을 따서 작명을 했지만 선비가 상업적 경영을 잘할 리가 없어 창업한 지 몇 년 만에 문을 닫고 말았다. 그러다가 1991년 노신 탄생 100주년을 기하여 다시 중건되어 지금은 식품가공업, 무역업, 여행업 등을 총괄하는 '함형집단'(함형그룹)으로 성장했다. 특히 함형그룹의 주력 산품인 태조주(太雕酒, 타이댜오주, 중국술 3 참조)가 유명하다.

2007년에는 노신고리 제2기 정비공사의 일환으로 함형주점도 확장되어 원래의 함형주점 옆에 206개의 객실을 갖춘 거대한 5성급 호화 호

신축한 함형주점 입구 기둥 위에 '주봉함형천배소(酒逢咸亨千杯少)', 즉 '술이 함형주점을 만나면 일천 잔도 모자란다'라고 새겨져 있다.

텔을 신축했다. 여기에는 800명을 동시에 수용할 수 있는 큰 식당이 있으며 양식과 일본식 요리점도 있다. 또한 각종 회의실과 동시통역 시설도 설치되어 있다. 함형주점은 중화노자호(中華老字號, 국가에서 역사와 전통을 간직한 대표적인 상점에 부여하는 명칭), 중화찬음명점(中華餐飲名店, 위생, 원료, 서비스, 품질 등에서 우수하다고 인정되는 식당, 호텔 등), 절강성지명상호(浙江省知名商號, 절강성에서 4년 이상 영업한 점포로, 다방면에서 우수하다고 인정된 점포)의 명칭을 획득하고 중국 전역에 수십 개의 연쇄점을 거느리며 성업 중이다. 이 건물 입구에는 중국의 유명한 만화가 화군무(華君武, 화쥔우)가 쓴 글귀가 눈에 띈다.

酒逢咸亨千杯少 (주봉함형천배소)

술이 함형주점을 만나면 일천 잔도 모자란다

새롭게 단장한 함형주점이 옛날과 달리 번창한 것은 노신에 힘입은 바가 크다. 함형주점의 위치가 노신고리의 중심에 있을 뿐만 아니라 이곳이 노신의 유명한 단편소설「공을기」의 무대이기 때문이다. 그래서 원래의 자리에 복원된 함형주점 앞에는 공을기의 동상이 서 있다. 이밖에 노신 소설「풍파(風波)」「명천(明天)」에도 함형주점이 등장한다.

'접시값'을 받는 함형주점

나는 소흥에 갈 때마다 노신과 공을기를 떠올리며 적어도 한 번은 함형주점을 들른다. 지금까지 내가 가본 함형주점은 노신 탄생 100주년을 기념하여 복원한 함형주점이 아니고 가이드의 안내에 따라 간 호화롭게 신축한 함형주점이었는데 이번 기행에도 화려하고 큰 함형주점에서 식사를 했다. 그런데 나온 음식이 그리 썩 좋지는 않았다. 장유정 양이 용감하게도 취두부를 먹더니 그 냄새 때문에 얼굴이 일그러졌다. 나중에 들은 얘기지만 장유정은 취두부를 먹고 비위가 상했는지 밤새 속이 불편했는데 다음 날 점심 때 소흥주를 마시고 나았다고 한다.

그런데 함형주점의 명성이 높아지고 영업이 잘된 탓인지 최근에는 종

다산연구소 답사팀과 함형주점에서

업원들의 태도가 다소 거슬린다는 느낌을 받았다. 2015년 5월 다산연구회 회원들과 함께 갔을 때, 한국에서 가져간 밑반찬을 담을 접시 몇 개를 빌렸는데 계산서에 '접시값'을 한 개에 15위안씩 따로 청구해왔다. 이건 아니다 싶었다. 다른 곳도 아닌 노신의 얼이 스민 함형주점에서 이런 짓을 하다니…… 이건 노신 정신을 모독하는 일이 아닌가? 그뿐만 아니라 그곳에는 외부에서 술을 가지고 갈 경우에는 따로 돈을 내라고 했다. 2013년 1월에 함형주점에 갔을 때는 내가 즐겨 마시는 2.5l 태조주(太雕酒)를 가지고 갔더니 테이블 요금(charge)으로 250위안을 내라고 했다. 1l에 50위안씩이라는 것이다. 술값이 170위안인데 테이블 요금으로 250위안을 내라니 기가 막혔지만 어쩔 수 없었다. 소흥 시내의 마가리트 호텔에서는 같은 2.5l 태조주에 20위안을 테이블 요금으로 받았다. 그러니 일정한 기준도 없이 마음대로 값을 청구하고 있는 것이다. '접시값' 이후로 나는 이 함형주점에는 가지 않기로 마음먹었다.

그러나 중국의 모든 함형주점이 다 그런 것은 아닌 듯했다. 2015년 10월경 남경(南京)에 있는 함형주점에 간 적이 있다. 그때 나는 남경대학의 초빙교수로 한 학기 동안 있었는데 평소 내가 소흥주를 좋아한다는 걸 안 중문과의 장백위(張伯偉, 장보웨이) 교수가 나와 정선모(鄭墡謨) 교수를 함형주점으로 초청했다. 장백위 교수는 술을 좋아하는 호쾌한 사람이라 나와는 자주 술자리를 함께했다. 그는 학문적으로 탁월한 업적을 쌓았고 남경대학에서 상당한 영향력을 가진 교수인데 술 잘 마시는 제자를 두고 싶어 하지만 불행하게도 그런 제자가 없는 것을 유감으로 여긴다고 정선모 교수가 귀띔해주었다. 정선모 교수는 성균관대학교 한문교육과를 졸업하고 일본 교토대학에서 박사학위를 취득한 후 지금 남경대학 한국어과에 재직 중인 나의 제자이다. 2016년 여름인가, 장백위 교수가 한국에 왔을 때 '보신탕'을 먹고 싶다고 해서 함께 '구육(狗肉)'을 맛있게 먹었던 기억이 난다.

남경에는 부자묘(夫子廟) 근처와 화교로(華僑路) 두 곳에 함형주점 분점이 있는데 우리가 간 곳은 화교로에 있는 함형주점이었다. 문 앞에 공을기 동상이 있는 깨끗한 식당으로 종업원들도 친절했고 외부에서 술을 가지고 와도 추가 요금을 받지 않았다. 우리는 소흥주를 시켜 마시고 장교수가 가지고 온 금문 고량주도 한 병을 마셨다. 유쾌한 분위기에서 술을 마시다보니 소흥에서의 불쾌한 기분을 어느 정도 씻을 수 있었다.

태조주

'태조(太雕)'는 원래 소흥 지방에서 오래된 황주를 일컫는 일반적 명칭이었는데 현재는 함형주점(咸亨酒店)에서 등록한 독점 상표이다.

태조주는 일반적으로 3~5년 된 가반주(加飯酒)와 3~8년 된 선양주(善釀酒)를 블렌딩해서 만든 황주인데, 반간형(半乾型)인 가반주의 진하고도 깔끔한 맛과 반첨형(半甛型)인 선양주의 단맛이 어우러져서 독특한 풍미를 내는 고급 황주이다. 소흥에서 생산되는 여타 황주에 비하여 향이 짙고 맛이 진하며 감칠맛이 난다. 다른 소흥주도 모두 그 나름의 맛을 지니고 있지만 내 입맛에는 태조주가 가장 마음에 들어 소흥에 가면 늘 이 술을 마신다. 현재 출시되고 있는 태조주에는 최소 8년에서 10년, 15년, 20년짜리가 있는데 8년 된 태조주도 더할 나위 없이 맛있고 15년, 20년 된 태조주는 그 맛이 황홀하여 마시기가 아까울 지경이다. 이 술은 함형주점이 고월용산(古越龍山) 회사에 위탁해서 제조하고 있는 것으로 알려져 있다.

다른 소흥주도 그렇지만 태조주는 포장 용기가 다양하다. 유리병도 있고 여러 가지 모양의 도자기도 있는데 기본 포장 단위는 중국 백주와 마찬가지로 500ml이다. 유리병이나 도자기는 귀국할 때 가지고 오기에는 깨어질 염려가 있고 또 15도 내외의 500ml로는 양이 너무 적어서 나는

2.5l짜리 플라스틱 용기에 든 것을 선호한다. 깨어질 염려 없이 가지고 오면 한동안 태조주를 즐길 수 있기 때문이다. 세계 각국의 술을 다년간 마셔본 나의 경험으로는 단언컨대 이 술은 프랑스산 고급 와인보다 훨씬 좋은 술임에 틀림없다. 내가 소흥을 여러 번 여행하면서 다양한 황주를 맛본 후 최종적으로 낙점한 것이 태조주이다.

육유와 당완이 재회한 심원

심원의 역사와 시인 육유
당완과의 슬픈 사랑
죽은 지 40년이 지나도 잊지 못해
육유의 사당 무관당
죽는 날까지 나라를 걱정한 시인
정(情)이란 도대체 무엇이길래
끊어진 인연, 단운석

중국술 4 소흥주 음주기(飮酒記) 1

심원의 역사와 시인 육유

노신고리(魯迅故里)에서 도보로 10분 거리에 심원(沈園, 선위안)이 있다. 심원은 남송(南宋, 1127~1279) 때 심씨 성을 가진 부호의 개인저택으로 처음의 면적은 80무(畝, 1무는 약 666m²)에 달하는 엄청난 규모였을 것으로 추정된다. 그후 원(元)·명(明)·청(淸)대를 거치면서 심원은 황폐해져 1949년 중화인민공화국이 성립되었을 때는 겨우 동쪽 모퉁이의 4.6무 정도만 남았고 심씨의 후손인 심흥인(沈興仁)· 황숙군(黃淑君) 부부가 살고 있었다고 한다.

1962년에 곽말약(郭沫若)이 이곳을 방문하여 심흥인 부부를 만난 것이 계기가 되어 1985년부터 대대적인 발굴, 복원 작업에 착수하여 1994년에는 주요 건물들이 복원되었다. 이렇게 할 수 있었던 것은 심흥인 부부가 보관하다가 당국에 기증한 심원의 평면도가 있었기 때문이다. 2001년에는 남쪽에 육유(陸游)기념관을 건립함으로써 지금의 모습이 완성되었다.

육유 초상

재정비된 심원은 남송의 애국시인 육유(1125~1210)를 중심으로 꾸며놓았다. 그는 이곳 소흥 출신일 뿐 아니라 심원과도 깊은 인연이 있기 때문이다. 육유의 호는 방옹(放翁), 자는 무관(務觀)으로 송나라의 명문 집안에서 태어났다. 그가 탄생한 지 2년 후(1127년)에 금(金)나라가 수도 개봉(開封)을 함락함으로써 북송은 멸망하고 남쪽으로 천도한 고종(高宗)에 의해 남송 정권이 성립되었다.

육유는 29세에 과거시험에 1등을 했으나 당시 권력가인 진회(秦檜)의 방해로 취소되었다. 진회는 금나라와의 화친을 주장한 주화파(主和派)로 명장 악비(岳飛)를 죽게 한 인물이다. 그는 자기의 손자가 시험에 2등이 된 것에 불만을 품고 고시관을 협박하여 육유의 합격을 취소시켰다. 육유는 1158년(34세) 진회가 죽은 후에야 벼슬길에 나갈 수가 있었다.

이후 여러 관직을 거치며 그는 줄곧 금나라와 싸워서 중원을 회복할 것을 주장했다. 이 때문에 주화파의 공격을 받아 여러 번 파직을 당하기도 했다. 그러나 그의 북벌(北伐) 의지는 죽을 때까지 변하지 않았다. 그가 마지막으로 파직당한 지 13년 만인 1202년(78세)에 조정에서 그에게

고학헌 심원의 중심 건물인 고학헌은 육유를 기념하기 위하여 새로 지은 것이다.

비서감(祕書監)의 벼슬을 내렸으나 이듬해 4월에 사직하고 고향에 내려가 지내다가 1210년 향년 85세로 세상을 떠났다.

복원된 심원은 크게 고적구(古迹區), 동원(東苑), 남원(南苑)의 세 부분으로 나누어지는데 중심구역은 고적구이다. 북문 매표소를 지나 안으로 들어가면 먼저 시경석(詩境石)이 우리를 맞는다. 높이 2m 남짓한 태호석(太湖石, 태호 부근에서 채취하는 기이한 모양의 돌)에 '시경(詩境)' 두 글자가 새겨져 있다. 이것은 평생 1만여 수의 시를 남긴 애국시인 육유를 상징하는 구조물이라고 한다.

시경석에서 오른쪽으로 가면 문매함(問梅檻)이 나오고 더 나아가면 조그마한 아치형 돌다리가 나타난다. 다리 오른쪽으로 팔영루(八咏樓)를

고학헌 안쪽의 초서 편액 저명한 현대 서화가 사치류(謝稚柳)의 글씨다.

바라보며 앞으로 가면 육조정(六朝井) 정자가 나타난다. 송나라 당시에 주인 심씨 일가가 사용했던 우물이라고 하는데 1985년 발굴 때 이 부근에서 육조시대의 유물이 다량 나왔기 때문에 '육조정'이란 이름을 붙인 것으로 생각된다. 우물 위에 세운 정자 건물의 천장 중간 부분이 뻥 뚫려 있는 것이 특이했는데 이에 대한 해석도 가지가지이다.

육조정 앞의 커다란 건물이 고학헌(孤鶴軒)이다. 고학헌은 심원 고적구의 중심 건물이라 할 수 있는데 원래 있던 것이 아니고 심원을 정비할 때 육유를 기념하기 위하여 새로 지은 건물이다. 육유는 자신을 '고학(孤鶴, 외로운 학)'에 비유하곤 했는데, '학'처럼 고고한 품성을 지녔지만 중원을 수복하려는 의지가 주화파의 반대에 부딪혀 늘 '외롭게' 지냈기 때문이다. 이러한 육유의 뜻을 기려 고학헌을 세운 것이다. 건물 밖에 해서(楷書)로 쓴 편액이 걸려 있고 건물 안에는 저명한 현대 서화가 사치류(謝稚柳, 셰즈류)가 초서로 쓴 편액이 걸려 있다. 초서 편액을 보고 있으면 '고학헌(孤鶴軒)' 세 글자가 마치 모가지를 늘어뜨리고 긴 울음을 우는 학의 모습처럼 느껴진다.

당완과의 슬픈 사랑

오른쪽 약간 높은 곳에 한운정(閑雲亭)이 있고 고학헌 남쪽 맞은편에 유명한 '채두봉 시벽(釵頭鳳詩壁)'이 있다. 이것이 심원 구경의 하이라이트라 할 수 있다. 여기에는 이런 이야기가 전한다. 육유는 20세에 모친의 주선으로 외사촌 누이 당완(唐琬)과 결혼했다. 두 사람은 금슬이 좋았으나 모친이 며느리를 미워했다. 이유는 아들이 결혼 후에 학업을 게을리했다는 것이다. 무척 사랑하는 사이임에도 불구하고 모친의 성화에 못 이겨 결국 결혼한 지 2년 만에 헤어지고 말았다. 그후 육유는 왕씨(王氏)와, 당완은 조사정(趙士程)과 재혼했다.

육유는 27세 되던 해 어느 날 홀로 심원을 찾았다. 당완과 자주 왔던 이곳에서 그녀와의 옛 추억을 반추하고 싶었을 것이다. 그런데 두 사람의 마음이 서로 통했던 것일까. 마침 당완도 남편과 함께 심원에 와 있었다. 멀리서 육유를 알아본 당완은 남편의 동의를 얻어 술과 안주를 가지고 가서 손수 술을 따랐다. 이에 말할 수 없는 감회에 젖은 육유는 즉석에서 담벼락에 사(詞) 한 수를 썼다. 이것이 유명한 「채두봉(釵頭鳳)」이다.

불그레 고운 손, 황등주 따르는데
성 가득 봄빛이요 담장엔 버드나무
동풍이 심술궂어 즐거운 정 엷어졌네
가슴에 수심 품고 몇 년이나 헤어져 살았던가
잘못됐어, 잘못됐어, 잘못됐어

채두봉 시벽(육유 시) 심원에서 우연히 당완과 재회한 육유가 감회에 젖어 즉석에서 담벼락에 쓴 시다.

봄빛은 예 같으나 사람은 속절없이 야위어
눈물 흔적 비단 수건 붉게 적시네
복사꽃 떨어지고 못가의 누각 고요한데
산을 두고 한 맹세 남아 있으나 편지 한 장 못 부치니
말아라, 말아라, 말아라

紅酬手 黃滕酒 滿城春色宮牆柳
東風惡 歡情薄 一懷愁緒 幾年離索
錯錯錯

채두봉 시벽(당완 시) 육유의 시를 본 당완도 주체할 수 없는 감회에 젖어 화답했다.

春如舊 人空瘦 淚痕紅浥鮫綃透
桃花落 閒池閣 山盟雖在 錦書難託
莫莫莫

이를 본 당완도 주체할 수 없는 감회에 젖어 답사(答詞)를 지었다.

세상 물정 야박하고 인정은 고약해
황혼녘 빗속에 꽃은 쉽게 떨어지네
새벽바람 건조해도 눈물 흔적 남았는데

마음속 일들을 쏟아내고 싶어 난간에 기대어 혼자 중얼거리네
어렵네, 어렵네, 어렵네

두 사람 각각 되어 지금은 어제와 다른 신세
병든 영혼 언제나 그넷줄 같도다
호각 소리 싸늘하고 밤은 새려 하는데
사람이 찾아올까봐 눈물을 삼키고 기쁨으로 단장하네
속임수야, 속임수야, 속임수야

世情薄 人情惡 雨送黃昏花易落
曉風乾 淚痕殘 欲箋心事 獨語斜欄
難難難

人成各 今非昨 病魂常似鞦韆索
角聲寒 夜闌珊 怕人尋問 咽淚妝歡
瞞瞞瞞

육유는 68세에 다음과 같은 긴 제목의 시를 썼다. 즉 「우적사(禹迹寺) 남쪽에 심씨의 정원이 있다. 40년 전에 짤막한 사(詞) 한 수를 벽에다 써 놓았는데 우연히 다시 와서 보니 정원은 이미 세 번이나 주인이 바뀌어 그것을 읽노라니 슬픈 마음이 들었다(禹迹寺南 有沈氏小園 四十年前 嘗題小闋壁間 偶復一到 而園已三易主 讀之悵然)」. 이 시 제목으로 보아 그가 심원 벽

에 사(詞)를 쓴 것은 사실임이 분명하다. 이렇게 만난 지 4년 후에 당완은 세상을 떠났다고 한다.

지금 심원에 있는 시벽(詩壁)에는 오른쪽에 육유의 사(詞), 왼쪽에 당완의 사가 나란히 새겨져 있다. 현지 가이드의 말로는 1978년에 복원해서 세운 것이라 한다. 글씨는 육유의 문집에서 집자(集字)한 것인데 다만 '금(錦)' 자만 육유의 글씨체가 아니라고 했다. 어디까지 믿어야 할지 모르겠다. 어쨌든 이렇게 애절한 사랑의 이야기로 인하여 심씨의 저택이 지금은 육유를 기념하는 장소로 바뀌어 관람객을 맞고 있다.

죽은 지 40년이 지나도 잊지 못해

육유는 이후로도 당완과의 추억이 서린 심원을 여러 번 방문하여 많은 시를 남겼다. 그중에서 당완이 죽은 후 40여 년 만에 75세의 육유가 다시 찾은 심원에서 쓴 「심원2수(沈園二首)」는 지금도 읽는 사람의 가슴을 뜨겁게 적셔준다.

성 위에 석양 비껴 나팔 소리 구슬픈데
심원은 더이상 옛날 모습 아니로다

가슴 아픈 다리 아래 봄 물결 푸른데
일찍이 놀란 기러기 그림자 비추었지

城上斜陽畵角哀 沈園非復舊池臺
傷心橋下春波綠 曾是驚鴻照影來

꿈 깨어지고 향기 사라진 지 사십여 년에
심원의 버들도 늙어 버들개지 안 날리네

이 몸도 머지않아 회계산의 흙 되련만
아직도 옛 자취 찾아 눈물 흘린다

夢斷香消四十年 沈園柳老不吹綿
此身行作稽山土 猶弔遺蹤一泫然

고학헌 옆에 돌다리가 놓인 '호로지(葫蘆池)'라는 연못이 있다. 모양이 조롱박같이 생겼다고 해서 붙여진 이름이다. 고증에 따르면 이 연못은 육유 당시에도 있었던 것이다. 앞에서 인용한 「심원2수」는 75세의 육유가 연못의 돌다리 위에서 옛날을 회상하면서 쓴 시이다. 그 옛날 행복했던 시절에 육유는 당완과 함께 이 돌다리 위를 거닐었다. 물에 비친 그때의 당완의 그림자를 떠올리며 "놀란 기러기(驚鴻)"라 표현한 것이다. 그러나 그 돌다리가 지금은 "가슴 아프게 하는 다리(傷心橋)"가 되었다. 당완이 죽은 지 40년이 지난 후에도 "아직도 옛 자취 찾아 눈물 흘린다"라고 말한 데에서 당완에 대한 육유의 사랑이 얼마나 깊었던가를 짐작할

심원 입구 네거리에 세운 당완과 육유의 조각상 보는 사람의 움직임에 따라 당완의 눈동자도 따라서 움직인다.

수 있다. 그리고 이 시가 너무나 유명하여 제1수 3연의 "상심교하춘파록(傷心橋下春波綠)"에 나오는 '춘파(春波)'를 따서 지금 심원 근처의 골목 이름을 춘파롱(春波弄)이라 명명해놓았다. '농(弄)'은 '골목'이란 뜻이다.

만년의 육유는 매년 봄이 오면 심원을 찾아 당완과의 추억을 되새기며 시를 남겼다. 81세 때 쓴 「꿈속에 심원을 노닐다(十二月二日夜夢游沈氏園亭)」라는 시에서도 여전히 당완을 그리워하고 있다.

> 성남(城南)의 골목에서 봄을 또 만났는데
> 매화만 보이고 사람은 안 보이네

옥골(玉骨)은 구천(九泉)의 흙이 된 지 오래인데
먹 흔적은 아직도 벽 먼지에 갇혀 있네

城南小陌又逢春 只見梅花不見人
玉骨久成泉下土 墨痕猶鎖壁間塵

한 남자가 죽은 여자를 60여 년이 지나도록 이토록 애절하게 그리워한 것은 동서고금을 통틀어 유례를 찾기 어려울 것이다. 심원을 복원하면서 이곳을 육유를 위한 공간으로 재구성한 이유를 알 듯하다. 그는 서거하기 1년 전에도 병든 몸을 이끌고 심원을 찾아 당완을 추억하는 시를 남겼다. 참으로 열부(烈夫)라 할 만하다.

호로지 옆에 송정정(宋井亭)이 있다. 문자 그대로 송나라 때의 우물인 듯한데 우물 난간은 없이 평면에 길쭉한 구멍만 나 있고 그 위에 정자를 지었다. 특이한 것은 길쭉한 우물 입구 중간에 돌을 가로놓아 우물을 두 곳으로 갈라놓았다. 왜 그렇게 했는지 모르지만, 가로놓인 돌이 육유와 당완을 갈라놓은 육유의 모친을 상징한다는 말이 전해 내려온다. 한쪽은 양반이 사용하고 다른 한쪽은 평민이 사용했다는 설도 있다.

이밖에도 송정정 근처에는 중건심원비(重建沈園碑)를 보존하기 위한 반벽정(半壁亭)이 세워져 있다. 307자로 된 이 비석은 심원의 1차 중건이 끝난 1988년에 세운 것이다.

육유의 사당 무관당

이 반벽정 너머 남쪽 공간인 남원(南苑)은 오로지 육유를 기념하기 위하여 조성된 것으로 주요 건물은 무관당(務觀堂)과 안풍당(安豊堂)이다. 무관당은 육유의 자(字)인 '무관'을 따서 붙인 명칭으로 건물 안으로 들어가면 정면 벽에 방옹선생유상(放翁先生遺像)이 선각(線刻)되어 있다. 이 유상(遺像, 죽은 사람의 초상)은 청나라 도광(道光) 23년(1843년) 육유의 21세손 육문걸(陸文杰)이 그린 그림을 후인이 이를 근거로 중각(重刻)한 것인데, 무관당 안의 유상은 사천성(四川省, 쓰촨성) 성도(成都, 청두)의 두보초당(杜甫草堂)에 있는 것을 번각(翻刻)한 것이다. 이 유상 양쪽에 감가니(甘稼泥)가 쓴 다음과 같은 영련(楹聯)이 새겨져 있다.

> 劍南萬首 豈但鄉邦稱泰斗 (검남만수 기단향방칭태두)
> 曠代相望 濯錦江頭一草堂 (광대상망 탁금강두일초당)

> 검남시고(劍南詩稿) 일만 수라, 어찌 이 고장의 태두로만 칭하리오
> 대(代)를 넘어 서로 바라보네, 탁금강 머리의 한 초당을

'검남'은 촉(蜀) 땅의 지명으로 육유가 이곳에서 종군생활을 했으며 그는 이곳의 풍토를 사랑하여 자신의 시집을『검남시고』라 하였다. '탁금강 머리의 한 초당'은 두보초당을 말한다. 두보초당의 공부사(工部祠, 두보의 사당)에는 중앙의 두보 신위(神位) 좌우에 육유와 황정견(黃庭堅)이

육유의 사당 무관당(위), 무관당 안의 육유 유상(아래)

배향되어 있다. 육유가 두보초당이 있는 촉 땅에서 관직생활을 했을 뿐만 아니라 그의 시정신이 두보와 궤를 같이하기 때문에 배향한 것이고, 황정견도 두보를 추숭하는 강서시파(江西詩派, 중국 북송 말기부터 남송 초기에 걸친 시의 유파)의 영수이며 또한 촉 땅에서 지낸 적이 있기 때문에 역시 공부사에 배향한 것이다. '대를 넘었다'는 것은 두보가 당나라 시인이고 육유는 송나라 사람이어서 언급한 것이다. 그러므로 앞의 영련은 육유를 두보와 견줄 만하다는 뜻을 나타내고 있다.

무관당 안에는 심원 전경(全景)의 모형이 전시되어 있고 좌우 벽에는 육유의 시, 서간, 비첩(碑帖) 등이 선각되거나 탁본으로 전시되어 있다. 또한 여기에는 육유의 넷째 아들 육자탄(陸子坦)과 부인 허씨(許氏)의 묘비가 있다. 소흥 평수진(平水鎭)에서 발굴된 이 묘비에 의거하여 육유의 생애를 정확하게 고증할 수 있게 되었다.

죽는 날까지 나라를 걱정한 시인

무관당과 멀리 마주 보이는 건물이 육유 사적(史蹟) 진열관인 안풍당(安豊堂)이다. 안풍당 앞마당의 좌우에 두 개의 조형물이 있는데 하나는 고촌야우(孤村夜雨), 다른 하나는 철마빙하(鐵馬氷河)라는 이름의 조각상이다. 이것은 육유가 68세에 쓴 「11월 4일 풍우대작(風雨大作)」 제2수에서 따온 것이다.

> 외딴 마을에 누웠어도 자신을 슬퍼 않고
> 여전히 나라 위해 윤대(輪臺) 지킬 생각 하네
>
> 깊은 밤에 누워서 비바람 소리 듣노라니
> 꿈속에선 철마 타고 언 강을 달리네

고촌야우(孤村夜雨)(위), 철마빙하(鐵馬冰河)(아래) 육유 만년의 생활상과 그의 꺾이지 않는 우국충정의 의지를 나타내주는 조각상이다.

僵臥**孤村**不自哀 尙思爲國戍輪臺

夜闌臥聽風吹**雨** **鐵馬冰河**入夢來

'외딴 마을에 누웠다'는 것은 늙고 병들어 처량한 신세임을 나타낸다. 그런 처지인데도 '자신을 슬퍼하지 않는다'고 했다. 그가 슬퍼하는 것은 위기에 처한 국가와 백성이지 자기 자신이 아니다. '윤대'는 한(漢)나라 때의 서역의 지명인데 여기서는 금나라와 대치하고 있는 변경을 가리킨다. 그는 주화파(主和派)의 반대로 금나라와 싸워서 중원을 수복할 기회를 얻지 못하고 고향에 물러나 있지만, 꿈속에서 비바람 치는 소리를 듣고는 철마를 타고 얼어붙은 강을 건너는 장면을 떠올릴 만큼 애국충정의 의지는 꺾이지 않았다. 비바람 소리가 꿈속에선 장엄한 행진곡처럼 들린 것이다. 한편 비바람 소리를 매개로 하여 철마를 달리는 꿈을 꾼다는 것은 그것이 꿈 아닌 현실에서는 이루어질 수 없다는 비애와 울분의 표출이기도 하다. 그러므로 '고촌야우'와 '철마빙하'가 육유 만년의 생활상과 그의 꺾이지 않는 의지를 잘 나타내는 구절이기 때문에 이곳에 이를 테마로 한 조각상을 만든 것이다.

안풍당의 육유상

안풍당에는 육유의 사적을 애국장지(愛國壯志), 애향적자(愛鄉赤子), 애정비가(愛情悲歌)의 세 부분으로 나누어 전시하고 있다. 여기에는 『회계

육씨종보(會稽陸氏宗譜)』를 비롯하여 각종 사진, 현대 서예가들이 쓴 육유의 시 작품들이 전시되어 있다. 그중에 모택동의 글씨도 있다. 육유의 사(詞)「소충정(訴衷情)」(중국 송나라 때 성행한 시가의 형식인 사詞의 여러 형식의 명칭 중 하나. '소충정'이라는 제목으로 다양한 사詞를 창작할 수 있음)과 임종 때 아들에게 준 시「시아(示兒, 아들에게 보이다)」가 특유의 활달한 '모택동체'로 쓰여 있다.「시아」를 소개한다.

죽고 나면 만사가 헛된 줄 알지만
구주(九州)가 하나 됨을 못 본 것이 슬플 뿐

우리 군사 북으로 중원 평정하는 날엔
제사 때 아비에게 잊지 말고 알려라

死去元知萬事空 但悲不見九州同
王師北定中原日 家祭無忘告乃翁

이렇듯 육유는 죽는 날까지 나라를 걱정한 애국시인이었다. 그래서 우리나라의 선현들이 그의 시를 가장 많이 읽고 운자(韻字)를 따서 지은 차운시(次韻詩)를 많이 남기기도 했다.

무관당 밖 양쪽 회랑에는 역대 문인들이 육유에게 준 시, 육유의 문집을 읽고 쓴 시, 심원을 방문하고 쓴 시가 오석(烏石)에 새겨져 전시되고 있다. 여기에는 양만리(楊萬里, 남송의 학자·시인), 범성대(范成大, 남송의 정치가·시인), 증공(曾鞏, 북송의 문인·정치가)부터 건륭황제, 양계초(梁啓超), 채원배(蔡元培)에 이르기까지 모두 17명의 작품이 전시되어 있다.

무관당 동쪽의 한 공간에는 연리원(連理園)이라는 무대가 마련되어 있다. 여기서 밤에 '몽회심원(夢回沈園)'이라는 제목의 공연이 이루어진다. 공연 내용은 일정하지 않고 그때그때 변경되는데 2016년 5월 17일 내가 관람한 공연에는 주로 육유와 당완을 주제로 한 2인극, 「채두봉」을 사곡(詞曲)에 맞추어 부르는 노래, 육유의 시 「심원2수」를 현대 중국어 가사로 고쳐 부르는 노래, 양산백과 축영대 이야기('양산백과 축영대'에 대해서는 이 책 377~81면 참조), 기타 현대 대중가요 가수의 노래 등이 공연되었다. 공연 시간은 약 50분. 관람객이 만원을 이루었지만 썩 훌륭한 공연이라는 생각은 들지 않았다. 그러나 소흥에 왔다면 한 번쯤은 볼만한 공연이다.

정(情)이란 도대체 무엇이길래

남원을 나와서 동원(東苑)을 들렀다. 동원은 심원을 재정비할 때 새롭게 조성된 공간으로 여기에 있는 경물들은 모두 옛 심원의 경물은 아니다. 동원을 구성하는 주제는 '정(情)'인데 이 역시 육유와 당완의 애정을 기념하기 위한 것이다. 동원을 정려원(情侶園)이라 이름한 이유가 여기에 있다. '정려'란 '사랑하는 사람'이란 뜻이다. 이곳이 정려원임을 알려주는 구조물이 문정석(問情石)이다. 동원 입구에 세워놓은 태호석(太湖

石)을 가리키는데 여기에 다음과 같은 글귀가 쓰여 있다.

세상 사람에게 묻노니, 정(情)이란 어떤 물건인가? 사람으로 하여금 삶과 죽음을 같이하도록 만드네(問世間 情爲何物 直敎人生死相許).

이 구절은 금나라 말에서 원나라 초기의 문학가 원호문(元好問, 1190~1257)이 쓴 「모어아(摸魚兒)」(중국 송나라 때 성행한 시가의 형식인 사詞의 여러 형식의 명칭 중 하나)의 첫 부분이다. 이 작품의 창작 배경에 대하여 이런 이야기가 전한다. 원호문이 과거시험을 보러 가는 도중에 어떤 사람이 그물로 큰 기러기를 잡는 걸 보았다. 기러기가 그물에 걸리자 같이 날던 짝 기러기는 차마 떠나지 못하고 땅으로 돌진하여 죽었다. 이를 본 원호문은 감동하여 그 기러기를 사서 땅에 묻고 '안구(雁丘, 기러기 무덤)'라 쓴 비석을 세우고 이 작품을 썼다고 한다. '정이란 무엇이길래 사람으로 하여금 삶과 죽음을 같이하도록 만드는가?'라는 이 구절이 육유와 당완의 사랑을 곡진하게 대변해주고 있다.

동원에는 이밖에도 광사재(廣耜齋), 금대(琴臺), 작교(鵲橋), 상인정(相印亭) 등의 건물이 세워져 있다. '작교'는 칠석(七夕)에 견우와 직녀가 만나도록 까치가 만든 다리이니 역시 '정'과 연관이 있다. '광사재'는 육유의 권농문(勸農文)에 나오는 "깊이 갈고 널리 보습질 하고 빨리 김매어, 풍년에 편안하더라도 흉년이 들 것을 걱정하라(深耕**廣耜**疾耘 安豊年而憂歉歲)"는 글귀에서 따온 것인데 얼핏 '정려원'에 어울리지 않는 명칭으로 보인다. 그러나 정려원 안에 광사재를 세운 것은, 연인들이 즐거움과 근심을 함께 나누고 두 사람이 힘을 합하여 애정의 밭을 경작하라는 의도에서라고 한다.

끊어진 인연, 단운석

동원을 나와서 다시 고적구 동쪽을 따라 북문을 향해 걷다보면 쌍계당(雙桂堂)이 나온다. 뜰에 금계(金桂), 은계(銀桂) 두 그루의 계수나무가 있어서 붙인 명칭이다. 이 건물은 신중국(중화인민공화국) 초기에 심원 주인의 후손인 심홍인·황숙군 부부가 거주하던 곳이고 1962년 곽말약이 이들 부부를 만난 곳이기도 하다. 안으로 들어가면 저명한 서예가 사맹해(沙孟海)가 쓴 '쌍계당(雙桂堂)' 편액이 보이고 그 밑에 북송의 문인 진관(秦觀)의 「망해조 월주회고(望海潮 越州懷古)」('망해조'는 중국 송나라 때 성행한 시가의 형식인 사詞의 여러 형식 중 하나이고, '월주회고'는 '망해조' 형식의 사詞에 붙인 소제목)를 새긴 병풍이 놓여 있다. 이밖에도 쌍계당에는 많은 편액과 영련이 있다.

냉취정(冷翠亭)을 지나 출구로 나오면 단운석(斷雲石)이 우리를 맞는다. 중간이 갈라진 계란 모양의 바위로 오른쪽에 '단(斷)' 자가 왼쪽에 '운(雲)' 자가 새겨져 있다. 글자 그대로의 뜻은 '끊어진 구름'이지만 '단운(斷雲)'은 중국어음(돤윈)이 같은 '단연(斷緣, 인연이 끊어지다)'과 서로 뜻이 통한다. 그러므로 중간이 갈라진 이 바위는 육유와 당완의 인연이 끊어진 것을 상징한다.

단운석 오른쪽에 '단(斷)', 왼쪽에 '운(雲)'이라 새겨져 있다.

심원 구경을 마치고 나와서 나는 어설픈 시 한 수를 지었다.

沈氏故園今日遊 放翁舊跡使人愁
傷心橋下波猶綠 殘壁題詩歲月流

심씨의 고원(故園)을 오늘 와서 유람하니
방옹(放翁)의 옛 자취가 나의 수심 자아내네

상심교(傷心橋) 밑 물결은 여전히 푸른데
시를 썼던 담벼락엔 세월이 흘렀도다

소흥주 음주기(飮酒記) 1

내가 소흥주(紹興酒)를 처음 마셔본 것은 1995년이었다. 그해에 나는 대만 정치대학에 교환교수로 가 있었다. 안사람과 함께 갈 처지가 못 되어 혼자 대만 생활을 했는데 저녁 무렵이면 적적하기도 하여 자연히 술을 마시게 되었다. 대만의 대표적인 술은 단연 금문 고량주(金門高粱酒)이다. 이 술은 대륙에서 생산되는 술까지 합해서 다섯 손가락 안에 들어가는 매우 우수한 술이지만 주정 도수가 60도 가까이 되어서 혼자 마시기엔 부담스럽다. 그래서 찾아낸 술이 소흥주였다.

소흥주란 이름은 익히 들어왔으나 직접 마시기는 처음이었다. 소흥주는 이름 그대로 절강성 소흥에서 생산되는 술인데, 장개석(蔣介石) 정부가 대만으로 쫓겨오면서 함께 온 대륙 사람들이 소흥주 맛을 잊지 못하여 대만에서 생산한 것이다. 그때까지만 해도 소흥에서 만든 원조 소흥주를 마셔보지 못했기 때문에 대만 소흥주의 품질이 어느 정도인지 알 수 없었지만 꽤 괜찮았다. 처음 마셨을 때에는 약간 '찝찔한' 맛이었으나 그 맛에 익숙해지면 자꾸 찾게 되는 술이다. 대만 소흥주에도 품질에 따라 여러 등급이 있는데 가장 좋은 것엔 '소흥주 XO'란 상표가 붙어 있다. 원래 'XO'는 최고급 코냑에 붙이는 명칭이라 좀 어울리지 않는다는 느낌이 들었으나 술맛은 매우 좋았다.

대만 정치대학은 성균관대학교와 자매결연을 맺었기 때문에 성균관대 중문과에서 유학 온 학생들이 많았다. 자연스럽게 이들과 술 마실 기회가 많았는데 주종(酒種)은 언제나 금문 고량주였다. 학생 중 정진강(현재 숭실대학교 문과대학 학장)이 특히 금문 고량주를 좋아했다. 그는 도수 높은 고량주를 스트레이트로 즐겨 마셨다. 그러면서 소흥주를 좋아하는 나에게 "선생님은 무슨 맛으로 소흥주를 마십니까?"라 하여 소흥주를 좋아하는 나를 이해하지 못하겠다는 표정을 지었다. 어떤 학생은 소흥주 맛이 '말 오줌' 같다고 했다. 말 오줌을 맛보진 않았겠지만 그만큼 소흥주 맛이 시원찮다는 말이다. 소흥주는 단맛, 신맛, 쓴맛, 매운맛, 신선한 맛의 다섯 가지 맛이 어우러져 복합적인 맛을 내는데 젊은 사람들은 이 오묘한 소흥주의 맛을 모르는 듯했다.

화매

정치대학의 채련강(蔡蓮康, 차이롄캉) 교수가 가끔 나를 초대하여 식사를 하곤 했는데 그때마다 반주로 소흥주를 마셨다. 호남요리 전문식당으로 기억되는 그곳에서는 소흥주를 격식에 맞게 내왔다. 우선 소흥주를 45도 정도로 중탕한다. 이렇게 하면 소흥주 특유의 향이 짙어진다. 거기에 소금과 설탕으로 절여 말린 매실을 넣어서 마신다. 이 매실을 '화매(話梅)'라 부른다. 두어 잔 마시고 매실이 다 우러나면 다른 매실을 다시 첨가한다. 이렇게 해서 한 병 정도를 마시고 나면 술잔에 매실이 여러 개 쌓인다. 이런 방법으로 마시면 소흥주 특유의 맛과 절인 매실 맛이 섞여 색다른 풍미가 더해진다. 이후 나는 소흥주 마니아가 되었다. 일본 사람들도 소흥주를 매우 좋아하는데 그들은 소흥주에 설탕을 넣어서 마신다. 소흥주의 깊은 맛을 모르는 사람들이라 하겠다.

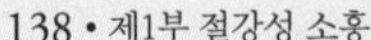

불꽃처럼 살다 간 여성 혁명가 추근

중국술 5 소흥주 음주기(飮酒記) 2

나라 걱정이 많던 소녀

다음 행선지는 추근(秋瑾)이 살았던 화창당(和暢堂, 허창탕)이다. 청나라 말의 걸출한 여성 혁명가이며 여성해방운동가인 추근(1875~1907)은 조부가 관직생활을 하고 있던 복건성(福建省, 푸젠성) 하문(廈門, 샤먼)에서 출생했다. '여자는 재주가 없는 것이 미덕'이 되는 당시의 사회 분위기에서 개명한 관리인 그녀의 조부는 어린 손녀에게 글을 가르치고 책을 읽혔다. 당시 하문은 남경조약(1842년) 이후 들어온 서양인들의 안하무인격의 횡포와 청나라 관리들의 부정부패가 만연해 있었다. 청렴한 관리였던 조부는 이런 현실에 대하여 분개하고 개탄한 나머지 1890년 추근이 15세 때 관직을 버리고 고향인 소흥으로 돌아왔다.

할아버지의 영향을 받고 자란 그녀는 어렸을 때부터 정의감이 투철하

추근 석상 추근이 처형된 곳인 소흥 시내 고헌정구(古軒亭口)에 있다.

고 특히 외국인에 대한 적개심이 강했다. 어린 추근은 어머니에게 "머리 붉은 사람들이 우리에게 저토록 사납게 구니 우리 중국인은 저들의 노예입니까?"라 물은 적이 있었다고 한다. 소녀 시절에 이미 서양 제국주의의 침략으로부터 조국을 구하겠다는 의식이 싹튼 것이다. 소흥에 돌아온 후에는 외사촌 오빠로부터 권법, 검술, 승마 등 본격적인 무술을 배웠다. 어릴 때부터 중국 고전을 공부했고 어머니로부터 시와 거문고 등을 배워 인문학적 소양을 충분히 갖춘 그녀는 이제 문무를 겸비한 여성으로 성장했다.

19세(1894년)에는 부친의 임지인 호남성(湖南省, 후난성) 상담(湘潭, 샹탄)으로 가서 살았다. 21세 때 그곳 부호의 아들 왕정균(王廷鈞)과 내키지 않는 결혼을 했다. 왕정균은 전형적인 부잣집 아들로 음주와 유흥을 일삼고 당시 정세에 대하여 아무런 '의식'이 없는 인물이었다. 자연히 추근과는 맞지가 않았다. 게다가 시어머니의 구박까지 겹쳐 그녀의 결혼생활은 초기부터 순탄하지 않았다.

26세(1901년)에는 남편이 뇌물로 호부주사(戶部主事)의 벼슬을 사서 북경으로 이사했으나 그 전해에 일어난 의화단(義和團) 사건의 여파로 8개국 연합군이 북경을 점령하는 사태가 일어나 다시 고향으로 돌아갔다. 이 의화단 사건은 그녀의 애국심을 더욱 자극하여 다음과 같은 시를 지어 당시 자신의 심경을 토로했다.

북경 지역 봉홧불은 언제나 사라질지
중국과 서양 전쟁 끝나지 않았다니

칠실(漆室)에서 하릴없이 나라 걱정 해보지만
머릿수건을 투구와 바꾸기 어렵도다

幽燕烽火幾時收 聞道中洋戰未休
漆室空懷憂國恨 難將巾幗易兜鍪

「기인우(杞人憂, 기나라 사람의 근심)」라는 시인데 줄이면 '기우(杞憂)', 즉 '쓸데없는 근심'이다. '중국과 서양 전쟁'은 의화단이 8개국 연합군과 벌인 전쟁을 가리킨다. '칠실(漆室)'의 고사는 한나라 유향(劉向)의 『열녀전(列女傳)』에 나오는 이야기로, 노나라 목공(穆公)이 연로하고 태자는 어려서 나라가 위태로움을 근심한 칠실에 사는 한 처녀가 기둥에 기대어 슬픈 노래를 불렀는데 이를 들은 이웃 여인이 "그런 걱정은 나라의 대부들이나 하는 것이지 어찌 우리 같은 여자들이 할 짓이오?"라고 말했다는 내용이다. 즉 쓸데없는 걱정이라는 것인데, 후에 노나라는 제(齊)와 초(楚)의 공격을 받아 곤경에 처했다고 한다. 그러니 칠실 처녀의 근심은 쓸데없는 근심이 아니었던 것이다.

이 시에서는 추근 자신을 나라 걱정하는 칠실 처녀에 비유하고 있다. 그러나 실제로 할 수 있는 일이 없다. 여자이기 때문이다. 생각 같아서는 여자들이 '머리에 두른 수건〔巾幗〕' 대신에 '투구'를 쓰고 싶지만 그게 어렵다는 하소연이다. 이 시기에 그녀는 이미 인생의 진로를 결정한 듯이 보인다. 후일 그녀는 말하기를 "경자년(庚子年, 의화단 사건이 발생한 1900년—인용자) 이래로 나는 이미 생명을 돌보지 않았다. 성공하지 못하고 죽더라도 나는 후회하지 않겠다"라고 한 바 있다. 추근이 순국한 후에 손문(孫文)은 이 시 구절을 따서 그녀에게 '건괵영웅(巾幗英雄)'의 칭호를 붙여 주었다. '머릿수건을 두른 영웅', 즉 '스카프를 두른 영웅'이라는 뜻이다.

28세 때(1903년)에는 남편이 복직되어 다시 북경으로 가게 되었다. 남편과의 관계는 돌이킬 수 없는 지경에 이르렀지만 추근은 북경에서 오지영(吳芝瑛, 우즈잉) 여사를 만나 인생의 전환점을 맞이하게 된다. 오지영은 남편 직장 친구의 아내로 진보적 성향의 인물이었다. 추근은 오지영을 통해 새로운 문물을 접하고 진보적 인사들과 교유할 수 있는 기회를 얻었다. 오지영은 추근의 초기 혁명사상에 커다란 영향을 미친 인물이었다.

어린 남매를 두고 일본으로

드디어 추근은 일본 유학을 결행한다. 당시 일본은 많은 혁명가가 모이는 곳이었다. 남편의 집요한 방해에도 불구하고 그녀는 1904년 7월 어린 남매를 두고 홀로 일본으로 떠났다. 일본에 도착한 후 동경실천여학교에 입학하는 한편 일본어를 익혀 3개월 만에 일본어를 구사했다고 한다. 이제 그녀는 마음껏 이상의 날개를 펼칠 수 있었다. 그녀의 이상과 포부는 일본 도착 직후에 쓴 시 「유회(有懷, 느낌이 있음)」에 잘 나타나 있다.

해와 달도 빛을 잃고 천지가 어두운데
캄캄한 여성 세계 누가 이를 구하리

비녀, 반지 팔아서 푸른 바다 건너고
골육과 헤어져 옥문관을 나섰네

여성의 발 해방하여 천 년 해독 씻어내고
열심히 여성의 혼 일깨우리라

가련하다, 몸에 지닌 손수건 하나
반은 핏자국, 또 반은 눈물 자국

日月無光天地昏 沈沈女界有誰援

釵環典質浮滄海 骨肉分離出玉門
放足湔除千載毒 熱心喚起百花魂
可憐一幅鮫綃帕 半是血痕半淚痕

그녀가 비녀나 반지 등 장식품을 팔아 여비를 마련하고 어린 자식과 이별한 것은 전족의 악습을 없애는 등의 여성해방운동을 하기 위함이었다. 전족이야말로 여성을 억압하는 대표적인 습속이었다. 추근은 "여학(女學)이 진흥되지 않으면 종족이 강하지 못하고 여권(女權)이 떨치지 못하면 국세(國勢)가 반드시 약해진다"라 말하며 여권 신장을 자신의 임무로 여겼다. 이를 위하여 공애회(共愛會)를 재건하고 천족회(天足會)를 창립했으며 감호여협(鑑湖女俠)이란 필명으로 여러 잡지에 글을 발표하기도 했다.

추근은 학비를 마련하기 위해 1905년 봄에 일시 귀국하여 소흥 출신의 혁명가 도성장(陶成章)을 통해 채원배와 서석린(徐錫麟)을 만나고 광복회에 가입했다. 이들 인사와의 만남을 통해 그녀의 결의는 더욱 굳어졌다. 이 무렵에 쓴 「대주(對酒, 술을 마시며)」라는 시에 당시 그녀의 심경과 결의가 잘 나타나 있다.

천금을 안 아끼고 보검을 사며
초구(貂裘)로 술 바꾸니 또한 호걸이로다

배 속의 끓는 피는 고이 아껴두었다가

흩뿌리면 푸른 파도로 화할 수 있으리

不惜千金買寶刀 貂裘換酒也堪豪
一腔熱血勤珍重 洒去猶能化碧濤

추근은 일본에서 칼 한 자루를 산 적이 있다. '초구'는 주로 여자들이 입는 값비싼 모피 옷이다. 돈을 아끼지 않고 보검을 사며 값비싼 초구를 술과 바꿀 정도로 호걸스럽다는 것이다. 마지막 구절은 장홍(萇弘)의 고사를 인용했다. 주(周)나라의 장홍은 조국에 충성했으나 간신의 모함을 받고 자살했는데 사람들이 그의 피를 돌 상자에 간직했다가 3년 만에 꺼내보니 푸른 옥(碧玉)으로 변했다. 후에 '벽혈(碧血)', 즉 푸른 피는 조국을 위해 몸을 바친 열사의 피를 가리키게 되었다. 이 시에서 자신의 '끓는 피'를 '푸른 파도'로 만들겠다고 말함으로써 혁명 사업에 몸을 바쳐 희생할 각오가 되어 있음을 나타내고 있다. 실제로 그녀는 이 시를 쓴 지 2년쯤 후에 형장의 이슬로 사라졌다.

여성해방운동과 반청 혁명투쟁

1905년 7월에 다시 일본에 간 추근은 손문이 일본에서 창립한 반청 비밀단체인 동맹회(同盟會)에 가입하여 활동의 폭을 넓혔다. 그녀는 여성해방운동과 반청 혁명투쟁을 별개로 생각하지 않았다. 오히려 반청 구국혁명을 성취함으로써 여성을 해방시킬 수 있다고 믿었다. 혁명투쟁을 위하여 그녀는 검술과 사격을 훈련했으며 사제 폭탄 제조법도 배워두었다. 그녀는 일본에서 쓴 「자고천(鷓鴣天)」(중국 송나라 때 성행한 시가의 형식인 사詞의 여러 형식의 명칭 중 하나)이라는 사(詞)에서 자신의 비장한 각오를 노래했다.

여자는 영물(英物) 아니라 말하지 말라
벽 위의 용천검(龍泉劍)이 밤마다 울고 있다.

休言女子非英物 夜夜龍泉壁上鳴

'영물(英物)'은 뛰어난 인재란 뜻으로 영웅과 같은 말이다. '여자는 영웅이 되지 못한다'고 말하지 말라는 것이다. 후일 손문은 이 시 구절을 떠올리며 그녀에게 '건괵영웅'의 칭호를 부여했을 것이다. '용천검'은 중국 고대 명검(名劍)의 이름이다. 추근은 일본에서 구입한 칼을 용천검에 비유한 것이다. 그녀가 검을 구입한 것은 검을 직접 사용하기 위해서라기보다 그 검으로 적을 무찌르겠다는 굳건한 의지를 다지기 위해서였다. 그녀는 이밖에도 「보검편(寶劍篇)」「보검가(寶劍歌)」「보도가(寶刀歌)」「검가(劍歌)」 등 칼을 주제로 한 시를 많이 지었다. 또 귀국 후에는 남장을 하고 늘 이 검을 차고 다녔다고 한다.

일본으로 건너간 중국의 지식인과 유학생이 조직적으로 반청운동을 벌이자 청나라는 일본 정부에 재일 유학생들의 활동을 규제해달라고 요청했고 이에 일본은 취체청국유일학생규칙(取締淸國留日學生規則, 청나라 유학생 단속 규칙)을 발표하여 단속에 나섰다. 이에 대한 유학생들의 반응은 두 갈래로 나뉘었다. 당장 귀국해서 만주족의 청나라와 싸우자는 급진파와 참고 견디며 후일을 기약하자는 신중파로 나뉘었는데 앞장서서 전자를 주장한 인물이 추근이었다. 당시 센다이의학전문학교에 다니던 노신은 후자의 입장을 취했다. 여기서 추근과 노신의 기질적 차이와 전략 전술상의 차이를 엿볼 수 있다.

칼을 들고 있는 추근 추근기념관에 전시되어 있는 그의 대표적인 사진이다.

추근은 1906년 초에 1년 반 남짓한 일본 생활을 청산하고 귀국했다. 귀국 후에 그녀는 여학교에서 교편을 잡는 한편 『중국여보(中國女報)』라는 여성 잡지를 창간하여 여권 신장을 위하여 동분서주했다. 심계(潯溪) 여학교 교사로 있을 때에는 교장 서자화(徐自華, 쉬쯔화)를 동맹회에 가입시키기도 했다.

1906년 겨울에는 대통학당(大通學堂)의 책임자가 되었다. 대통학당은 서석린과 도성장이 혁명 예비군을 훈련시키기 위하여 1905년에 설립한 위장 학교인데, 서석린이 결정적인 반청 거사를 일으키기 위해 안휘성(安徽省)의 안경(安慶, 안칭)으로 떠나면서 학교를 추근에게 맡긴 것이다.

추근은 부임하자마자 학생들에게 본격적인 군사훈련을 시켰다. 그녀는 여학생도 입학시켰으며 야외 훈련 때에는 남장을 하고 말을 타고 다녔다고 한다.

추근열사기념비 추근이 처형된 곳인 소흥 시내 고헌정구(古軒亭口)에 있다.

서석린은 떠나면서 1907년 7월 6일 안휘성과 절강성에서 동시에 궐기하기로 약속했다. 후에 거사일을 7월 19일로 수정했는데 서석린의 계획이 사전에 발각되어 하는 수 없이 7월 6일에 단독으로 거사하여 안휘성 순무(巡撫, 청나라 때 성省의 군정과 민정을 관할하는 제2인자) 은명(恩銘)을 사살했으나 곧 체포되어 사형을 당했다. 서석린의 동생을 심문하는 과정에서 추근의 공모 사실이 밝혀지고 곧 체포령이 내렸다. 이를 안 주위 사람들이 피신하라고 권고했으나 그녀는 "내가 지옥에 가지 않으면 누가 간단 말이냐. 혁명은 피를 흘려야만 성공한다. 내가 단두대에 오르면 혁명이 5년은 빨라질 것이다"라 말하고 대통학당에서 끝까지 저항하다가 체포되었다. 그리고 1907년 7월 15일 새벽 소흥의 헌정구(軒亭口)에서 처형되었다. 향년 32세였다. 이곳에는 1933년에 그녀를 기념하기 위해 세운 비가 지금도 서 있다. '추근열사기념비' 일곱 글자는 당대의 서예가 우우임(于右任, 위유런)이 썼고 그 밑에 채원배의 비문이 새겨져 있다.

옥중의 절명시

그녀는 처형당하기 전 마지막으로 '추풍추우수쇄인(秋風秋雨愁煞人)'이란 절명시(絶命詩)를 남겼다. 옥중에서 추근이 붓으로 쓴 이 시구가 밖으로 인출되면서 그녀의 절명시로 알려졌으나 사실은 추근이 지은 것이 아니고 청나라 도담인(陶澹人)의 작품「추모견회(秋暮遣懷, 가을 저녁에 회포를 달래다)」의 한 구절이다. 이 시는 총 14구로 구성되어 있는데 관련된 부분만 인용하면 이렇다.

울타리 앞 국화는 아직 피지 않았는데
적막하게 술잔 드니 회포가 싸늘하네

가을바람 가을비가 나를 몹시 수심케 해
찬 밤, 홀로 앉으니 마음은 짓찧은 듯

籬前黃菊未開花 寂寞清樽冷懷抱
秋風秋雨愁煞人 寒宵獨坐心如搗

추근은 옥중에서 얼른 떠오른 도담인의 '추풍추우수쇄인(秋風秋雨愁煞人)' 일곱 글자가 당시 자신의 심경을 대변한다고 생각하여 모필로 쓴 것인데, 후에 추근이 지은 것이 아니라는 사실을 알고도 사람들은 이 구절을 여전히 그녀의 절명시로 여겼고 급기야 추근을 상징하는 시구가 되었다. 소흥의 부산(府山)에 추근을 기념하여 세운 정자 이름도 이 시구의 글자를 따서 '풍우정(風雨亭)'으로 명명했고 항주 서호 가에 있는 정자도 '풍우정'이다.

부산공원에 있는 풍우정 추근을 기념하기 위해 세운 정자다.

추근 사후에 감히 누구도 시신을 수습하지 못했는데 1908년 오빠 추예장(秋譽章)이 시신을 거두어 서자화, 오지영 여사의 도움을 받아 항주 서호 가에 안장했다. 추근은 평소에 "불행히 내가 희생되면 서호 가에 묻어달라"고 말했기 때문이다. 그러나 묘를 옮기라는 청나라 정부의 명령으로 소흥으로 이장했다가 1909년에 그녀의 아들 왕원덕(王沅德, 왕위안더)이 호남성 상담(湘潭)으로 다시 이장했다. 신해혁명이 일어난 후 1912년에야 그의 유골은 항주 원래의 묘역으로 돌아올 수 있었다. 이 제전에서 손문은 그녀를 '건괵영웅(巾幗英雄)'이라 칭하고 다음과 같은 만사(挽詞, 죽은 이를 슬퍼하여 지은 글)를 남겼다.

江湖矢丹忱　　강호에 붉은 정성 맹세하고는
感君首贊同盟會　　앞장서 동맹회 가입 감격했노라
軒亭洒碧血　　헌정구에 푸른 피 뿌렸는데도
愧我今招俠女魂　　이제야 여협의 혼 부르니 부끄럽도다

화창당의 대련

추근이 살았던 화창당은 원래 명나라 학자인 주갱(朱賡)이 쓰던 별장의 일부로, 복건성의 관리로 있던 추근의 조부 추가화(秋嘉禾)가 1890년에 관직을 사임하고 이 집을 매입한 것이다. '추근고거(秋瑾故居)'라 쓰인 편액이 달린 문을 들어서면 다음과 같은 대련이 우리를 맞는다.

悲哉秋之爲氣 (비재추지위기)
慘矣瑾其可懷 (참의근기가회)

슬프도다, 가을의 기운이여
비통하도다, 고운 옥을 품고 있었거늘

추근의 이름인 '추(秋)'와 '근(瑾)'을 교묘하게 배합하여 지은 대련이

추근고거 입구 대문 안쪽의 대련은 고귀한 포부를 펼쳐보지 못한 채 세상을 떠났음을 슬퍼하는 내용이다.

다. 앞의 구절은 만물이 조락하는 계절이기 때문에 '가을(秋)'이 슬프다는 일반적인 말이지만, 가을 낙엽처럼 떨어져버린 추근을 슬퍼한다는 뜻이 숨어 있다. 뒤 구절은 굴원(屈原)이 쓴 「구장(九章)」 '회사(懷沙)'에 나오는 "고운 구슬을 품어 잡고 있었지만/역경에 처하여 누구에게 보일지 모르겠네(懷瑾握瑜兮 窮不知所示)"라는 구절에서 따온 것이다. '근(瑾)'은 옥 또는 구슬을 뜻한다. 이 작품은 굴원이 간신들의 모함으로 초나라에서 추방당한 뒤 어렵게 지내다가 멱라수(汨羅水)에 몸을 던져 죽기 직전에 쓴 마지막 글이다. 굴원 자신은 옥같이 곱고 귀한 마음을 지니고 있지만 추방당하여 곤궁하게 살고 있기에 그 옥 같은 마음을 보여줄 사람이 없다는 말이다. 그래서 물에 뛰어든 것이다. 추근도 그 고귀한 포부를 펼쳐보지 못한 채 세상을 떠났음을 굴원에 비유한 것이 위의 대련이다.

추근 흉상 흉상 위쪽의 '건괵영웅(巾幗英雄)'은 '머릿수건을 두른 영웅' '스카프를 두른 영웅'이라는 뜻으로, 손문이 추근의 시구절을 따서 그녀에게 붙여준 칭호다.

건괵영웅의 흉상

이 대련 왼쪽 방에 강렬한 붉은색을 배경으로 백옥(白玉)으로 만든 추근의 흉상이 놓여 있다. 이 흉상은 상해(上海) 미술학원의 왕대진(王大進, 왕다진) 교수가 1998년에 제작한 것이라 한다. 흉상 위쪽에는 '건괵영웅(巾幗英雄)'이라 쓰여 있다. 붉은색과 흰색의 대비가 주는 느낌이 무척 강렬했다. 그리고 흉상 좌우에 다음과 같은 대련이 걸려 있다.

丹心結出和平果 (단심결출화평과)

碧血常開自由花 (벽혈상개자유화)

화창당 '화창(和暢)'은 추근의 조부가 왕희지의 「난정집서」에서 따온 것이다.

붉은 마음은 화평의 열매를 맺어내었고
푸른 피는 언제나 자유의 꽃 피워낸다

여기서 더 안쪽으로 들어가면 '화창당(和暢堂)' 편액이 보인다. 이 당호(堂號)는 추근의 조부가 왕희지(王羲之)의 「난정집서(蘭亭集序)」의 "하늘은 명랑하고 대기는 맑으며 봄바람은 화창하다(天朗氣淸 惠風**和暢**)"라는 구절에서 따온 것이다.

화창당 오른쪽에 추근의 거실이 있다. 창 앞에 책상이 놓여 있고 그 앞 의자에 앉아 있는 추근을 밀랍 인형으로 재현해놓았다. 추근의 침대도 보인다. 벽에는 일본에서 귀국 후 찍은 남장 사진이 걸려 있고 또 조부가 쓴 대련도 걸려 있다. 조부의 대련은 이렇다.

雲噴筆花騰虎豹 (운분필화등호표)

風翻墨浪走蛟龍 (풍번묵랑주교룡)

구름이 필화를 내뿜으니 호랑이가 날아오르고

바람이 묵랑을 번득이니 교룡이 내달린다

'필화(筆花)'는 광채 나는 문장이니, 문장이 마치 호랑이가 하늘로 날아오르듯 훌륭하고, '묵랑(墨浪)'은 먹 물결이니, 먹으로 쓴 글씨가 교룡이 내달리듯 힘이 있다는 말이다. 이 대련의 요지는, 호랑이가 날아오르듯 훌륭한 문장을 짓고 교룡이 내달리듯 힘 있는 글씨를 쓰라는 말이다. 참으로 적절한 비유를 구사한 뛰어난 대련이라 생각한다.

추근의 거실 뒤쪽에는 혁명 문서와 무기를 감추어둔 밀실이 있다. 서석린이 거사에 실패한 후 추근을 심문하는 과정에서 그녀의 집을 샅샅이 뒤졌으나 끝내 이 밀실은 찾아내지 못했다고 한다. 서쪽에는 혁명인사들이 비밀리에 회합하던 회객실(會客室)이 있다.

마음은 남자보다 더욱 굳세네

추근 부모의 거실과 오빠 부부의 거실 등 고거의 일부는 지금 '추근기

추근기념관에 진열된 생애 자료(제1부 민족 위기 중의 각성)

념관'으로 되어 있다. 여기에는 제1부 '민족위기 중의 각성', 제2부 '민주혁명의 영웅, 부녀운동의 선구', 제3부 '푸른 피 붉은 마음 청사(靑史)에 영원히 드리우다'라는 세 개의 주제로 추근의 사적이 진열되어 있다. 혁명 활동의 실물 자료, 일본 유학시절의 사진, 각종 서신, 시문, 관련 문헌 등을 풍부하게 볼 수 있다. 제1부의 표제 밑에는 추근의 사진과 함께 추근의 시구가 적혀 있어서 여성을 제약하는 시대의 한계를 뛰어넘고자 했던 그녀의 의지를 강렬하게 나타내고 있다.

身不得男兒列 (신부득남아열)

心却比男兒烈 (심각비남아열)

몸은 남자의 반열에 들 수 없지만
마음은 남자보다 더욱 굳세다오

제2부의 표제 밑에는 칼을 든 추근의 사진(147면 사진)이 전시되어 있는데 이것이 추근의 대표적인 사진이다. 사진으로 보는 추근은 빼어난 미인이다. 우리 일행 중 여학생들은 이를 보고 "예쁘다, 예쁘다"를 연발했다.

이 진열실에서 눈에 띄는 것은 추근이 사용했던 권총 실물이다. 그리고 권총 옆에 그녀가 항상 지니고 다니며 사랑했다는 옥도장이 함께 진열되어 있었다. 유리 상자 속에 있어서 잘 보이지는 않지만 거기에는 독서격검(讀書擊劍)이란 문구가 새겨져 있다고 한다. 여기서도 문무를 겸전하려는 추근의 지향점을 읽을 수 있다. 또 1979년 8월에 송경령(宋慶齡)이 쓴 다음과 같은 제사(題詞)도 진열되어 있다.

추근은 시문에 능하여 '추풍추우수쇄인(秋風秋雨愁煞人, 가을바람 가을비가 나를 몹시 수심에 잠기게 하는구나)'의 명구(名句)가 있다. 총을 지니고 말을 탈 줄 알았으며 일찍이 일본으로 건너간 것은 혁명에 뜻이 있었기 때문이다. 천추만대에 그 의협(義俠)의 이름이 전해질 것이다. (괄호 안의 설명은 인용자)

짧지만 강렬한 삶을 살다 간 추근은 분명 '스카프를 두른 영웅'이었다. 그녀의 아들과 딸은 어떻게 되었을까? 아들 왕원덕(王沅德)은 상해의 정풍대학(正風大學)을 졸업하고 무한(武漢, 우한)의 강성일보(江聲日報) 사장, 상담(湘潭, 샹탄) 전등공사(電燈公司) 사장 등을 역임하고 1955년 58세로 서거했다. 딸 왕찬지(王燦芝, 왕찬즈)는 추근이 처형당했을 때 7세였는데 자라면서 어머니를 닮아 호협한 기상이 있었다고 한다. 그녀는 1928년 미국의 워싱턴대학과 뉴욕대학에 유학하여 항공학을 연구한 후 귀국해서 항공학교 교수로 재직했다. 당시로서는 보기 드문 여성 항공학자였다. 1953년에는 대만(臺灣)으로 가서 『추근 혁명론』을 출판했으며 1967년 대만에서 사망했다.

소흥주 음주기(飮酒記) 2

처음 소흥에 갔을 때 나는 본고장에서 소흥주를 맛볼 수 있다는 기대에 잔뜩 부풀어 있었다. 그도 그럴 것이 나는 이미 대만에서 소흥주 맛에 흠뻑 빠졌던 터였다. 그래서 소흥에 가면 제대로 만든 맛있는 소흥주를 격식을 갖추어 마실 수 있다고 생각했다.

식당에 들어가서 우선 따뜻하게 중탕을 해달라고 하니 자기들은 그렇게 하지 않는다고 거절했다. 화매(話梅)를 달라고 하니 그런 매실도 없다고 했다. 하는 수 없어서 그냥 마셨는데 그 맛이 대만에서 마신 것보다 나을 것이 없었다. 나중에 알았지만 따뜻하게 중탕을 해서 화매를 넣어 마시는 것이 전통적 방법이긴 하나 그 절차가 번거로워 지금은 일반적으로 그냥 마신다고 했다. 주위를 둘러보니 소흥 사람들도 그냥 마시고 있었다. 나는 소흥 사람들은 모두 중탕을 해서 화매를 넣어 마시는 줄 알았다. 노신(魯迅)의 유명한 단편소설 「공을기(孔乙己)」에도 몰락한 선비 공을기가 함형주점(咸亨酒店)에서 늘 외상으로 소흥주를 사서 마시는데도 "술 한 잔 데워줘"라고 주문하는 장면이 나온다. 그리고 이 소설의 작중화자도 공을기가 출입하는 함형주점에서 술 데우는 일을 담당하는 종업원이었다. 이로 보면 노신이 살았던 당시만 해도 소흥주를 데워서 마시는 것이 일반적 풍습이었던 듯하다.

소흥에서 처음 마신 소흥주 맛이 썩 좋지는 않았던 것도 이유가 있었다. 소흥주도 등급이 많아서 그날 마신 것은 품질이 좀 떨어지는 소흥주

함형주점 앞의 공을기 동상 노신 소설 「공을기」의 주인공인 그는 함형주점의 단골손님이었다.

였던 것이다. 그 당시는 소흥주에 대해서 잘 몰랐기 때문에 어느 것이 좋은 소흥주인지 알지 못하고 마신 탓이었다. 그후 소흥을 여러 번 방문하면서 좋은 소흥주를 골라 마셔보니 데우지 않고 그냥 마셔도 좋았다. 마치 일본의 청주를 데워서 마시기도 하고 차게 마시기도 하는 이치와 같았다.

언젠가는 소흥의 노신고리(魯迅故里)에 있는 한 상점에서 중탕기를 하나 산 적이 있다. 주석으로 만든 주전자인데, 커다란 그릇에 뜨거운 물을 채우고 그 가운데 소흥주를 담은 중탕기를 세워서 데우는 기구다. 집에 와서 사용해보니 차게 마실 때와는 또 다른 맛을 느낄 수 있었지만 절차가 번거로웠다. 우선 뜨거운 물이 식기 전에 다시 끓는 물을 부어주어야 하는데 여간 성가신 일이 아니었다.

2016년 5월에 소흥에 갔을 때는 모처럼 따뜻한 소흥주를 마실 수 있었다. 그날 우리가 찾은 곳은 노신고리에 있는 함형주점이었다. 지금은 노

회향두 콩꼬투리가 누에처럼 생긴 잠두(蠶豆)를 물에 불린 다음 회향(茴香)·계피·소금을 넣어 만든 것으로, 공을기가 즐겨 먹었던 안주다.

신고리에 대규모로 신축한 호화로운 함형주점이 있지만 우리가 간 곳은 노신 탄생 100주년을 기념하여 원래 위치에 새로 복원한 옛날 그대로의 조그마한 함형주점이었다. 그곳에서 공을기를 생각하며 소흥주를 한번 마셔보고 싶었던 것이다. 밖에서 보면 출입문도 없이 길거리에 노출된 간이주점이었다. 그곳에서 그야말로 평범한 사람들이 밥공기만 한 술잔에 소흥주를 따라 우리나라에서 대포 마시듯 소흥주를 마시고 있었다. 좌석도 여러 사람이 앉을 수 있는 기다란 나무 의자와 소박한 탁자였다.

우리 일행이 20여 명인 것을 보고 종업원이 안으로 안내했다. 안에는 매우 넓은 공간이 마련되어 있었다. 겉으로는 옛 모습 그대로 복원해놓고 안으로 확장해서 영업을 하고 있었던 것이다. 아마 이곳을 찾는 사람이 많았기 때문일 것이다. 우리는 공을기가 시켜 먹었다는 회향두(茴香豆) 안주에다 함형주점에서 생산한 8년 된 태조주(太雕酒)를 주문했다. 혹시나 하면서 따뜻한 소흥주를 달라고 했더니 뜻밖에도 중탕기에 중탕을 한 소흥주를 내왔다. 그래서 우리는 맛있는 소흥주를 기분 좋게 마실 수 있었다.

함형주점에 걸려 있는 '공을기 19푼 외상' 액자

2015년 5월의 씁쓸한 기억 때문에 다시는 함형주점을 찾지 않겠다고 다짐한 바 있음에도 불구하고 (111~12면 참조) 그날 내가 일행을 함형주점으로 안내한 것은, 호화롭게 신축한 함형주점이 아닌 옛 모습대로 복원된 함형주점에서 간단히 한잔하고 싶은 마음이 있었기 때문이었다. 평범한 소흥 사람들이 찾는 목로주점같이 소박한 이 술집에서 옛 정취를 느껴보고 싶었던 것이다. 나는 소흥을 여러 번 왔지만 이 '원조 함형주점'엔 한 번도 들른 적이 없었다. 그래서 식사시간이 아닌데도 그저 잠깐 들러서 소흥주를 한잔하려고 한 것이다. 그런데 뜻밖에도 내부 공간이 넓었고 따뜻한 소흥주를 마실 수 있었으며 종업원도 친절했다. 경영주는 같을 터인데 독립채산제로 운영하는지는 알 수 없으나 2015년 '접시값'을 받던 그 주점과는 분위기가 사뭇 달랐다. 다음에 소흥을 방문할 때에는 이 원조 함형주점에 들러 따뜻한 소흥주를 곁들여 식사하고 싶은 생각이 들었다.

이 주점에는 '공을기 19푼 외상'이라 적힌 액자가 걸려 있다. 이것은 소설 「공을기」에 여러 번 나오는 구절로 공을기가 끝내 갚지 못한 함형주점의 외상값이다. 「공을기」의 마지막 대목은 이렇게 끝난다.

그후 다시 얼마 동안 공을기를 보지 못했다. 연말이 되어 주인은 칠판을 내리면서 "공을기는 아직 19푼 외상이로군"이라 말했다. 이듬해 단오 전후의 결산 때에도 역시 "공을기는 아직 19푼 외상이로군" 하고 말했다. 그러나 추석 때에는 더이상 그런 똑같은 말을 듣지 못했다. 다시 연말이 왔어도 그는 모습을 보이지 않았다. 그러고는 지금까지 나는 한 번도 그를 보지 못했다. 아마 공을기는 죽은 것이 분명하다.

황주를 40도 정도로 데워서 마시면 더욱 짙은 향이 날 뿐만 아니라 황주 속에 함유된 미량의 메틸알코올과 포름알데히드 등 인체에 해로운 물질이 휘발된다고 한다.

중국 최초의 군사학교, 대통학당

광복회의 주요 거점
대통학당의 설립자, 서석린
서석린과 추근의 혼이 서린 곳

중국술 6 소흥주 음주기(飮酒記) 3

광복회의 주요 거점

대통학당(大通學堂, 더통쉐탕)은 소흥 출신의 혁명가 서석린(徐錫麟, 쉬시린)과 도성장(陶成章, 타오청장)이 1905년 9월에 군사 간부를 양성하기 위하여 세운 학교로, 광복회의 중요 거점이었다. 이 학교는 민주혁명 인재를 배양하기 위한 중국 최초의 군사학교 중의 하나이다.

대통학당 대문 위 외벽에는 원래의 명칭인 '대통사범학당'이라 쓰여 있다. 대문을 들어서면 조박초(趙樸初, 자오푸추)가 쓴 '대통학당' 편액이 걸려 있고 더 안으로 들어가면 '호연정기(浩然正氣)'라 쓴 커다란 편액 앞에 도성장, 서석린, 추근 3인의 동상이 나란히 서 있다. 그리고 동상 뒷벽에는 총검을 든 대통학당 제1회 졸업생들의 대형 사진이 걸려 있다. 좌우에는 남장한 추근이 말을 타고 있는 모습, 추근이 지켜보는 가운데 군

조박초(趙樸初)가 쓴 '대통학당' 편액(위), 도성장 서석린 추근 3인 동상(아래)

사훈련 하는 학생들의 모습이 사진 또는 그림으로 전시되어 있다.

여기서 좌측에 '광복회 사적 진열실'이 있다. 광복회는 1904년 11월에 채원배의 주도로 상해에서 결성된 반청(反淸) 비밀단체로, 대통학당을 거점으로 활동하다가 1907년 서석린의 처형으로 활동이 중단되었는데 1910년 장태염(章太炎, 장타이옌), 도성장 등이 일본 도쿄에서 중건하여 신해혁명(1911년)이 성공하기까지 중요한 한 축을 담당했다. 광복회는 1912년 도성장이 피살된 후 해체되었다. 사적 진열실에는 광복회 관련

신해혁명 열사 유물 전시실 칼을 꽂은 장총, 아령 등의 실물이 진열되어 있다.

문헌과 각종 사진 등이 전시되고 있었다. 이곳에 전시된 광복회의 구호는 이렇다.

恢復漢族 還我河山 (회복한족 환아하산)
以身許國 功成身退 (이신허국 공성신퇴)

한족을 회복하고 우리의 산하를 되돌린다
몸을 나라에 바치고 공을 이루면 물러난다

광복회 사적 진열실에서 안쪽으로 더 들어가면 당시의 교실과 기숙사

등이 있는데 지금은 '신해혁명 열사 유물 진열실'로 꾸며져 있다. 여기에는 칼을 꽂은 장총, 아령, 매트와 이불, 신발 등 당시의 실물들이 전시되어 있다.

대통학당의 설립자, 서석린

오른쪽으로 보이는 건물이 '서사(徐社)'이다. 이곳은 원래 대통학당의 교무실이었는데 신해혁명 후 혁명지사 서석린을 기념하기 위하여 서사로 개조한 것이다. 여기서 서석린에 대하여 살펴볼 필요가 있다.

서석린(1873~1907)은 소흥의 한 부유한 집안에서 태어나 어려서부터 전통적인 교육을 받았다. 그러나 그는 사서오경 등 유학의 경전에만 매몰되지 않고 시야를 넓혔다. 특히 그는 천문, 지리, 수학을 좋아했고 또한 월왕 구천(句踐)의 '십년생취 십년교훈(十年生聚十年敎訓)'의 사적을 늘 흠모했다고 한다.('십년생취 십년교훈'에 대해서는 이 책의 제1부 「와신상담의 현장, 부산을 찾아서」 참조) 그의 청년 시기는 청일전쟁에서 패배한 후 광범위한 유신운동이 일어나던 때인데 그는 이에 호응하여 신식교육의 필요성을 절감하고 1904년에는 고향 마을에 열침학당(熱忱學堂)을 만들기도 했다. 1905년 1월에 채원배와 도성장을 만나 상해에서 광복회에 가입한 후 그의 사상은 단순한 '애국'에서 '혁명'으로 질적인 전환을 겪는다. 드디어 그해 9월에 도성장과 함께 대통학당을 만들어 본격적인 혁명 활동에 돌입했다. 1906년에는 비밀활동 연락차 일본의 동북지방을 시찰하고 다음과 같은 시를 썼다.

개선가 부르며 응당 귀향하고자
오랑캐 섬멸 맹세하고 옥문관(玉門關)을 나선다네

나라 위해 백사장서 죽는 것만 알고 있지
시체 어찌 말가죽에 싸여서 돌아오리

軍歌應唱大刀環 誓滅胡奴出玉關
只解沙場爲國死 何須馬革裏尸還

「출새(出塞)」라는 시인데 '적을 무찌르기 위하여 국경 밖으로 출정한다'는 뜻이다. 이 시는 청나라를 가상의 적으로 설정하고 죽을 각오로 적과 싸우기 위하여 출정하는 그의 의지를 나타낸 작품이다. 제1구 '대도환(大刀環)'의 문자 그대로의 뜻은 '큰 칼의 손잡이에 달린 고리(環)'인데, 고리 '환(環)'과 돌아올 '환(還)'이 음이 같기 때문에 서로 통용하여 여기서는 '대도환'이 '고향으로 돌아온다'는 뜻을 나타낸다. 마지막 구절의 뜻은 이렇다. 옛날에는 전사한 장수의 시체를 말가죽에 쌌다고 한다. 후한 때의 무장 마원(馬援)이 말하기를 "남자는 응당 변방에서 죽어 말가죽에 싸여서 돌아와야 한다"라고 했다. 이 시에서는, 싸우다가 죽을 것만 생각하지 시체가 돌아올 것은 염두에 없다고 말하여 마원보다 더 굳은 의지를 나타내고 있다.

1906년 12월 그는 안휘성의 안경(安慶)으로 떠난다. 앞의 시에서 말한 것처럼 죽음을 각오하고 적진으로 뛰어든 것이다. 그리고 1907년 7월 6일 그는 장렬하게 죽음을 맞이했다. 그는 안경에 가서 은밀히 거사를 준비하다가 소흥의 추근과 호응하여 안휘성과 절강성에서 동시에 봉기하기로 약속하고 떠난 것이다. 대통학당을 추근에게 맡기고 떠나면서 동지들에게 이렇게 말했다.

서석린

프랑스혁명은 80년 만에 성공했다. 그동안 얼마나 많은 피를 흘렸는지 모른다. 우리나라는 혁명의 초기 단계에 있기 때문에 마땅히 피 흘리는 것을 아끼지 말아서 그 피로 혁명의 꽃과 열매에 물을 주어야 한다. 이번에 내가 안휘성으로 가는 것은 피를 흘릴 준비를 하기 위함이니 여러분은 일절 슬퍼하거나 위축되지 말기를 바란다.

그의 계획은 치밀했다. 외가 쪽 친척으로 호남성 순무(巡撫)로 있던 유염삼(兪廉三)의 추천을 받아 안휘성 순무 은명(恩銘)의 휘하에 들어간 후 은명의 신임을 얻는 데 성공했다. '순무'는 성(省)의 제2인자로 상당히 높은 직위이다. 은명의 신임을 바탕으로 그는 안경 순경학당(巡警學堂, 일종의 경찰학교) 감독을 거쳐 육군소학(陸軍小學)의 감독에 임명됨으로써 거사에 필요한 일정한 무력을 장악하게 되었다. 그러나 계획이 사전에 누설될 기미가 보이자 그는 추근과 약속한 7월 19일보다 앞당겨 7월 6일에 단독으로 순경학당 졸업식에서 은명을 저격한 후 4시간여의 교전 끝에 체포되었다.

은명은 청나라 황족의 사위이기 때문에 그의 피살은 큰 반향을 불러일으켜 반청 인사들에 대한 대대적인 탄압이 이어졌다. 서석린도 처참하게 처형되었다. 망나니로 하여금 쇠뭉치로 그의 고환을 짓이기고 배를 갈라 심장을 꺼내어 은명에게 제사 지낸 후 은명의 위병들에게 심장을 볶아서 술안주로 먹게 했다고 한다. 그는 부유한 가정에서 태어나 편안하게 살 수 있었을 터인데 35년의 짧은 생을 조국에 바쳤다.

서석린이 처형된 후 어린 아들 서학문(徐學文, 쉬쉐원)은 조모와 함께 일본으로 피신했다가 신해혁명 후에 귀국하여 채원배의 주선으로 독일에 가서 공부했다. 1946년에 대만으로 가서 살았는데 그곳에서 아들 서내달(徐乃達, 쉬나이다)을 낳았다. 1989년에는 부자가 함께 소흥의 서석린 고거(徐錫麟故居)를 찾았다고 한다. 이후 서내달은 1990년부터 식품회사의 사장으로 상해에 거주했다.

서석린과 추근의 혼이 서린 곳

대통학당에 마련된 '서사'는 바로 이 서석린을 기념하기 위한 건물이다. 여기에는 사진, 실물, 도표, 문헌자료 등이 진열되어 있는데 눈에 띄

서사 서석린을 기념하기 위한 건물이다.

는 것은, 천문과 지리를 좋아했던 그가 손수 제작했다는 지구의(地球儀)와 은명을 저격할 때 사용했던 권총 실물이다. 그리고 그가 체포된 후 법정에서 한 진술을 '서석린 법정선언'이란 제목으로 활자화하여 전시하고 있다.

서사에서 오른쪽으로 돌아서 입구 쪽으로 나오면 교장실, 회의실과 추근이 집무했던 사무실이 나온다. 사무실 벽에는 초서로 쓴 '독서격검(讀書擊劍)' 편액이 걸려 있다. 독서격검은 책을 읽고 검술을 익힌다, 즉 문무를 겸비한다는 뜻이다. 책상 위에도 독서격검을 새긴 붉은색 옥도장이 놓여 있다. 추근고거에 진열된 도장과 이곳에 있는 도장 중 어느 것이 진짜인지 알 수가 없다.

대통학당은 이렇게 혁명열사 서석린과 추근의 혼이 스며 있는 곳이다. 그런데 이 두 사람의 관계가 사람들의 입에 오르내린 적이 있다. 사건의 발단은 2011년에 제작된 영화 「경웅여협, 추근(競雄女俠, 秋瑾)」에서 두 사람을 연인 관계로 설정한 데에서 시작되었다. '경웅(競雄)'은 추근의 호이다. 소문이 확산되자 급기야 언론사에서 서석린의 손자 서내달에게 인터뷰를 요청하는 일까지 벌어졌다. 이 자리에서 서내달은 이 소문을 전면 부인했다. 그의 말에 의하면 두 사람은 채원배의 소개로 처음 만났을 뿐이고 또 서석린의 아내와 추근은 친자매처럼 가까이 지냈다고 한다.

그러나 남녀관계의 일은 아무도 모르는 법이다. 특히 서석린의 처형 소식을 듣고 피신하라는 주위의 권고를 뿌리치고 끝까지 싸우다가 죽은 것을 두고 일종의 '자살식 의거(自殺式義擧)'로 보는 시각이 있다. 혁명의 대업을 이루기 위해서는 우선 살아서 후일을 기약해야 하는데 결과가 뻔한 싸움을 벌여 죽음을 택한 것이 미심쩍다는 것이다. 또 추근이 서석린을 짝사랑했다는 이야기도 나돌았다. 사실 여부는 차치하고라도 혁명적인 열의로 뭉친 두 사람의 동지애가 끝내 '사랑'으로 발전할 수도 있는 일이라는 생각이 든다.

소흥주 음주기(飮酒記) 3

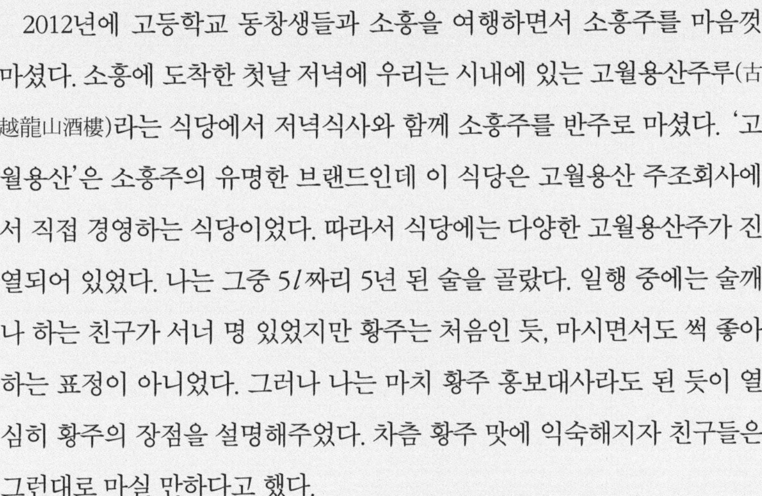

2012년에 고등학교 동창생들과 소흥을 여행하면서 소흥주를 마음껏 마셨다. 소흥에 도착한 첫날 저녁에 우리는 시내에 있는 고월용산주루(古越龍山酒樓)라는 식당에서 저녁식사와 함께 소흥주를 반주로 마셨다. '고월용산'은 소흥주의 유명한 브랜드인데 이 식당은 고월용산 주조회사에서 직접 경영하는 식당이었다. 따라서 식당에는 다양한 고월용산주가 진열되어 있었다. 나는 그중 5*l*짜리 5년 된 술을 골랐다. 일행 중에는 술깨나 하는 친구가 서너 명 있었지만 황주는 처음인 듯, 마시면서도 썩 좋아하는 표정이 아니었다. 그러나 나는 마치 황주 홍보대사라도 된 듯이 열심히 황주의 장점을 설명해주었다. 차츰 황주 맛에 익숙해지자 친구들은 그런대로 마실 만하다고 했다.

우리는 식당에서 반 정도를 마시고 호텔로 돌아온 후 몇 명이 모여 나머지를 다 마셔버렸다. 아무리 15도 내외의 술이라 하더라도 5*l*나 되는 술을 마셨으니 상당히 취할 수밖에 없었다. 그런데 그다음 날 아침, 친구들의 반응은 머리가 깨끗하다는 것이었다. 모두들 뜻밖의 결과에 놀라는 눈치였다. 그도 그럴 것이 술이라면 산전수전 다 겪은 친구들이라 그렇게 마시고도 그다음 날 깨끗하게 깬다는 것이 놀랄 만했을 것이다. 아마 소주를 그만큼 마셨다면 틀림없이 초주검이 되었을 것이고, 포도주를 마셨어도 마찬가지였을 것이다. 나는 값비싼 고급 포도주를 취하도록 마시고 다음 날 하루 종일 고생한 경험이 있다. 소주는 말할 것도 없고 막걸리, 청주, 포도주를 비롯한 양조주(釀造酒)는 많이 마시면 모두 '골 때리는' 속성을 지니고 있다. 그런데 소흥주는 양조주임에도 불구하고 많이 마셔도 뒤탈이 없는 것이다.

'중국술 3'에서도 밝혔지만 나는 여러 차례 소흥을 여행하면서 소흥에서 생산되는 다양한 황주를 골고루 맛본 결과 내 입맛에 맞는 소흥주로 함형주점에서 만든 태조주(太雕酒)를 최종 낙점했다. 그래서 우리는 다음 날부터 태조주를 마시기 시작했다. 이튿날에도 점심 먹을 때, 저녁 먹을 때, 그리고 호텔로 돌아와서 방에서 태조주를 마셨는데 그다음 날에도 머리가 깨끗했다. 참으로 희한한 일이었다. 이 술은 뒤끝이 깨끗할 뿐만 아니라 마실 때에도 입안이 맑았다. 대개의 경우 양조주는 마실 때 입안이 약간 텁텁함을 느끼는데 소흥주는 그렇지 않았다. 친구인 신남휴 사장은 이렇게 말할 정도였다.

"어라! 어제보다 머리가 더 맑아졌네. 소흥주에 마약 탄 것 아니야? 그러지 않고서야 이렇게 깨끗할 수가 있어?"

우리는 소흥을 여행하는 4박 5일 동안 매일 끼니마다 한 번도 거르지 않고 마셨으나 아무런 탈이 없었다. 이후 우리는 모두 소흥주 마니아가 되었다. 그리고 중국의 어느 지방을 여행하든 한국에서 미리 태조주를 주문하여 첫날 우리가 도착하는 호텔로 배달시켜 버스에 싣고 다니면서 여행 기간 내내 이 술을 즐겼다. 마침 태조주는 2.5l들이 플라스틱 용기의 상품이 있어서 버스에 싣고 다녀도 깨어질 염려가 없었다. 태조주는 8년 또는 10년 저장한 고급 황주이지만 2.5l 한 통에 약 150위안(약 28,000원)으로 가격도 비교적 저렴했다. 태조주의 품질과 그 양에 비하면 매우 싼 가격이라 할 수 있다.

청등서옥에서 돌아보는 서위의 삶과 예술

아홉 번의 자살 시도

소흥은 명나라 중기의 화가이자 서예가로 널리 알려진 서위(徐渭, 1521~1593)의 고향이기도 하다. 이곳에 그가 태어나 살았던 청등서옥(青藤書屋, 칭텅수우)과 그가 잠들어 있는 묘원(墓園)이 있다.

서위의 자(字)는 문장(文長), 호는 천지산인(天池山人), 전수월(田水月), 청등노인(青藤老人), 청등도인(青藤道人), 금회산인(金回山人) 등이다. 서위는 부친이 만년에 첩으로 들인 시녀와의 사이에서 낳은 아들이다. 서자의 신분이기 때문에 집안 식구들로부터 사랑을 받지 못하고 불우한 소년 시절을 보낸 것이 고집스럽고 충동적인 그의 성격 형성에 영향을 미친 듯하다. 이러한 성격으로 인하여 그는 중년 이후 커다란 불행을 겪게 된다.

그는 어려서부터 매우 총명하여 주위를 놀라게 했으나 과거시험에는 번번이 실패했다. 20세에 고을에서 실시하는 동시(童試)에 합격하여 과거시험에 응시할 자격을 얻었으나 이후 여덟 번이나 과거에 낙방했다. 21세에 결혼했고 26세에 상처했다. 따라서 처가살이를 하던 그는 처가로부터 나올 수밖에 없어 어렵게 생계를 유지해나갔다.

이러던 중 37세 때 그는 하나의 전기를 맞았다. 절민총독(浙閩總督, '절민'은 절강성과 복건성 지역의 병칭) 호종헌(胡宗憲)의 막료로 들어간 것이다. 호종헌 밑에서 문서를 관리하며 절대적 신임을 얻었다. 당시 막강한 권력을 휘두르던 호종헌과 함께 천하사를 논하며 거칠 것 없이 지냈다. 40세에는 호종헌의 소개로 장씨 부인과 재혼했다. 이때가 서위 일생에서 가장 화려했던 시기이다.

그러나 42세 때 호종헌이 모함을 받아 면직되자 그도 총독부를 떠나야 했다. 이때부터 그의 불행이 시작되었다. 45세 때는 호종헌이 다시 투옥된 후 옥중에서 죽었다. 호종헌이 무고하게 모함을 받아 죽었다고 여긴 서위는 이에 통분했고 또 그 여파가 자신에게도 미치게 되자 세상일에 절망한 나머지 발광(發狂)하고 말았다. 이에 원래 충동적인 성격을 지닌 그는 「자찬묘지명(自撰墓誌銘)」(중국에서는 '자위묘지명自爲墓誌銘'이라 부른다)을 써놓고 자살을 시도했다. 그는 기둥의 쇠못을 뽑아 자기의 귀에 깊숙이 찔러 넣어 피가 낭자했으나 죽지 않고 몇 달 치료를 받고 회복되었다. 후에는 쇠뭉치로 자신의 고환을 내려쳤으나 이번에도 실패했다. 이와 같이 반복적으로 발작 증세를 보여 아홉 차례나 자살을 시도했지만 모두 실패했다.

세상을 우습게 보다

서위 초상

46세에는 의처증이 심해져서 재혼한 장씨 부인을 살해하고 투옥되었다. 49세에 옥중에서 목에 씌운 칼이 풀리자 이때부터 그림과 글씨를 연습하기 시작했다. 다행히 관직에 있던 친구들의 도움으로 투옥된 지 7년 만인 1573년에 사면을 받아 출옥했다. 그의 나이 53세였다. 출옥 후에 그는 친구들의 주선으로 북경, 남경을 비롯하여 북으로 거용관(居庸關)까지 가서 활동하며 재기를 노렸으나 타고난 성격 때문에 세상과 조화를 이루지 못하고 63세경에 소흥으로 돌아와 죽을 때까지 밖으로 나가지 않았다. 만년에는 예법을 중시하는 자와 권세가를 더욱 싫어하여 두문불출하고 극소수의 사람들과 교유하면서 그림과 글씨에 전념했다. 그는 그림과 글씨를 팔아서 생계를 유지했다. 71세경에는 소장하고 있던 서화와 서적, 문방용구를 모두 팔았다. 이렇게 곤궁하고 외롭게 살다가 1593년 73세를 일기로 서거했는데 임종 때 그의 옆에는 오직 강아지 한 마리가 지키고 있었다고 한다.

그는 45세에 쓴 「자찬묘지명(自撰墓誌銘)」에서 자신의 성격이 오만하고 경솔하여 세상을 우습게 본다고 말한 바 있는데 그의 이러한 기질을 잘 나타내는 일화가 있다. 산음현(山陰縣)과 회계현(會稽縣) 사이에 두 현의 경계를 이루는 하천이 있는데 어느 날 하천의 다리 위에서 이름 모를 사람의 시체가 발견되었다. 두 현의 현령은 서로 상대방에게 책임을 떠넘기며 시체를 치우지 않았다. 이를 본 서위는 다리에 '이 하천을 매도(賣渡)합니다'라는 글을 써 붙였다. 이에 두 현령은 서위를 불러 꾸짖었다.

"대담한 자로군, 감히 관가의 하천을 팔다니. 네 죄가 어떤지 알겠는가?"

서위는 조용히 이렇게 답했다.

"제가 보니 다리 위에 시체를 내버려둔 지 여러 날이 지났는데 산음현에서도 관리하지 않고 회계현에서도 거두지 않으니 이 하천은 주인 없는 땅임을 알 수 있습니다. 그래서 제가 대신 팔아서 그 돈으로 시체를 거두어 검시를 할까 합니다. 저에게 무슨 죄가 있습니까?"

이 말을 들은 두 현령은 대답을 못 하고 시체를 거두어 묻으라고 명령했다.

청등화파의 시조

서위는 스스로 "서(書)가 제1이고 시(詩)가 제2이고 문(文)이 제3이고 화(畵)가 제4이다"라고 했다. 그는 실로 시, 서, 화 모두에 능한 천재적 예술가였다. 그는 인습에 얽매이지 않고 독특하고 새로운 예술의 경지를 열어 후대에 커다란 영향을 미쳤다. 후인들은 특히 그의 그림을 높이 평가하여 그를 청등화파(靑藤畵派, 법식에 구애받지 않고 자유분방한 필법을 구사하여 그림을 그리는 청등 서위로부터 비롯된 일단의 화가들)의 시조로 추앙하고 있다. 양주팔괴(揚州八怪, 청나라 건륭 연간에 강소성 양주에서 활약한 여덟 명의 개성파 화가)의 한 사람인 정판교(鄭板橋)는 인장에 '청등문하주구(青藤門下走狗, 청등 서위를 위하여 앞잡이 노릇 하는 사람)'라는 문구를 새겼을 만큼 서위를 존경했다. 현대 회화의 거장 제백석(齊白石, 치바이스)은 이렇게 말했다.

> 청등(青藤), 설개(雪個), 대척자(大滌子)의 그림은 종횡으로 분방하게 그려져 있어서 나는 마음으로 탄복해 마지않는다. 300년 전에 태어나서 그분들을 위해 먹을 갈고 종이를 정리하지 못한 것이 한스럽다. 그분들이 받아주지 않으면 나는 문밖에서 굶어 죽더라도 떠나지 않았을 것이다.

설개는 명말 청초의 화가 주답(朱耷)의 호이고(주답에 대해서는 이 책의 1권 80~83면 참조), 대척자는 명말의 화가 석도(石濤)의 호이다. 자존심이 강하고 개성적인 정판교와 제백석이 이렇게까지 그를 추앙한 데에는 그만한 이유가 있었을 것이다.

발묵 사의화의 대가

서위의 그림은 '발묵 사의화(潑墨寫意畵)'로 특징지어진다. '발묵'이란 붓에 먹을 잔뜩 묻혀 튀겨 흩뜨리듯 그리는 기법이다. '사의화'는 사물의 형체를 사실적으로 그리기보다 작자의 주관적 정신을 나타내는 그림을 말한다. 이른바 '형사(形似)'를 중시하지 않고 '신사(神似)'를 추구하는 그림이다. 그는 산수, 화훼, 초충(草蟲), 인물, 과일 등을 다양하게 그렸는데 화훼 그림이 가장 많고 여기에 그의 개성이 두드러지게 나타난다. 그는 '형사'를 중시하지 않았기 때문에 몇 번의 붓놀림으로 그림을 완성한다.

서위의 대표작의 하나인 「잡화도권(雜花圖卷)」 연작 중에는 전혀 사실적이지 않고 미친 듯이 붓을 휘둘러 마치 불만스러운 현실에 대하여 분풀이라도 하듯이 그린 그림도 있다. 이런 그림에서 그의 광기를 느낄 수 있다. 서위의 그림에는 사실적이진 않지만 자유분방한 정신이 잘 드러나 있어서 그의 그림을 '추상적 표현주의'라 부르기도 한다.

이러한 특징이 잘 드러난 작품이 「묵포도도(墨葡萄圖)」이다. 늘어진 가지 끝에 포도송이가 매달린 그림인데 얼른 보면 잎인 듯 아닌 듯, 포도인 듯 아닌 듯, 잎과 포도처럼 보이기도 하고 그렇지 않은 것처럼 보이기도 한다. 이렇듯 그리려는 대상과의 '같음'과 '같지 않음'의 중간지대에 그림의 정신이 숨어 있다. 그렇기 때문에 이 그림은 꼼꼼하게 붓질을 해서 그린 것이 아니고 몇 번의 붓놀림만으로 완성한 것이다. 그림에 대한 안목이 없는 나의 눈에도 그렇게 보였다. 이것은 글씨를 쓸 때의 운필법(運筆法)과 다르지 않다.

일찍이 소동파(蘇東坡)가 "왕유(王維)의 시에는 시 속에 그림이 있고, 왕유의 그림에는 그림 속에 시가 있다"라고 말한 바 있는데, '서위의 그

「묵포도도」 서위의 대표작으로, 화면 왼쪽 위의 제시(題詩)는 그 서체나 모양이 제멋대로이지만 그림과 묘한 조화를 이룬다.

림에는 그림 속에 서(書)가 있고, 서위의 서(書)에는 서 속에 그림이 있다'고 말하기도 한다. 그만큼 그의 그림에는 서예적인 요소가 녹아 있다는 말이다. 그는 특히 행서(行書)와 초서(草書)에 능했는데, 행서와 초서를 쓸 때의 거침없는 빠른 운필법을 바탕으로 그림을 그렸다는 것이다.

이 「묵포도도」에 화룡점정(畵龍點睛)을 한 것이 화면 왼쪽 위에 써놓은 그의 자작시이다. 7언 절구 28자로 된 이 제시(題詩)는 서체나 장법(章法)이 전혀 가다듬어지지 않았다. 각 글자의 크기가 같지 않은 것은 논외로 치고라도 글자의 모양도 제각각이어서 어떤 글자는 오른쪽으로 기울어졌고 어떤 글자는 왼쪽으로 기울어져 제멋대로 배열되었으며 행과 행 사이의 간격도 일정치 않다. 그런데도 이 글씨가 그림과 묘한 조화를 이룬다. 바람에 날리는 포도 넝쿨처럼 이 글씨도 공중에 매달려 바람에 흩날리듯 글 전체가 왼쪽으로 비스듬히 기울어져 있다. 시의 내용은 이렇다.

불우한 반평생에 이미 늙은이 되어
서재에 홀로 서서 저녁 바람에 읊조린다

붓 아래 밝은 구슬, 팔 곳이 없어
등나무 가운데 한가하게 던지노라

半生落魄已成翁 獨立書齋嘯晩風
筆底明珠無處賣 閑抛閑擲野藤中

만년에 곤궁하게 살던 때의 작품인 듯하다. '붓 아래 밝은 구슬'은 그림 속의 포도 알을 가리킨다. 그림을 팔아서 생활하는데 '밝은 구슬'처럼 값진 자기의 그림을 아무도 사가지 않음을 한탄하는 내용이다.

질풍노도와 같은 필법

그는 스스로 "서법(書法)이 제1이다"라 말했거니와 글씨에 있어서도 새로운 경지를 개척했다. 그는 당시 유행하던 진·당(晉唐) 필법의 모방을 지양하고 송나라 소식(蘇軾)·황정견(黃庭堅)·미불(米芾)의 개성적인 요소를 취하여 '자기만의 필법'을 추구했다. 그는 어떤 사람이 왕희지의 「난정집서(蘭亭集序)」를 임모(臨摹, 본을 보고 그대로 옮겨 그리거나 씀)한 글씨에 대하여 이렇게 말했다.

> 「난정」을 임모한 자는 많지만 항상 자기의 필의(筆意)를 드러낸 자라야 고수(高手)라 일컫는다. 내가 이 임모본을 살펴보니 임모한 자가 어떤 사람인지 반드시 알 필요는 없지만 그가 자기의 필의를 드러낸 것을 보면 고수임에 틀림없다.

왕희지의 「난정집서」를 베껴 쓸 때에도 그대로 베껴 쓰지 않고 '자기의 필의'를 드러낼 수 있는 자가 고수라는 것이다. '자기의 필의'란 무조건 모방하지 않으려는 자기만의 창조적 개성을 말한다. 이렇게 해서 그는 전통적인 필법을 과감히 혁신했다. 특히 후기의 초서 작품에는 질풍노도와 같은 필법으로 세상과 화합하지 못하는 그의 울분이 종횡무진으로 표현되어 있다. 그가 쓴 초서의 점(點)과 획(劃)을 보면 한자의 구성 자체를 파괴한 듯한 느낌마저 준다. 아마 그는 서법 자체에 뜻을 둔 것이 아니라 자신의 격한 정서를 표현하기 위한 수단으로 서법을 이용한 것 같다. 그래서 그의 그림과 마찬가지로 글씨도 '표현주의 서법'으로 평가되고 있다.

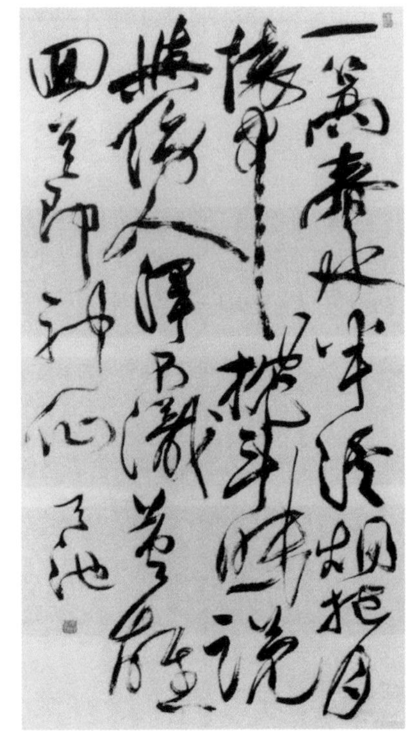
서위의 초서 「백연시(白燕詩)」 일부

모방을 배격한 문학

서위의 문학도 그의 그림·글씨와 다르지 않다. 그는 당시 문단의 주류였던 후칠자(後七子, '칠자'는 명나라 가정 연간嘉靖年間에 활약한 일곱 문인으로, 전칠자와 구분하여 후칠자로 부름)가 주장하는 의고주의(擬古主義)를 맹렬히 비판하고 문학에 있어서 모방이 아닌 개성적인 독창성을 주장했다. 그는 이렇게 말했다.

새가 사람의 말을 배워도 본성은 여전히 새이다. 시를 씀에 있어서 한결같이 전인(前人)을 모방하면 전인과 비슷해질 수는 있으나 이것은 새가 사람의 말을 배우는 것일 따름이라 털끝만큼도 진실한 가치가 없다.

그가 '후칠자'의 맹주 격인 왕세정(王世貞)과 동시대를 살면서도 왕세정을 맹렬히 비판한 것은 이러한 이유 때문이었다. 서위의 문학관은 후일 성령(性靈)을 내세운 공안파(公安派, 명나라 후기에 활약한 문단의 한 유파)에 계승되어 만명(晩明)의 시풍을 혁신하는 데 크게 기여했다. 공안파의 주장인 원굉도(袁宏道)는 서위의 시를 평하여 "한밤중의 한 줄기 빛이 귀신을 놀라게 한다"라고 했으며 또 "화내는 것 같기도 하고 미소 짓는 것 같기도 하며, 골짜기에 흐르는 물소리 같기도 하고, 과부가 밤에 흐느끼는 것 같기도 하다"라고 말했다.

서위는 여러 편의 희곡 작품도 남겼다. 또한 남방 희곡의 이론서인 『남사서록(南詞敍錄)』을 저술했다. 그는 희곡이론에서 '본색(本色)'을 강조했는데, 희곡의 언어는 등장인물의 신분에 부합하도록 구어나 속어도 과감하게 사용해야 하지 신분에 맞지 않게 고상한 언어를 사용하고 화려한 수식을 하게 되면 인물의 진실성이 없어진다고 했다. 이 역시 그의 회화 및 서법 이론과 상통하는 것이다. 71세 때, 당대의 희곡작가로 중국의 셰익스피어라 불리는 탕현조(湯顯祖)가 편지를 보내 안부를 물은 것은 희곡작가, 희곡이론가로서의 그의 가치를 인정했기 때문이라 생각된다.

작고 소박한 청등서옥

청등서옥은 소흥시 월성구(越城區) 대승롱(大乘弄)의 좁은 골목 깊숙한 곳에 있다. 원래 이름은 유화서옥(榴花書屋)이었는데 서위는 이곳에서 태어나고 서거했다. 그는 21세에 결혼하여 처가로 들어가서 살았다. 서위 사후에 김란(金蘭), 진홍수(陳洪綬), 시승길(施勝吉), 진무파(陳無波) 등이 이 집을 매입하고 대대적으로 수리하여 서위 당시의 옛 모습을 거의 복원했다. 청등서옥이란 명칭은 1644년 진홍수가 이곳에 이사 오면서 붙인 이름이다. 청등서옥도 예외 없이 문화대혁명 기간에 파괴된 것을 1980년에 소흥시에서 현재의 모습으로 복원했다.

대문을 들어서면 정면에 높은 벽이 있고 벽에는 자재암(自在岩)이라 쓰여 있다. 그 왼쪽에 둥그런 월문(月門)이 있는데 문 위에 천한분원(天漢分源)이란 글자가 보인다. 월문을 들어서면 조그마한 연못이 있다. 이 연못은 물이 솟아나서 깊이를 알 수 없고 가뭄에도 마르지 않기 때문에 그가 '천지(天池)'라 이름 짓고 또 자기의 호로 삼았다. 천지 가운데에 세워진 석주(石柱)에 '지주중류(砥柱中流)' 네 글자가 새겨져 있는데 서위의 친필이라고 한다. '지주(砥柱)'는, 하남성(河南省, 허난성) 섬주(陝州, 산저우)

월문 안쪽에 보이는 등나무에서 청등서옥이란 명칭이 유래되었다.

근처 황하 중류에 있는 기둥 모양의 돌인데 위가 판판하여 숫돌(砥) 같으며 격류 속에서도 우뚝 솟아 흔들리지 않으므로 난세에 절개를 지키는 선비에 비유된다. 이 중 '流' 자는 마멸되어 보이지 않는다.

천지 옆에 등나무가 있는데 서위가 10세 때 심은 것이라 한다. 청등서옥이란 명칭이 이 등나무에서 유래되었다. 지금 보는 등나무는 서위가

청등서옥 전실 서위의 작업실로, 벽에 걸린 편액 '청등서옥(青藤書屋)'은 진홍수가 쓴 것이다.

심은 것이 아니고, 문화대혁명 때 뿌리째 뽑힌 것을 1970년대 말에 다시 심은 것이라 한다.

천지 위에 세운 집이 바로 청등서옥이다. 청등서옥은 전실과 후실로 이루어진 작고 소박한 집이다. 전실 정면 벽에는 진홍수가 쓴 '청등서옥(青藤書屋)' 편액이 걸려 있고 밑에 있는 서위의 자화상 양쪽에 자신이 지은 다음과 같은 대련이 있다. 이 대련은 그가 그린 「청등서옥도」의 제사(題詞)로 쓴 것이다.

幾間東倒西歪屋 (기간동도서왜옥)

一個南腔北調人 (일개남강북조인)

동쪽으로 기울어지고 서쪽으로 찌그러진 두어 칸 집

남쪽의 발음과 북쪽의 억양을 가진 한 사람

첫째 구절은 그가 사는 초라한 집을 가리키는데 둘째 구절의 뜻은 얼른 이해하기 힘들다. '남강북조(南腔北調)'는 '남북의 방언이 뒤섞인 것'을 말하는데 아마도 이는 그의 희곡이론과 관련이 있을 듯싶다. 당시 북쪽의 '극(劇)'과 남쪽의 '희(戲)'는 서로 교류가 없이 다른 경로로 발전하고 있었는데 그는 양자의 합일을 주장했다. 그래서 자신을 '남강북조인'이라 칭한 것이라는 해석이 있다.

창문 앞 책상 위에는 붓, 벼루 등 그가 쓰던 문방용품이 복제품으로 놓여 있고 책상 위 벽에는 서위의 글씨로 된 '일진부도(一塵不到, 티끌 한 점도 이르지 않다)' 편액이 걸려 있다. 동쪽과 서쪽 벽에는 서산인오십세소상(徐山人五十歲小像)과 천지산인자제상찬비(天池山人自題像贊碑)가 새겨져 있고, 또 진씨중수청등서옥기(陳氏重修靑藤書屋記) 석비(石碑)가 있어 청등서옥의 변천 과정을 알 수 있게 해준다.

후실은 서위 문물 진열실로, 초서로 된 「백연시(白燕詩)」「묵포도도」「잡화도권(雜花圖卷)」 등 서위의 대표작들을 전시하고 있다. 이들 작품의 진본은 북경의 고궁박물원, 상해박물원, 남경박물관 등에 소장되어 있고 이곳에 있는 것은 복제품인 듯했다. 나는 2015년 9월에 그의 대표작

「잡화도권(雜花圖卷)」 연작 중에서

중의 하나인 「잡화도권」을 보기 위하여 남경박물원에 갔으나 보지 못했다. 아마 귀중품이기 때문에 일반 전시를 하지 않는 듯했다. 2016년 5월에 난정(蘭亭)을 들렀을 때는 구내의 난정서법박물관에서 '서위 서화 특별전'을 한다는 포스터를 보고 50위안을 별도로 지불하고 들어갔더니 진품은 단 한 점뿐이어서 실망한 적이 있다. 특별전이라면 각 박물관에 소장하고 있는 진품들을 대여해서 전시할 것이라 생각했는데 그게 아니었다. 그의 작품이 그만큼 귀중하기 때문일 것이라 여기고 섭섭한 마음을 달래었다.

옥중에서 쓴 시

청등서옥에는 서위의 시 한 수를 현대인이 써서 액자에 넣어 전시하고 있는데 그가 옥중에서 쓴 「설2수(雪二首)」 중 제2수이다. 이 시에 대한 해설문까지 붙어 있다. 이 해설문과 시를 소개하면 이렇다.

1566년 서위 46세 때 빈곤과 실업으로 인하여 부부가 화목하지 못했는데 광증(狂症)이 발작하여 계처(繼妻)를 살해하고 7년간 투옥되었다. 「설시(雪詩)」는 그가 옥중에서 겪은 낭패와 고초를 기술한 것이다.

지붕 썩어 서쪽 서까래에 틈이 벌어졌는데
밤중에 빽빽한 눈이 베 짜듯 내려

아침에 일어나 침상 머리 살펴보니
쌀알 같은 흰 눈이 한 자 높이 쌓였네

몸 기울여 흔들어도 털어낼 수 없어서
추운 새장에서 늘어진 날개 움츠려 있네

반려자도 나와 함께 고생하고 있으니
어디서 미음인들 구걸할 수 있으리

屋腐隙西椽 密雲夜如織
朝窺牀簟頭 白糁高一尺
側身不敢搖 寒籠戢僵翼
伴侶同苦辛 何從乞漿食

감옥의 벌어진 틈으로 밤새 눈이 들이쳐 아침에 일어나니 침상 주위에 눈이 한 자나 쌓였다. 그 감방에 갇혀 있는 자신을 추운 새장 안에서 날개를 움츠리고 있는 새에 비유했다. 서위는 평생 2천여 수의 시를 썼다고 하는데 그의 대표작이라 할 수 없는 이 시를 특별히 전시한 이유를 모르겠다.

서위 묘원

서위의 묘소는 난정 근처의 목책촌(木柵村)에 있다. 이곳은 서위 일가의 가족 묘원으로 그의 부모와 형제들의 묘가 함께 있다. 입구에는 '서위 묘원(徐渭墓園)'이라 쓴 편액이 걸려 있다. 안으로 들어가면 왼쪽에 서위의 묘가 있다. 묘 앞 비석에 사맹해(沙孟海)의 글씨로 명서문장선생묘(明徐文長先生墓)라 쓰여 있고 그 앞의 돌로 된 향단(香壇)에는 만고청등(萬古青藤)이라 쓰여 있다. 나무가 울창한 묘원은 비교적 잘 보존되어 있었다. 묘원을 지키는 관리인도 있었다.

묘원에는 부모와 형제들의 묘 이외에도 '서위기념당'이 새로 건립되어 있었다. 기념당 건물 밖 기둥에는 다음과 같은 주련이 있었다.

一腔肝膽懮天下 (일강간담우천하)
滿復經緯傳古今 (만복경위전고금)

한 가슴속에는 천하를 근심했고
뱃속 가득 경륜은 고금에 전해졌네

기념당 안쪽 정면에 서위의 좌상(坐像)이 있고 그의 일생과 업적을 네 부분으로 나누어 소개했다. 제1부는 비가일생(悲歌一生, 슬픈 생애), 제2부는 일대기재(一代奇才, 당대에 보기 드문 재주를 지닌 사람), 제3부는 문장고사(文長故事, 문장 즉 서위에 대한 일화), 제4부는 서위와 양명심학(陽明心學, 왕양명의 심학)이다.

이 중 눈에 띄는 것이 제4부인데 그는 평소 왕양명(王陽明)의 심학(心學)을 추종했다. 그가 45세에 자살을 시도하기 전에 써놓은 「자찬묘지명」의 첫 구절은 이렇게 시작한다.

> 산음(山陰, 지금의 소흥) 사람 서위는 소년 시절에 고문사(古文詞)를 이해하고 숭모했으며 성장해서는 더욱 이에 힘썼다. 이윽고 도(道)를 숭모하여 장사공(長沙公)을 좇아서 왕씨의 종지(宗旨)를 탐구했다.

'왕씨의 종지'는 왕양명의 학설을 뜻하고, '장사공'은 소흥 출신의 계본(季本)이란 사람인데 왕양명의 문인이다. 그가 장사부(長沙府)의 장(長)을 지낸 적이 있기 때문에 '장사공'이라 한 것이다. 스스로 쓴 묘지명의 첫머리를 양명학으로 시작한 것만 보아도 그가 양명학에 심취했음을 알 수 있다. 제4부의 설명문에는 서위가 왕양명의 심학을 성학(聖學)이라 했으며, 왕양명을 공자(孔子), 주공(周公)의 반열에 올려놓았다고 기록되어 있다.

서자로 태어나서 순탄하지 않은 삶을 살아온 그가 양명학을 추숭하게 된 것은 당연한 일인지도 모른다. 양명학의 주요 명제 중의 하나인 '치양

서위 묘 비석에는 '명서문장선생묘(明徐文長先生墓)', 향단에는 '만고청등(萬古青藤)'이라 쓰여 있다.

지(致良知)'에서의 '양지(良知)'는 인간에게 선천적으로 갖추어진 영묘한 도덕적 직관력으로 신분의 귀천에 관계없이 누구나 구비하고 있다는 것이다. 따라서 이 양지를 실현하면 모든 사람이 성인(聖人)이 될 수 있다는 것이 '치양지설'의 기본 이론이다.

기념당에는 이밖에도 그의 대표작이라 할 만한 「묵포도도」「백연시」 등의 복제품이 걸려 있다.

소흥주와 감호수

어떤 종류의 술이건 술을 만드는 데에 가장 중요한 요소의 하나는 물이다. 물에 따라서 술맛이 달라지는 것은 오랜 양주(釀酒) 역사가 증명하고 있다. 그래서 명주가 나는 고장에는 반드시 명천(名泉)이 있기 마련이다. '물은 술의 피요, 누룩은 술의 뼈다'라는 말이 이래서 나온 것이다. 소흥 황주도 예외가 아니어서 오늘날 소흥주가 세계적인 명성을 얻게 된 데에는 감호수(鑑湖水)가 큰 몫을 차지하고 있다. 그래서 예부터 '문 앞의 감호수를 길어서 소흥주를 빚으니 만 리에 향기가 가득하다'는 말이 있다.

감호수에는 일반 음용수에 비하여 광물원소가 풍부하게 함유되어 있는 것으로 알려져 있다. 즉 감호수는 칼륨, 셀레늄, 몰리브덴, 크롬, 마그네슘 등을 일반 음용수보다 적게는 3배, 많게는 7배나 많이 함유한 것으로 조사되었다. 이 중 칼륨은 발효 과정에서 미생물의 생장 영양소가 되어 발효를 촉진하고, 마그네슘 등은 알코올발효를 일으키는 효소의 생성을 자극하는 역할을 한다. 또한 감호수에는 용존산소량도 매우 높다고 한다. 그러므로 감호수 없는 소흥주는 생각할 수 없다. 지금 대부분의 소흥주가 '원산지역 산품 보호' 품종으로 지정되어 있는 것도 감호수 덕분이다. 물론 감호수 이외에도 소흥의 지리적 환경과 기후 조건 등이 고려되었겠지만 감호수의 비중이 절대적이다.

그런데 최근 감호수의 오염이 문제가 되고 있다. 공개된 자료에 의하

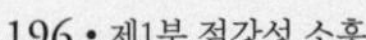

면 항주 서호(西湖)의 물은 3급수이고 감호수는 4~5급수로 분류되었다. 1급에서 3급까지는 음용수로 사용될 수 있으나 5급수는 오염된 물이어서 농업용수로나 사용되는 물이다. 이런데도 소흥주 상표의 원료란에는 여전히 '감호수'가 명기되어 있다. 실제로 감호에 가보면 누가 보더라도 이 물로는 도저히 술을 빚을 수 없을 만큼 오염되어 있음을 직감할 수 있다. 언젠가 소흥의 현지 가이드에게 '지금도 이 물로 소흥주를 빚느냐'고 물었더니, 감호 중심부의 물은 깨끗하기 때문에 그 물로 술을 빚는다고 했는데 믿기 어려웠다. 또 어떤 가이드는 감호로 흘러들어오는 물의 발원지인 회계산에서 물을 채취한다고 했다. 이 말도 사실은 아닌 듯싶다.

최근 몇 년 동안 감호수의 오염이 큰 사회문제로 대두되고 있다. 일각에서는 소흥주 제조에 감호수 아닌 수돗물을 사용한다는 말까지 나돌았다. 논란이 확산되자 급기야 메이저 제조회사인 고월용산(古越龍山) 측 책임자가 해명에 나섰다. 즉 자기들은 오염된 감호수를 사용하지도 않고 수돗물을 사용하지도 않으며 '처리 과정을 거친 감호 원두수(源頭水)'를 사용한다는 것이다. 여기서 두 가지 문제가 발생한다. 첫째는 '처리 과정을 거친' 물은 여과한 정수(淨水)라는 말인데 이는 수돗물과 다르지 않다. 일반적으로 술을 빚는 물은 일정한 경도(硬度)를 유지해야 하는데, 경도가 높은 경수(硬水)는 발효에 부적합하고 경도가 낮은 연수(軟水)로는 술맛을 맑고 깨끗하게 유지하기 힘들다. 그러므로 처리 과정을 거친 물은 수돗물과 같은 연수이기 때문에 소흥주에 적합한 물이 되지 못한다.

둘째는 '감호 원두수'가 어디에서 취수(取水)한 물인가 하는 문제이다. 언론사 기자들의 집요한 질문에도 회사 측에서는 '취수구(取水口)'가 어디인지 밝히지 않았다고 한다. 일설에는 소순강(小舜江) 저수지에서 취수

한다는 말이 있다. 소순강 저수지는 비교적 오염이 되지 않은 상수도원으로 평가되어 있으나 이 물을 '처리해서' 사용한다면 이는 수돗물과 다를 바 없다.

'감호수'를 둘러싼 논란은 아직도 계속되고 있다. 그 옛날 감호의 물을 직접 길어서 만든 '원조 소흥주'를 마셔보지 못한 나로서는 지금의 소흥주와 비교할 길이 없지만 지금 마시는 소흥주도 나에겐 여전히 좋은 술임에 틀림없다.

소흥의 어머니 호수, 감호

중국술 8 화조주, 여아홍, 장원홍

감호의 역사

소흥 교외에 있는 감호(鑑湖, 젠후)로 향하는 길에 육유소학(陸游小學)이 보였다. 한 초등학교에 육유를 기념하는 이름을 붙인 것이다. 소흥 시내에는 노신소학(魯迅小學)도 있고 수인중학(樹人中學)도 있다. '수인'은 노신의 본명이다. 육유, 노신, 채원배 같은 걸출한 인물을 배출한 소흥은 복 받은 도시임에 틀림없다.

감호는 경호(慶湖), 장호(長湖), 경호(鏡湖), 대호(大湖) 등으로 불리다가 북송(北宋, 960~1127) 때부터 감호로 불리게 되었다. 감호는 동한(東漢, 25~220) 때 회계군수 마진(馬臻)이 140년에 건조한 거대한 인공 저수지이다. 이 수리공정으로 인하여 홍수로 인한 피해를 막을 수 있었을 뿐만 아니라, 회계산 지역의 36개 수원지에서 흐르는 물을 모아 산회평원(山會

감호 자연 풍광이 수려하여 이백, 두보, 육유, 서위 등 많은 문인 묵객이 유람하고 시문을 남겼다.

平原) 9000여 경(頃, 1경은 약 24326m^2)의 농지에 물을 공급할 수 있었다. 이 인공 호수 덕분에 그 지방 사람들은 이후 800년 동안 홍수와 가뭄 걱정으로부터 해방되었다고 한다.

애초의 감호는 동서 길이가 56.5km, 수면 면적이 172.7km^2, 총저수량이 4.4억m^3에 달하는 거대한 호수인데 자연 풍광이 수려하여 이백, 두보, 육유, 서위를 비롯하여 수많은 문인 묵객이 유람하고 시문을 남겼다. 육유는 "감호의 봄놀이가 오월(吳越)에서 으뜸이라"고 하여 그 아름다움을 찬양했고 이 고장 출신의 명나라 화가 서위는 「경호죽지사(鏡湖竹枝詞, '죽지사'는 시의 한 형식)」에서 감호의 뱃놀이를 이렇게 노래했다.

아가씨 붉은 치마 석류처럼 예쁜데
중류에서 쌍쌍이 노를 젓고 있다네

짙은 화장 옆 사람이 비웃을까 두려워
연꽃으로 머리까지 온통 가리네

越女紅裙嬌石榴 雙雙蕩槳在中流
憨妝又怕旁人笑 一柄荷花遮滿頭

또 만명(晩明)의 문학가 장대(張岱)는 「서호몽도(西湖夢導)」에서 다음과 같이 말했다.

내 아우가 늘 서호(西湖)를 미인에 비유하고 상호(湘湖)를 은사(隱士)에 비유하고 감호를 신선에 비유했는데 나는 그렇게 생각하지 않는다. 내 생각에, 상호는 처녀로서 부끄러워하는 모습이 마치 시집가기 전과 같다. 감호는 명문가의 규수로서 공경할 수는 있어도 함부로 가까이할 수 없다. 서호는 희곡 중의 명기(名妓)로서 소리와 외모가 다 고운데, 문간에서 웃고 있어서 사람마다 가까이할 수 있다.

중국을 대표하는 세 개의 호수에 대한 평가는 사람마다 다를 수 있겠지만 장대가 감호를 '명문가의 규수'에 비유함으로써 질박하면서도 우아한 감호의 특성을 적절하게 표현했다는 생각이 든다.

세월이 흐르면서 토사가 쌓이는데다 남송 이후 북방 주민이 대거 소흥으로 내려와 권세가들이 호수 주위에 대규모 농지를 조성하면서 면적이 점점 줄어들어 지금은 원래의 10분의 1 정도로 축소되었다. 현재의 감호는 옛 감호의 일부인 서부 수역(水域)에 해당한다.

감호를 축조한 마진은 그후 억울한 죽음을 당했다. 워낙 규모가 큰 공사여서 호수 주위에 있던 권세가들의 농지와 무덤이 일부 수몰될 수밖에 없었다. 이에 앙심을 품은 권세가들이 조정에 마진을 모함하는 상소를 올렸고 무능한 조정은 이를 받아들여 마진을 사형에 처했다. 이 소식을 들은 이 고장 사람 중의 하나가 죽음을 무릅쓰고 마진의 시체를 낙양(洛陽)에서 이곳으로 옮겨와 감호 가에 장사 지내고 매년 제사를 모셨다.

1056년에는 송나라 인종(仁宗)이 그에게 이제왕(利濟王)이란 시호를 내렸다. '이제'란 '백성을 이롭게 하고 구제했다'는 뜻이다. 기록에 의하면 814년에 정식으로 묘가 조성되었고 1717년에 소흥지부(知府) 유경(兪卿)이 묘 앞에 '칙봉이제왕 동한회계군태수 마공지묘(敕封利濟王東漢會稽郡太守馬公之墓)'라 쓴 비석을 세웠다. 또 당나라 때 묘의 동쪽에 그의 사당을 세웠는데 이후 여러 차례 중수를 거쳤다. 현존하는 묘와 사당은 감호 준공 1850주년을 기념한 1990년에 다시 중수한 것이다.

가암경구의 미륵대불

감호에 진입하는 길은 여러 갈래가 있지만 우리는 가암풍경구(柯巖風

가암 대문 가암은 순전히 바위로 이루어진 조그마한 산으로, 오랫동안 돌을 파내면서 기묘한 형상이 이루어져 이 일대가 유명한 풍경구가 되었다.

景區) 쪽으로 들어갔다. 입장권을 사서 들어가면 '가암(柯巖)'이란 편액이 걸린 목조 대문이 나타난다. 가암은 순전히 바위로 이루어진 조그마한 산으로 가산(柯山)으로도 불린다. 옛날 이곳에 역정(驛亭, 역참에 마련되어 있는 정자)이 있었는데 집이 초라하여 나뭇가지〔柯〕로 대들보를 만들고 대나무로 서까래를 만들어 위에 띠를 입혔다는 데에서 유래한 이름이다. 이곳은 석질(石質)이 좋아서 삼국시대부터 400여 년 동안 채석장으로 이용되었던 곳이다. 오랫동안 돌을 파내면서 기묘한 형상이 이루어져 후에는 유명한 풍경구가 된 것이다.

'가암' 대문을 들어서면 사각형의 석정(石亭) 안에 붉은 글씨로 가암절승(柯巖絶勝)이라 쓴 비석이 있다. 전하는 말로는 왕희지의 글씨라고 한다. 비석을 지나 오른쪽으로 가면 '일주촉천(一炷燭天)' 네 글자가 커다

랗게 쓰여 있는 조벽(照壁, 문벽. 밖에서 대문 안이 들여다보이지 않도록 대문을 가린 벽)이 나온다. '하나의 심지(촛불)가 하늘을 밝힌다'는 뜻인데 여기에 이 글자를 새긴 이유는 잠시 후에 알게 된다. 조벽 앞에는 연못이 있어서 부처님에게 참배하기 전에 이곳에서 손을 씻었다고 한다.

'일주촉천'에서 연꽃이 새겨진 바닥 길을 따라가면 반경 9.9m에 달하는 커다란 원형 석판이 있고 그 동쪽에 활 모양으로 만든 회음벽(回音壁)에 5700여 자의 금강경(金剛經) 전문이 새겨져 있다. 99개의 돌 조각을 붙여서 만든 거대한 연꽃 모양의 석판 한가운데 서서 소리를 치면 회음벽에 부딪혀 메아리가 되어 돌아온다. 그래서 이곳을 연화청음(蓮花聽音)이라 부른다.

연화청음 앞의 호수 안에 거대한 불상(佛像)이 서 있는데 일반 불상과는 달리 커다란 바위 속을 깎아서 만든 것이다. 지금으로부터 1600여 년 전, 수(隋)나라 때 조성된 것으로 추정되는 이 미륵불은 불심이 깊은 어느 석공이 착수하여 삼대에 걸쳐 완성했다고 한다. 높이가 11.3m나 되는 엄청난 규모의 좌상인데 왼손을 무릎에 올려놓고 오른손을 반쯤 들고 있다. 하반신은 문화대혁명 때 파괴되었고 오른손의 엄지와 중지도 역시 그때 파괴된 것을 1997년에 보수했다고 한다. 어떤 기록에 의하면 손가락 위에 사람이 누울 수 있을 정도라 하니 그 크기를 짐작할 수 있다. 특이한 것은, 어깨까지 내려와 있는 두 귀 사이가 뚫려 있어서 어린아이가 그 속을 걸어 다닐 수 있다고 한다. 가이드의 말로는 원래 불상에 금이 입혀져 있었는데 항일전쟁 때 일본군이 벗겨갔다고 한다. 이 불상은 엄청난 규모를 자랑하지만 얼굴 모습이 그리 인자해 보이지 않고 어딘

미륵대불 거대한 바위(높이 20.8m)를 깎아서 만든 불상으로 높이 11.3m이다. 뒤에 보이는 건물이 보조사이다.

지 못마땅한 듯한 표정을 짓고 있다. 사람들로 하여금 불심을 자아내게 하는 그런 표정은 아니란 느낌이 들었다.

기묘한 돌기둥, 운골

불상 동쪽에 기묘하게 생긴 운골(雲骨)이라는 바위가 있다. 높이 30m나 되는 이 바위기둥은 원뿔을 거꾸로 세워놓은 것 같아 위쪽이 넓고 아래로 내려갈수록 좁아져서 맨 아랫부분은 1m에 불과하다. 이런 형태로 넘어지지 않고 오랜 세월 버티고 있는 것이 신기할 따름이다. 이 바위는 보는 각도에 따라 다른 모양으로 보이는데, 남쪽에서 보면 조롱박 같고 북쪽에서 보면 버섯 같고 서쪽에서 보면 하늘 높이 솟아 불타는 횃불과 같다. 그래서 이 바위를 일명 노주청연(爐柱晴煙)이라 부른다. '기둥 모양의 화로에서 피어나는 맑은 연기'라는 뜻이다. 앞에서 본 '일주촉천' 네 글자는 이를 말한 것이다.

이 바위의 위쪽에 '운골(雲骨)' 두 글자가 예서체(隸書體)로 새겨져 있는데 두 글자의 크기가 사람 키만 하다. 청나라 광서(光緒) 연간(1875~1908)에 새긴 것이라 하는데 그 당시 이 높은 곳에 글자를 어떻게 새겼을까? 바위 꼭대기에는 늙은 측백나무 한 그루가 서 있다. 과학적 조사에 의하면 수령이 천 년을 넘는다고 한다. 평소 기석(奇石)을 좋아했던 북송의 서예가 미불(米芾)이 이 운골을 보고 '미칠 것 같아서' 바위를 돌면서 며칠을 머물다 떠났다는 이야기가 전한다. 미불은 기이한 돌을

운골(雲骨) 높이 30m나 되는 기묘한 바위로 맨 아랫부분은 1m에 불과하다.

만나면 '형'이라 부르고 그 앞에서 무릎을 꿇고 절을 했다고 하는데 운골을 보고 그냥 지나쳤을 리가 없다. 그리고 운골 주위의 벽에는 유명한 현대 서예가 계공(啓功, 치궁)의 글씨로 천하제일석(天下第一石)이라 새겨져 있다.(서예가 계공에 대해서는 1권 133~35면 참조)

운골을 돌아서 가면 가산 기슭에 보조사(普照寺)가 나타난다. 보조사는 당나라 때 창건된 사원으로 원래의 명칭은 대불사(大佛寺), 가산사(柯山寺)였는데 명나라 때 중건하면서 보조사로 개명했다. 이 사원에는 특이한 것이 많다. 우선 사원 입구의 천왕전(天王殿)에는 일반적으로 4위(位)의 사천왕상을 모시는데 보조사의 천왕전에는 관우(關羽)가 단독으로 모셔져 있다. 종루의 아랫부분에 지장보살(地藏菩薩)을 모시고 있다.

또 여기에는 재신전(財神殿)을 별도로 세워놓고 범려(范蠡)를 모셔놓았다. 일반적으로는 중국 4대 재신 중의 하나인 조공명(趙公明)을 모시지만 옛 월나라 땅인 이곳과 범려의 특수관계로 인하여 범려를 모신 듯하다. 또 이런 이야기도 전한다. 범려가 월나라를 떠난 후 만년에는 월나라를 그리워하여 그 아들에게 말하기를 "내가 죽거든 월나라에 땅을 골라 나의 소상(塑像)을 세워라"라고 했다. 이에 그 아들이 범려의 의관을 들고 월나라로 와서 이곳 가암에서 하룻밤을 묵었는데 꿈에 부친이 나타나서 "이곳이 좋은 장소인데 멀리 갈 필요가 없다"라고 말하기에 아들이 보조사 옆에 소상을 세우고 부친의 의관을 묻었다고 한다. 그래서 범려를 모신 재신전을 이곳에 세운 것이다.

보조사 미륵전의 사면 미륵불 네 명의 미륵불이 등을 맞대고 붙어 있는 형상이다.

보조사 미륵전의 포대화상

보조사에는 이밖에도 미륵전(彌勒殿)이 있는데 여기에 모셔진 미륵불은 특이하게도 사면불(四面佛)이다. 즉 4명의 미륵불이 등을 맞대고 붙어 있는 형상이다. 그리고 이 사면불은 장목(樟木, 녹나무)을 재료로 한 목불(木佛)이며 금으로 도금되어 있다. 이곳의 미륵불은 우리가 중국의 어느 절에서나 볼 수 있는 포대화상(布袋和尙)이다. 미륵은 석가모니와 동시대인인데 석가모니보다 먼저 입적하여 도솔천(兜率天)에 살다가 56억 7천만 년 후에 지상에 내려와 중생을 구제한다는 미래불(未來佛)이다. 이 미륵불을 모시는 미륵전에 왜 포대화상이 있는 것일까?

우리가 흔히 '달마'로 잘못 알고 있는 포대화상에 대하여 다음과 같은 이야기가 전한다. 포대화상은 당나라 말 오대(五代) 시기에 명주(明州, 지금의 절강성 영파(寧波)에 살았던 고승(高僧)으로 이름은 계차(契此)이다. 그는 뚱뚱한 몸에 불룩한 배와 어깨를 드러내고 항상 파안대소하면서 늘 포대(자루)를 둘러메고 다녔다고 해서 '포대화상'이란 별칭을 얻었다. 그는 외모는 우스꽝스러웠지만 크게 민심을 얻어 주위로부터 존경을 받았다고 한다. 917년 절강성 봉화(奉化)의 악림사(岳林寺)에서 입적할 때 그는 다음과 같은 사세게(辭世偈)를 노래했다고 한다. '사세게'는 '이 세상을 하직하면서 부르는 게송(偈頌)'이다.

미륵이여, 진정한 미륵이여
그 분신이 백천억(百千億) 개라네

때때로 세상 사람에게 보여주지만
세상 사람 모두가 알지 못하네

彌勒眞彌勒 分身百千億
時時示世人 世人總不識

그는 자신이 미륵보살의 화신인데 사람들이 이를 알아보지 못한 것이라 말한 것이다. 이 게송을 듣고 사람들은 크게 깨달아 그의 그림을 그리거나 소상을 만들어 사원에 모신 것이다. 말하자면 그는 '중국적 미륵불'이 된 셈이다. 지금은 중국의 어느 절에 가더라도 불룩한 배를 드러내며 웃고 있는 포대화상을 볼 수 있다. 앞에서 본 연화청음 앞의 미륵대불은 포대화상 이전에 만든 것이기 때문에 보조사 미륵전의 불상과는 다르다.

대웅보전에는 중앙의 석가모니 좌우에 가섭(迦葉)과 아난존자(阿難尊者), 18나한이 있으며 대웅전 좌측에는 사자를 타고 있는 문수보살, 우측에는 흰 코끼리를 타고 있는 보현보살이 있다. 석가모니 뒤쪽 벽에는 관음보살상이 서 있다. 이런 구도는 중국 사원의 일반적인 형태이다.

보조사 주변의 가산(柯山)에는 이밖에도 잠화동(蠶花洞), 취석정(醉石亭), 문창각(文昌閣), 칠성암(七星巖) 등의 경관이 있으나 지금은 민간인의 출입을 금하고 있다. 이곳이 원래 채석장이었던 관계로 낙석이 떨어져 위험하기 때문이다.

경수만경구의 삼취동원

미륵대불과 운골과 보조사가 있는 가암경구를 뒤로하고 울창한 숲속 길을 걸어가다보면 삼취동원(三聚同源)이 나타난다. 이 주위가 경수만경구(鏡水灣景區)로 삼취동원은 근래에 새롭게 조성된 석조 조형물들로 구성되어 있다. 여기에는 높이 6m에 달하는 세 개의 한백옥(漢白玉) 기둥 위에 각각 공자, 노자, 석가모니의 상이 조각되어 있다. 중국에는 유교, 불교, 도교 세 종교가 모여 있는데〔三聚〕 그 근원은 한가지〔同源〕라는 뜻으로 이름을 붙인 것이다. 그래서 옆의 석벽에는 '정(正), 청(淸), 화(和)' 세 글자가 새겨져 있다. 공자는 정기(正氣)를 숭상하고 노자는 청기(淸氣)

삼취동원 한백옥(漢白玉) 기둥에 공자, 노자, 석가모니의 상이 조각되어 있다.

를 숭상하고 석가는 화기(和氣)를 숭상한다는 뜻이라 한다.

또 광장 한편에는 커다란 석조 두상(頭像)이 놓여 있는데 앞면은 흰색이고 뒷면은 검은색이다. 흰색은 인간의 본성이 선(善)함을 나타내고 검은색은 본성이 악(惡)함을 나타낸다는 취지로 만들었다고 한다. 그렇다면 맹자의 성선설과 순자의 성악설 어느 쪽도 따르지 않고 인간의 본성을 선악이 혼재되어 있는 것으로 본 것인가? 결국 중국은 유, 불, 도 3교와 성악설, 성선설 모두를 회통하고 있다는 의도에서 이 조형물을 만든 것으로 보인다. 그러나 이 아름다운 풍경 속에 왜 이런 조형물을 설치했는지 모르겠다. 다소 어색하다는 생각을 떨칠 수 없다.

월중명사원

여자의 얼굴 모양으로 만든 인공 호수인 월녀춘효(越女春曉)를 지나면 월중명사원(越中名士苑)이 나온다. 입구 왼쪽에 주은래(周恩來)가 쓴 아시소흥인(我是紹興人)이란 글자가 바위에 새겨져 있다. '나는 소흥 사람이다'라는 뜻으로 그가 소흥에 들렀을 때 쓴 것이라 한다. 주은래 글씨의 맞은편에는 1961년 노신 탄생 80주년을 기념해서 쓴 모택동의 시가 석각되어 있다.

감호(鑑湖)와 월왕대(越王臺)엔 명사도 많아
나라 위한 근심에 애간장이 끊어졌네

검남가(劍南歌) 추풍음(秋風吟) 모두 다 함께
(노신의 시문도) 그 짙은 향기가 시낭(詩囊)에 들어 있네

鑑湖越臺多名士　優忱爲國痛斷腸
劍南歌接秋風吟　一例氤氳入詩囊

'감호와 월왕대'는 소흥을 상징하는 구조물이다. '검남가'는 육유(陸游)의 시집 『검남시고(劍南詩稿)』에 수록된 시를 말하고 '추풍음'은 추근(秋瑾)의 절명시로 알려진 '추풍추우수쇄인(秋風秋雨愁煞人)'을 가리킨다.(이 절명시에 대해서는 이 책의 제1부 「불꽃처럼 살다 간 여성 혁명가 추근」 참조)

감호삼걸상(오른쪽부터 추근, 서석린, 도성장)(위), 왕희지·왕헌지 부자상(아래)

'시낭'은 '시 주머니'란 뜻으로, 당나라 시인 이하(李賀)가 낡은 비단 주머니를 등에 메고 다니다가 시상이 떠오르면 적어서 주머니 속에 넣고는 집에 돌아온 후 다듬어 시를 완성했다는 이야기에서 따온 것이다. 소흥 출신의 육유·추근의 시와 함께 노신의 시문도 시 주머니 속에서 짙은 향기를 뿜고 있다는 말이다.

노신상(위), 왕양명상(아래) 노신상에는 시 「자조」의 구절이 새겨져 있고, 왕양명상 옆의 바위에는 '오심석(吾心石)'이라 새겨져 있다.

명사원에 안에는 역대 소흥의 명사 29명의 석조상이 전시되고 있었다. 과연 모택동의 말대로 소흥은 명사를 많이 배출한 곳이다. 명나라의 원굉도(袁宏道)도 "소흥에는 선비가 물속의 붕어보다 많다"라고 말한 바 있다. 이곳이 옛 채석장임을 과시하기라도 하듯 앞서 본 삼취동원이나 월중명사원은 모두 석조 구조물로 채워져 있다.

노신 노설 「광인일기」의 광인상 중국 현대문학사의 기념비적 작품의 주인공이다.

우선 눈에 띄는 것이 추근, 서석린, 도성장이 나란히 서 있는 감호삼걸(鑑湖三杰) 석조상이다. 구천과 범려와 문종도 한 덩어리로 묶여 있는데 이 세 사람은 서로 떨어질 수 없는 관계임을 나타내기 위함이었을 것이다. 왕희지가 허리를 굽혀 아들 왕헌지를 내려다보고 있는 부자상(父子像)도 재미있다. 채원배상 앞에는 그의 트레이드마크인 둥그런 안경을 만들어놓았고, 노신상에는 유명한 시 「자조(自嘲)」의 한 구절인 '횡미냉대천부지(橫眉冷待千夫指) 부수감위유자우(俯首甘爲孺子牛)'가 새겨져 있다.(이 시에 대해서는 이 책 92~96면 참조) 여기에도 노신의 손에는 어김없이 담배가 들려 있다. 이밖에도 구천, 왕희지, 육유, 서위, 왕양명 등이 갖가지 모습으로 푸른 잔디 위에서 우리를 맞았다. 왕양명의 석상 옆에는 오심석(吾心石)이라 쓰인 바위를 설치해놓았는데 그의 심학(心學)을 나타내기 위함인 듯했다. 그리고 월중명사원 안에는 소흥의 명사는 아니지만 노신의 대표작 「광인일기」에 나오는 광인상도 있었다. 이곳의 조각상들이 모두 예술적으로 높은 수준을 지니고 있었는데 유독 대우상(大禹像, 우임금의 상)만은 매우 조잡해 보였다.

호로취도

명사원 옆의 '고감호(古鑑湖)'라는 편액이 걸린 작은 문을 들어서서 5분쯤 배를 타고 가다 내리면 호수 위에 기다란 돌다리가 있다. 일반 교량이 아니고 호수 위에 설치한 일종의 징검다리인데 족히 200여m는 되어 보였다. 징검다리가 시작되는 곳에 감호

감호 돌다리 돌다리 끝에 보이는 섬이 호로취도다.

투료노사(投醪勞師) 월왕 구천이 술동이를 쏟아붓고(위), 병사들이 강가에서 그 술을 마시고 있다(아래).

를 조성한 마진(馬臻)의 석상이 놓여 있다. 이 징검다리를 건너서 도착한 곳이 호로취도(葫蘆醉島)라는 섬이다. 여기에 월왕 구천이 오나라를 정벌

석벽에 새겨진 호주흥방(壺酒興邦) '한 동이의 술이 나라를 일으켰다'는 뜻이다.

하기 위하여 출정할 때 백성으로부터 받은 소흥주를 시냇물에 쏟아부어 군사들에게 마시게 했다는 이른바 '투료노사(投醪勞師)'를 재현한 거대한 조각군이 설치되어 있다. 장군복을 입은 구천이 술동이를 거꾸로 기울이고 있는데 여름철에 가면 실제로 술동이에서 물이 쏟아지도록 설계되어 있다. 술동이에서 쏟아진 물이 흐르는 수로(水路) 옆에 군사들이 엎드려 술을 마시고 있다. 군사들 옆에는 개도 몇 마리 있다. 참으로 잘 만든 조각품이다.

흘러내린 물이 고이는 연못 뒤 석벽에는 '호주흥방(壺酒興邦)' 네 글자가 전서체(篆書體)로 크게 새겨져 있다. '한 동이의 술이 나라를 일으켰다'라는 의미이다. 이를 보고 한문의 조어력(造語力)에 감탄하지 않을 수

노진(魯鎭) 입구 '노진'은 실재하는 지명이 아니라 노신 소설에 나오는 가상의 마을이다.

없었다. 단 네 글자로 당시의 여러 상황을 집약적으로 나타낸 것이다. 우리는 이날 저녁부터 술을 마실 때 '호주홍방'을 건배사로 사용했다. 그리고 이 섬에는 호상주루(壺觴酒樓)라는 음식점이 있어서 감호 입장권을 보여주면 기념으로 소주잔 반 잔 정도의 소흥주를 주는데 그걸로 성에 차지 않아 우리는 따로 한 병을 사서 마셨다. 술을 무료로 주는 것은 돈 내고 더 사서 마시게 하려는 상술일 것이다. 2016년에 왔을 때는 반 잔의 무료 술이 없어져 비록 매우 적은 양이었지만 서운한 마음이 들었다.

노신 소설 속의 마을, 노진

아Q로 분장한 인물 노진 골목에서 갖가지 표정과 동작으로 관광객의 시선을 끌고 있다.

우리는 소흥주를 한 잔씩 마시고 다음 행선지로 향했다. 여기서 다시 배를 타고 약 20분쯤 가서 내린 곳이 노진(魯鎭)이다. 노진은 실재하는 지명이 아니라 노신의 소설에 빈번히 나오는 가상의 마을로, 2003년에 새로 조성되었다. 여기에는 노신의 소설「축복」「고향」「아Q정전」「광인일기」등에 등장하는 옛 거리, 점포, 교량, 기타 건물들이 재현되어 있어서 노신이 소설을 쓴 당시의 소흥 풍경을 떠올릴 수 있다. 골목길에는 주로「아Q정전」에 등장하는 인물들을 동상으로 만들어 곳곳에 전시하고 있다. 관광객이 많은 계절에는 '아Q'로 분장한 인물이 허름한 복장을 하고 갖가지 표정과 동작을 취하며 관광객을 즐겁게 해준다.

노진 마을을 빠져나오면 커다란 패방(牌坊)이 있는데 사실은 이곳이 노진 입구이다. 우리가 '호로취도'에서 오느라 거꾸로 진행했던 것이다. 노진 마을에 노신이 없을 수 없다. 강택민(江澤民, 장쩌민)의 글씨로 '민족혼(民族魂)'이라 쓴 비석 옆에 과연 의자에 앉아 있는 노신의 좌상이 보였다. 예외 없이 그의 손가락에는 담배가 들려 있었다. 이 앞에서 담배를 한 대 피우는 것이 노신에 대한 예의일 것 같아 나는 담배를 꺼내어 그의 담

노진 입구의 노신 좌상 손에는 담배가 들려 있고, 옆에는 강택민의 글씨 '민족혼(民族魂)'을 새긴 비석이 놓여 있다.

배에 불을 붙이는 시늉을 했다. 이를 본 일행들이 노신과 기념사진을 찍으라고 해서 담배를 문 자세를 취했더니 성신여대 김여주(金呂珠) 교수가 이러는 거였다.

"선생님, 콧수염만 있으면 노신과 닮았어요."

노신과 닮았다는 말이 싫지는 않았지만 언감생심(焉敢生心), 내가 어찌 외모만이라도 노신 선생과 닮을 수 있으랴.

화조주, 여아홍, 장원홍

소흥주 중에서 제일 많이 눈에 띄는 것이 화조주(花雕酒, 화댜오주)이다. 화조주는 소흥주의 품종이나 상표 이름이 아니라 가반주(加飯酒) 중에서 오래 묵은 고급 소흥주를 일컫는 속칭이다. 화조주에 관한 여러 가지 전설 중에 이런 이야기가 있다.

옛날 소흥에 장재봉(張裁縫)이란 부인이 임신을 하고 아들을 바라는 마음이 간절하여 뜰에 황주 한 단지를 묻어두고 아들을 낳으면 친척과 친구들을 불러 이 술을 대접하려고 했다. 그러나 딸을 낳자 실망한 나머지 뜰에 묻어둔 황주를 잊어버렸다. 후에 딸이 장성하여 좋은 곳에 시집을 가게 되었는데, 혼인 날 문득 18년 전에 묻어둔 황주 생각이 떠올라 꺼내어 보니 매우 향기롭고 맛있는 술이 되어 있었다. 이로부터 '여아홍(女兒紅, 뉘얼훙)'이란 명칭이 생겼다고 한다.

이 이야기 말고도 소흥 지방에서는 오래전부터 딸을 낳아 1개월(혹은 1년 또는 3년)이 되면 황주를 빚어 단단히 봉한 다음 겨울철 건조할 때 연못 바닥에 묻어두고 딸이 시집갈 때 꺼내어 손님들에게 대접하는 풍습이 있었다고 한다. 그래서 이 술을 '여주(女酒)' 또는 '여아홍'이라 부르게 되었다. 땅에 묻는 황주 단지에 꽃을 조각하고 채색을 했기 때문에 이 술을 '화조주(花雕酒)'라고도 부른다. '화조'란 '꽃을 조각했다'는 뜻이다.

술 단지에 꽃을 조각한 것은 딸이 꽃처럼 예쁘게 성장하기를 바라는 부모의 염원을 표현한 것이다.

후에는 아들을 낳을 때에도 꼭 같이 황주를 묻어두었는데 그 아들이 장성해서 과거에 급제하면 꺼내어 잔치를 베풀었다고 한다. 이 술 단지에는 겉에 붉은 칠을 했기 때문에 '장원홍(壯元紅, 좡위안훙)'이라 불렸다. 장원급제(壯元及第)한 것을 축하하는 술이라는 뜻이다. 그러므로 화조주, 여아홍, 장원홍은 다 같은 말이다. 단 여아홍은 1919년에 설립된 '소흥 여아홍 양주유한공사'의 등록상표로도 사용되고 있다.

화조주는 가반주 계열의 술이기 때문에 반간형(半乾型) 황주이지만 현재 시중에는 반첨형(半甛型) 화조주도 적지 않게 출시되고 있다.

중국의 4대 미인 서시를 찾아서

중국의 4대 미인

여행 셋째 날 우리는 8시에 호텔을 출발하여 제기(諸暨, 주지)의 서시고리(西施故里, 시스구리)로 향했다. 서시는 중국 고대의 4대 미인의 하나로 춘추시대 월나라 구천(句踐)이 오나라를 격파하는 데에 큰 공을 세운 여인으로 알려져 있다. 우선 중국의 4대 미인을 살펴본다.

• 서시(西施): 강의 물고기가 빨래하는 서시의 미모에 홀려 지느러미 흔드는 것을 잊어서 물밑으로 가라앉았다고 해서 '침어미인(沈魚美人, 물고기를 가라앉힌 미인)'으로 불린다. 여자로서는 발이 크다는 결점이 있다.

• 왕소군(王昭君): 한(漢)나라가 흉노와 혼인을 조건으로 화친을 맺는 바람에 왕소군은 흉노 땅으로 끌려가게 되었다. 그녀는 가는 도중에 말 위에서 비파를 타고 있었는데 날아가는 기러기가 그녀를 보다가 날갯짓

완강변에 설치된 빨래하는 여인 조각상 '완강'의 '완(浣)'은 빨래한다는 뜻으로, 지금도 이곳 여인들은 완강변에서 빨래를 하곤 한다.

하는 것을 잊어 땅에 떨어졌다고 해서 '낙안미인(落雁美人, 기러기를 떨어뜨린 미인)'의 칭호를 얻었다. 양쪽 어깨의 높이가 다르다는 결점이 있다.

• 초선(貂蟬): 후한 말기의 무장 여포(呂布)로 하여금 동탁(董卓)을 죽이게 한 미인으로, 그녀가 밤중에 달을 쳐다보고 있는데 달의 여신 항아(姮娥)가 자신의 미모가 초선에 미치지 못함을 부끄러워하여 구름 속으로 숨었다고 해서 '폐월미인(閉月美人, 달을 가둬버린 미인)'으로 불린다. 양쪽 눈의 크기가 다르고 귀가 작았다고 한다.

• 양귀비(楊貴妃): 당나라 현종(玄宗)의 마음을 사로잡은 미인으로, 그녀가 어느 날 화원에서 꽃구경을 하다가 꽃을 쓰다듬으니 꽃잎이 움츠렸다고 하는데, 꽃이 양귀비의 아름다움을 보고 부끄러워했다는 것이

다. 이로부터 그녀는 '수화미인(羞花美人, 꽃을 부끄럽게 한 미인)'으로 불렸다. 그녀도 결점이 있었으니 겨드랑이에서 냄새가 나기 때문에 목욕을 좋아했다고 한다.

범려의 눈에 띈 시골 처녀 서시

4대 미인 중에서도 으뜸으로 꼽히는 서시의 성은 시(施)이고 이름은 이광(夷光)이다. 그녀의 집안은 대대로 제기의 저라산(苧蘿山) 아랫마을에 살았는데 그녀는 동쪽과 서쪽의 두 마을 중 서쪽 마을에 살았기 때문에 서시(西施)라 불렸다. 그녀의 아버지는 땔감을 팔고 어머니는 강에서 빨래를 하며 가난하게 살았다. 저라산은 산이라기보다 높이가 10m 정도에 불과한 언덕으로 모시풀(苧)이 많이 자란다고 해서 붙여진 명칭이다. 그녀의 어머니는 그곳에서 대량으로 생산되는 모시로 만든 천을 빨고 표백하는 일을 했을 것이라 추정된다. 서시도 어렸을 때부터 마을 앞에 있는 강에서 어머니를 도와 빨래를 했다고 한다. 지금도 마을 앞에는 큰 강이 흐르고 있는데 이름이 완강(浣江)이다. '완(浣)'은 '빨래한다'는 뜻이다. 완강을 완사강(浣紗江)이라 부르기도 한다.

이렇게 평범하게 생활하던 시골 처녀 서시에게 일생일대의 전기를 마련해준 인물이 범려(范蠡)였다. 오왕(吳王) 부차(夫差)에게 패배하고 인질로 잡혀 굴욕적인 나날을 보낸 월왕(越王) 구천(句踐)은 가까스로 귀국하여 '십년생취 십년교훈'의 장기 계획을 세우고 와신상담하며 복수의 기

완사석 서시가 빨래를 했다는 바위라 해서 붉은 글씨로 '완사(浣紗)'라 쓰여 있다.

회를 엿보던 중, 대부 문종(文種)의 건의를 받아들여 미인계를 쓰게 된다.(이에 대한 좀더 자세한 내용은 이 책의 제1부「와신상담의 현장, 부산을 찾아서」 참조) 이 미인계를 집행하는 일은 범려가 맡았다.

범려가 미인계에 쓸 미인을 찾느라고 완강에서 배를 타고 가던 중 아름다운 노랫소리가 들려 돌아보니 바위에서 한 아가씨가 빨래를 하고 있었다. 이 아가씨가 서시이다. 범려가 배에서 내려 서시와 대화를 나누는 사이에 두 사람은 서로에게 깊은 연정을 느꼈다. 그래서 두 사람은 바위를 증인으로 삼아 영원히 서로를 저버리지 말자고 강을 두고 맹세했다. 지금도 완강에는 당시 서시가 빨래를 했다는 바위가 있어 '완사(浣紗)' 두 글자가 크게 새겨져 있다. 전하는 말로는 왕희지의 글씨라고 한다. 후에는 연인들이 이 바위에 올라 사랑을 약속하는 풍속이 생겨 이를 정정석(定情石)이라 불렀다. 정정(定情)이란 남녀가 언약의 물건을 주고 받으며 결혼을 약속한다는 말이다.

그러나 범려와 서시의 사랑은 결실을 맺지 못한다. 구천이 추진한 미인계를 위하여 서시는 오(吳)나라로 떠나야 했기 때문이다. 나라를 위하여 두 사람은 눈물을 머금고 헤어질 수밖에 없었다.

서시를 이용한 월나라 미인계

당시 범려가 선발한 처녀가 몇 명인지 정확히 알 수 없지만 이들은 오나라로 보내지기 전에 집중적인 훈련을 받았는데 그중 가장 빼어난 미모를 지닌 서시와 정단(鄭旦)이 최종적으로 뽑힌 듯하다. 구천은 월나라 수도인 지금의 소흥시 동북쪽에 토성(土城)을 쌓고 미인궁(美人宮)을 지어 이들에게 비단옷을 입히고 곱게 화장을 시킨 후 걸음걸이, 궁정 예절, 춤, 노래 등을 익히게 했다. 서시는 15세 무렵 이곳에 들어와서 3년 동안 훈련을 받고 오나라에 보내졌다.

미인궁이 있는 언덕을 서시산(西施山)이라 하는데 옛터에 지금 '서시산 유지 공원(西施山遺址公園)'을 조성해놓았다. 현재 홀리데이인호텔 바로 앞에 있다. 들어가면 서위(徐渭)가 지은 「서시산기(西施山記)」가 석각되어 있고 '미인궁'이란 편액이 달린 대문을 들어서면 마당에 흰색의 서시 소상이 서 있다. 그리고 뒤편에는 이백을 비롯한 역대 시인들이 서시를 읊은 시들이 빽빽하게 새겨져 있는 비랑(碑廊, 비석을 전시해둔 건물)이 있고 시 작품들 사이에 서시상도 부조(浮彫)되어 있다.

3년 동안의 교습을 거친 후 범려는 서시와 정단을 데리고 가서 부차에게 바치면서 이렇게 말했다.

"월왕 구천이 아끼는 두 계집이 있어 신 범려로 하여금 대왕에게 바치게 했으니 비록 촌스럽고 못생겼지만 원컨대 거두어 처첩으로 삼으시옵소서."

부차가 두 명의 절세미인을 보고 매우 기뻐하며 말했다.

"월나라가 두 여자를 바치는 것은 구천이 오나라에 충성을 다한다는 증거로다."

그러나 오자서(伍子胥)는 미녀를 받아들이지 말라고 간언했다.

"왕께서는 받지 마시옵소서. 신이 듣건대 오색(五色)은 사람의 눈을 멀게 하고 오음(五音)은 사람의 귀를 멀게 한다고 합니다. 또 신이 듣건대 월왕 구천은 낮에도 책을 손에서 놓지 않고 아침이 되도록 읽으며 그를 위해 죽을 각오가 된 신하가 수만 명이라고 합니다. (…) 미녀는 나라의 재앙입니다. 하(夏)나라는 말희(妺喜)로 인하여 망했고 은(殷)나라는 달기(妲己)로 인하여 망했으며 주(周)나라는 포사(褒姒)로 인하여 망했습니다."

오자서는 구천의 미인계를 간파하고 이를 막으려 한 것이다. 말희는 하나라 폭군 주왕(紂王)의 총희(寵姬, 특별한 귀염과 사랑을 받는 여자)였고 달기는 은나라 폭군 걸왕(桀王)의 총희였으며 포사는 주나라 유왕(幽王)의 총희였다. 오자서의 충고에도 불구하고 "강산(江山)을 사랑하지 않고 미인을 사랑했던" 부차는 두 미녀를 받아들인다.

오자서는 매우 총명한 신하로 애초에 구천이 굴욕적인 항복을 할 때에도 구천을 살려두면 반드시 후환이 있을 것이라 하여 죽이자고 주장했으나 태재(太宰, 고대에 국정을 총괄하던 관직으로 후대의 재상宰相, 승상丞相에 해당) 백비(伯嚭)가 월나라의 뇌물을 받고 구천을 살려두었던 것이다. 이후에도 오자서는 월나라를 치자고 여러 번 건의했으나 계속해서 월나라의 뇌물을 받은 백비의 반대로 받아들여지지 않았다. 두 사람은 정책을 결정할 때마다 사사건건 대립하다가 백비의 참소로 오자서는 부차가 내린 촉루검(屬鏤劍)으로 자결한다.

부차의 마음을 사로잡은 서시

구천은 서시를 바치는 동시에 부차로 하여금 대규모의 토목공사를 일으키도록 유도했다. 토목공사로 인하여 오나라의 국력이 피폐해지기를 기대한 것이다. 구천은 목공 3천 명을 입산시켜 1년 동안 벌목을 하고 이렇게 해서 모아진 고급 목재에 화려한 장식을 가하여 부차에게 바쳤다. 부차는 이들 목재로 호화로운 고소대(姑蘇臺)를 짓고 밤낮없이 서시와 환락에 빠졌다. 구천의 의도대로 일이 진행된 것이다.

고소대는 부차의 아버지 합려(闔閭)가 지금의 영암산(靈巖山) 위에 군사용 목적으로 세운 건물인데 부차가 이를 대대적으로 확장하여 5년에 걸쳐 완공했다고 한다. 그는 서시를 위하여 여기에 관왜궁(館娃宮)·향극랑(響屐廊)·금대(琴臺) 등의 건물을 짓고 완화지(玩花池)·완월지(玩月池) 같은 연못도 팠다. 이곳에서 서시는 15년 동안 지내면서 빼어난 미모와 슬기로운 처신으로 부차의 마음을 사로잡는 데 성공했다. 이백의 시 「오서곡(烏棲曲)」(악부시樂府詩의 한 형태. 악부는 중국 고대의 민간 가요인데 후대에 이 체제에 따라 지은 시를 악부시라 함)은 당시의 장면을 이렇게 묘사하고 있다.

고소대 위에 까마귀가 깃들 무렵
오왕(吳王)은 궁전에서 서시에 취해 있네

오나라 노래, 초나라 춤, 환락은 끝나지 않았는데
푸른 산은 지는 해를 머금으려 하고 있네

물시계의 물방울이 많이 떨어졌는지
일어나 바라보니 가을 달이 강물에 떨어지네

동쪽 하늘 밝아오니 이 즐거움을 어이하리

姑蘇臺上烏棲時 吳王宮裏醉西施
吳歌楚舞歡未畢 靑山欲銜半邊日
銀箭金壺漏水多 起看秋月墜江波
東方漸高奈樂何

첫 구절에 제시된 시간은 까마귀가 깃드는 황혼 무렵인데 부차와 서시는 대낮부터 환락을 즐기다가 황혼을 맞은 것이다. 이로부터 시간의

순차에 따라 다음 날 해가 뜰 때까지 두 사람의 환락을 묘사하고 있다. 즐거움이 극에 달하면 슬픔이 오듯이 부차의 환락이 장차 오나라의 몰락을 초래한다는 사실을 말하려는 것이 이 시의 주제인데, 이 주제를 나타내기 위하여 동원된 시어들이 극히 상징적이다. 즉 "고소대 위에 까마귀가 깃들 무렵" "푸른 산은 지는 해를 머금으려 하고 있네" "가을 달이 강물에 떨어지네"와 같은 표현은 객관적인 경물을 묘사한 것이지만 어딘지 모르게 쓸쓸한 쇠락을 암시하고 있다. 이 쓸쓸한 쇠락은 부차와 오나라의 쇠락을 상징한다. 이렇게 이 시는 부차의 행위에 대하여 한마디의 비판도 없이 상황만을 객관적으로 묘사하면서도 그 속에 날카로운 풍자의 뜻을 함축하고 있다.

마지막 구절이 인상적이다. 날이 밝으면 일국의 군왕으로서 부차는 응당 신하들의 조회를 받고 국사를 의논해야 하지만, 차마 서시를 놔두고 그냥 떠나기가 싫었을 것이다. 그래서 "동쪽 하늘 밝아오니 이 즐거움을 어이하리"라 탄식한다. 날이 밝아오는 것이 야속하기만 하다. 날이 밝으면 환락을 계속할 수 없기 때문이다. 일설에는 이 시가 양귀비에 빠져 안녹산(安祿山)의 난을 초래한 당나라 현종(玄宗)을 풍자한 것이라고도 한다.

명말 청초의 학자 왕부지(王夫之)는 제4구의 "푸른 산은 지는 해를 머금으려 하고 있네"를 평하여 "이것은 하늘이 준 것이지 사람의 힘으로 된 것이 아니다"라 말했고, 이백과 동시대의 하지장(賀知章)은 "이 시는 귀신을 울릴 만하다"라고 극찬했다.

서시에 대한 시인들의 평가

결국 기원전 473년, 월나라의 침공을 받아 쫓기던 부차는 고소대로 올라가 구천과 화친을 시도했으나 실패하자 스스로 목숨을 끊었다. 이로써 두 나라의 기나긴 전쟁은 월나라의 승리로 끝났는데 여기에는 서시의 공도 적지 않았다. 그러므로 서시는 월나라의 영웅이었지만 오나라 쪽에서는 나라를 망친 요물이었던 셈이다. 이런 서시를 두고 후대의 시인들은 다양한 각도로 그녀를 묘사하고 있다.

나라의 흥망은 저절로 때가 있는데
오나라 사람 어찌 그리 서시를 원망하나

서시가 오나라를 망하게 했다면
월나라 망한 것은 또 누구 때문인가

家國興亡自有時 吳人何苦怨西施
西施若解傾吳國 越國亡來又是誰

당나라 나은(羅隱)의 「서시(西施)」라는 시이다. 서시를 읊은 대부분의 시가 오나라 멸망의 원인을 '여색(女色)'으로 돌린 데에 반해서 이 시는 오나라가 멸망한 것이 서시 때문만은 아니라고 말한다. 하나의 나라가 멸망한 데에는 여러 가지 복합적인 요인이 있는 것이지 단순히 일개 여자에게 그 책임을 떠넘길 수 없다는 논리이다. "오나라 사람 어찌 그리 서시를 원망하나"라는 말은, 오나라의 통치자들이 이미 나라를 망쳐놓고 왜 한 여자에게 그 죄를 뒤집어씌우느냐는 항변이다. 오나라가 구천의 미인계에 의하여 멸망했다고 한다면 그후 월나라의 통치자들은 응당 여색을 멀리했을 터인데 결국 월나라가 멸망한 것을 보아도 여색이 한 국가의 멸망을 좌우하는 것이 아니라는 것이다. 당나라 최도융(崔道融)의 「서시탄(西施灘)」도 이와 비슷한 논조의 시이다.

백비(伯嚭)가 오나라를 망하게 했는데
서시(西施)가 악명(惡名)에 빠져버렸네

완사강(浣紗江) 봄 물결이 급하게 흘러
불평하는 소리가 나는 듯하네

宰嚭亡吳國 西施陷惡名
浣紗春水急 似有不平聲

제목 '서시탄'은 서시가 빨래를 했다는 완강 서쪽의 물살이 급한 구역을 말한다. 이 시도 앞서 본 나은의 시와 마찬가지로 '여자가 화근이다'라는 전통적 관념을 뒤집는다. 제1구에서 태재(太宰) 백비가 오나라를 망하게 한 장본인임을 제시하고 있는데 이는 분명한 역사적 사실이다. 그럼에도 불구하고 '여자가 화근'이라는 관념에 따라 서시가 오나라를 망하게 했다는 악명을 뒤집어썼다는 것이다. 여기까지는 의론(議論)이다.

시에 삽입된 의론은 무미건조하고 딱딱하기 마련이다. 그런데 이 딱딱한 의론이 3, 4구의 서정적 가락에 힘입어 시를 구성하는 한 요소로서의 역할을 수행한다. 의론과 서정이 유기적으로 결합하여 조화를 이룬 것인데 이것이 이 시가 성공한 이유이다. 서시탄의 물결에서 "불평하는 소리가 나는 듯하네"라고 했는데 이는 물론 시인의 상상이지만 과연 서시는 지하에서 무어라고 불평을 했을까? 서시가 오나라 멸망의 한 원인임은 서시 자신도 잘 알고 있을 것이다. 그렇다면 '내가 오나라 멸망에 일조를 했지만 사실은 백비의 죄가 더 크다. 그런데도 온갖 죄를 나에게만 뒤집어씌우는 것은 억울한 일이다'라는 정도의 불평이 아니었을까?

서시의 최후

구천이 오나라를 정복한 후 서시는 어떻게 되었을까? 이후의 서시의 거취에 대해서는 세 가지 설이 있다. 하나는 고향인 제기(諸暨)로 돌아와 살다가 물가에서 발을 헛디뎌 익사했다는 설이다. 구천의 부인이 서시의 몸에 돌을 매달아 강에 빠뜨려 죽였다는 것이 또 하나의 설이다. 구천이 회군할 때 서시를 같은 배에 태우고 돌아오면서 장차 서시를 후궁으로 삼으려 했는데 이를 알아차린 부인이 질투심에서 서시를 가리켜 '나라를 망하게 한 물건이니 남겨두어서 무엇하겠는가'라 하고 몰래 강에 빠뜨려 죽였다는 것이다. 이 설은 어느 정도 신빙성이 있다. 오나라가 멸망한 때가 기원전 473년인데 이로부터 멀지 않은 기원전 468년부터 기원전 376년까지 살았을 것으로 추정되는 묵자(墨子)의 제자들이 펴낸 『묵자』「친사(親士)」편에 이러한 기록이 보인다.

> 이런 까닭으로 비간(比干, 은나라의 충신)의 죽음은 그 강직함 때문이고, 맹분(孟賁, 전국시대의 역사力士)의 죽음은 그 용맹 때문이며, 서시가 강물에 빠짐은 그 미모 때문이다. (괄호 안의 설명은 인용자)

이로 보면 묵자의 시대에는 일반적으로 서시가 물에 빠져 죽었다고 믿었던 듯하다. 그러나 오나라가 망한 후 범려와 함께 멀리 떠났다는 것이 후대의 주도적인 학설이다. 원래 서시와 범려는 연인 사이였기에 사람들은 부차가 죽은 후 서시가 범려의 품으로 돌아갔기를 바랐을 것이다. 그래서 두 사람을 둘러싼 전설 같은 이야기가 수없이 만들어졌다.

그중 하나는 두 사람이 배를 타고 태호(太湖) 북단에 있는 무석(無錫)의 오리호(五里湖)에 도착하여 고을 사람들과 물고기를 기르고 도자기를 만들며 생활했다는 이야기가 있다. 오리호는 태호 북단에 있는 내호(內湖)로 그냥 오호(五湖)라고도 하는데 이 전설을 바탕으로 하여 지금은 여호(蠡湖)로 불린다. 그뿐만 아니라 주위에 여원(蠡園), 범려당(范蠡堂), 도주각(陶朱閣) 등의 기념물이 세워졌다. 태호 서쪽의 의흥(宜興)에서는 범려와 서시가 그곳에 정착하여 도자기를 빚어 의흥 자사기(紫砂器)의 시조가 되었다고 말한다.(이 책의 「도조성경구에 범려가 살고 있었네」 참조) 그러나 사서(史書)의 기록에 의하면 범려에겐 한 명의 부인이 있었고 여기서 아들 셋을 얻었다고 하는데 이 부인이 서시가 아닌 것은 분명하다.

이들 전설은 사마천(司馬遷)이 쓴 『사기(史記)』의 기록과는 다르지만 이야기 자체가 워낙 흥미로워 수많은 버전이 생겨났고 이것이 후대 시인들의 시심(詩心)을 자극하여 많은 문학작품이 창작되었다. 이 중에서 우리나라 고려의 문호(文豪) 익재(益齋) 이제현(李齊賢)이 쓴 「범려」가 단연 압권이다.

공을 논함에 어찌 강한 오나라 격파한 것뿐이리오
가장 큰 공은 오호(五湖)에서 배 띄운 것이라네

서시를 데리고 가지 않았더라면
월궁(越宮)에 또 하나의 고소대(姑蘇臺)가 생겼을 터

論功豈啻破強吳　最在扁舟泛五湖
不解載將西子去　越宮還有一姑蘇

범려가 월나라를 위하는 애국충정에서 서시를 데리고 떠났다는 것이다. 서시를 그냥 두면 구천이 또다시 그녀에 미혹되어 나라를 망쳤으리라는 것이 이제현의 생각이다. 그래서 서시와 함께 멀리 떠나버린 것이 범려의 가장 큰 공이라는 것이다. 고려시대의 학자로서 범려와 서시를 주제로 하여 이만한 시를 썼다는 사실이 놀랍다. 이수광(李睟光)은 『지봉유설(芝峯類說)』에서 이 시를 평하여 "그 뜻이 매우 새롭다"라고 했으며,

서시고리 대문 2016년 5월 다산연구소에서 주관한 중국인문기행 참가자들이다.

허균(許筠)도 『성수시화(惺叟詩話)』에서 "전인(前人)들이 아직 말하지 못한 것을 발표했다"라고 평했다. 사실상 중국에서 범려와 서시를 다룬 시가 수많이 쓰였지만 이제현과 같은 착상을 한 시는 없었다.

서시전의 서시

8시에 호텔을 출발한 버스가 9시 15분경 소흥 시내 서남쪽의 제기시(諸暨市) 저라산에 조성되어 있는 서시고리에 도착했다. 대문에는 중앙의 '서시고리(西施古里)'라 쓰인 편액 오른쪽에 장산종령(長山鍾靈, 장산이 신령한 기운을 모았다), 왼쪽에 완강육수(浣江毓秀, 완강이 빼어난 미인을 길렀

서시전 전경 1986년 소흥시 제기현 인민정부가 대대적으로 다시 건립하여 '서시전'이라 명명했다.

다)라는 글귀가 새겨져 있다. 대문을 들어서면 오른쪽에 서시전이 있다. 돌다리 너머에 '저라명주(苧羅明珠, 저라산의 밝은 구슬)'라 쓴 커다란 편액이 보이고 그 안에 '서시전(西施殿)'이라 쓰인 편액이 걸려 있는데 유명한 서예가 유해속(劉海粟, 류하이쑤)의 글씨이다. 그 밑에는 '절대가인(絶代佳人)' 편액도 걸려 있다.

서시전이 언제 세워졌는지는 고증할 길이 없다. 지금 남아 있는 가장 오래된 기록은 당나라 여성 시인 어현기(魚玄機)의 「서시묘(西施廟)」라는 시이다. 이것으로 보아 당나라 때에는 서시가 살던 저라산 아래에 서

완사석 위에 앉아 있는 서시상 매우 정교하게 만들어져서 보는 이의 감탄을 자아내게 한다. 위에 '하화신녀(荷花神女)' 편액이 걸려 있다.

시의 사당이 있었던 것이 분명하다. 그러다가 명나라 때 장영(張央)과 노매(路邁)가 연이어 제기(諸暨) 현령을 지내면서 황폐해진 서시 사당을 중수했다. 이후도 여러 번의 중수를 거쳤는데 1861년 태평천국의 난 때 소실된 것을 1929년 그 고장 사람 진금문(陳錦文, 천진원) 등이 중수했고 이것도 항일전쟁 시기 일본군의 폭격으로 파괴되고 문화대혁명 시기에 또 철저히 파괴되었는데 1986년에야 소흥시 제기현 인민정부가 주도하여 대대적으로 다시 건립하여 서시전이라 명명했다. 이때 민간으로부터 약 1만여 건의 명청시대 건축물의 부품을 기증받아서 건물을 완성했다고 한다. 2001년에 다시 크게 확장하여 오늘에 이르고 있다.

서시전 안 정면 중앙에 완사석(浣紗石) 위에 앉은 서시상이 놓여 있다. 높이는 2.8m. 후비(后妃)의 복장을 한 서시상은 매우 정교하게 만들어져서 보는 이의 감탄을 자아내게 한다. 서시상 위쪽에 '하화신녀(荷花神女)'라 쓰인 편액이 걸려 있는데 '하화'는 연꽃이다. 이는 서시가 6월의 하화신으로 추앙받기 때문이다. 진흙탕 속에서 아름다운 꽃을 피우는 연꽃처럼 서시도 비천한 민간 출신으로 높은 지위에 올랐음을 나타내기 위해서 그녀에게 하화신의 명칭을 부여했을 것이다. 그 고장을 수호하는 신으로 추앙받은 것이다. 서시전 안에는 홍분천성(紅粉天成, 하늘이 낸 여자), 국색천향(國色天香, 세상에서 제일가는 미인으로, 모란을 달리 이르는 말), 월중여와(越中女媧, 여와와 같은 월나라의 여신. '여와'는 진흙으로 인간을 창조했고 인간의 혼인을 주관한다는 중국 고대 신화 속의 여신) 등의 편액이 걸려 있다.

고월대와 저라정

서시전 왼쪽 산비탈에 고월대(古越臺)가 있다. 이 건물 안에는 중앙에 구천, 좌우에 문종과 범려의 상이 놓여 있다. 그리고 위에는 '와신상담(臥薪嘗膽)' 네 글자가 새겨진 편액이 걸려 있고 그 밑의 편액에는 '부모사민(父母斯民)'이라 쓰여 있다. 와신상담하면서 국력을 길러 오나라를 물리침으로써 '이 백성의 부모 노릇을 했다'는 뜻이다.

고월대 밑에는 홍분지(紅粉池)라는 조그마한 연못이 있다. 일설에는

고월대와 홍분지 고월대 안에는 월나라 왕 구천과 그의 신하 문종, 범려의 상이 모셔져 있다.

서시가 고향집을 떠나기 전날 밤 목욕을 한 곳이라고 한다. 그리고 홍분지 뒷벽에는 경독전가(耕讀傳家)라 쓰여 있다. 경독전가는 서시의 집안이 '대대로 주경야독(晝耕夜讀), 즉 낮에는 밭 갈고 밤에는 글을 읽는 집안' 이란 뜻인데 좀 지나치다는 느낌이 든다. 앞에서 언급한 바와 같이 서시의 아버지는 땔감을 팔아서 생계를 유지한 사람으로 글 읽은 선비라는 기록은 어디에도 없다. 아마 이 고장 사람들이 서시를 높일 목적으로 지나치게 미화한 듯하다.

고월대에서 오른쪽으로 가다가 저라산문(苧羅山門)을 지나면 뒤편 오른쪽에 비랑(碑廊)이 나타난다. 여기에는 서시를 읊은 고금의 시문(詩文)과 갖가지 모습의 서시 그림이 오석(烏石)에 새겨져 있다. 이 비랑을 지나면 3층의 저라정(苧羅亭)이 솟아 있다. 애초에는 건물 이름이 정단정(鄭旦亭)이었는데 이곳에 정단정이 있는 것이 합당치 않다고 여겨 이름을 바꾼 듯하다. 저라정 1층 입구에 이백의 시 「서시」를 새긴 비석이 있다.

월계(越溪)의 아가씨 서시는
저라산(苧蘿山) 출신인데

고금을 통틀어 빼어난 미색
옥 같은 그 얼굴에 연꽃도 부끄러웠네

빨래하는 푸른 강에서 물장난하며
맑은 물결 더불어 스스로 한가하고

하얀 치아 진실로 열기 어려워
푸른 구름 사이에서 흥얼거리네

구천(句踐)이 절세미인 징발하여서
어여쁜 자태로 오나라에 들어가

관왜궁(館娃宮)서 구천과 서로 협력하는 사이
아득히 높아서 근접하기 어렵도다

부차(夫差)의 나라를 한 번 격파하고는

천년토록 끝끝내 돌아오지 않았네

西施越溪女 出自苧蘿山
秀色掩今古 荷花羞玉顔
浣紗弄碧水 自與淸波閑
皓齒信難開 沈吟碧雲間
句踐徵絶艶 揚蛾入吳關
提携館娃宮 杳渺詎可攀
一破夫差國 千秋竟不還

저라정 '저라'는 저라산(苧蘿山)에서 따온 것으로, 서시 집안은 대대로 저라산 아랫마을에서 살았다.

저라정을 나와서 왼쪽으로 돌계단을 내려가면 나타나는 것이 서시장랑(西施長廊)이다. 장랑 입구에는 천하제일미인(天下第一美人)이라 쓰여 있는데 모택동의 글씨를 집자(集字)했다고 한다. 여기에는 서시가 태어날 때부터 오나라가 멸망한 후 범려와 함께 오호에서 배를 타고 멀리 떠날 때까지의 행적을 수십 개의 그림과 설명문으로 진열해 놓았다. 그리고 각각의 그림 앞에는 제목이 붙어 있어 이해를 돕는다. 몇 개의 예를 들면 이렇다.

범려가 미인을 찾다가 서시를 우연히 만나다(范蠡尋美 邂逅西施)

대의를 중히 여겨 한 몸을 나라에 바치다(大義爲重 以身許國)

공을 이룬 후 물러나 오호로 돌아가서 은거하다(功成身退 歸隱五湖)

이광각과 침어지

서시장랑을 나서면 서시의 이름인 이광(夷光)을 따서 명명한 이광각(夷光閣)이 보이는데 이 세 글자는 왕희지의 글씨에서 집자했다고 한다. 이광각 앞에는 침어지(沈魚池)를 만들어놓았다. 서시의 미모에 홀려 물고기가 지느러미 흔드는 것을 잊어 바닥에 가라앉았다는 얘기를 토대로 후대에 만든 연못이다. 나는 일행 중 여학생들에게 미리 "침어지 앞에 서서 물고기가 가라앉으면 미인이고 그러지 않으면 미인이 아니다"라고 말해두었다. 뻔히 거짓말인 줄 알면서도 여학생들은 선뜻 그 앞에 서기를 꺼렸다. 그런데 침어지에는 물고기가 보이지 않았다.

"물고기가 가라앉아 안 보이니 모두가 미인인가보네."

내가 이렇게 말해주었지만 사실은 물이 탁해서 물고기가 살 수 없는 연못이었다. 원래는 물고기를 길렀는지 모르지만 지금은 한 마리도 보이지 않았다.

다시 돌계단을 따라 내려가다 조그마한 문을 통과하면 제법 규모가 큰 하화지(荷花池)가 있고 중앙에 서시상이 세워져 있다. 하화, 즉 연꽃이 서시를 상징하기 때문에 서시전 확장공사를 하면서 조성한 것이다.

하화지의 서시상 '하화(荷花)'는 진흙탕 속에서 아름다운 꽃을 피우는 '연꽃'을 말한다.

하화지 옆에는 '서시 자료 진열실'이 있어 서시에 관한 사료(史料), 서시의 초상화, 서시를 읊은 시 등을 전시하고 있다. 서시전을 떠나면서 나는 「유서시고리(遊西施古里)」라는 제목의 부끄러운 시 한 수를 지어보았다.

浣沙遺迹今昔同　越國蛾眉去碧空
古廟猶存姸塑像　沈魚美色若相逢

빨래하던 유적은 예나 지금 같은데
월나라 미인은 하늘로 가버렸네

옛 사당에 그래도 고운 소상(塑像) 남아 있어
마치도 침어미인(沈魚美人)을 만난 듯하네

왕유의 「서시영」

서시를 둘러싼 이야기가 워낙 재미있기 때문에 후대의 시인들은 이를 소재로 한 시를 수없이 지었다. 일반적으로는 서시의 공덕을 찬양하는 시가 주류를 이루지만 독특한 관점에서 서시를 재평가한 시도 있다. 널리 애송되는 왕유(王維)의 「서시영(西施咏)」이 바로 그러한 시이다.

미색(美色)은 천하가 중하게 여기는데
서시는 어찌하여 오랫동안 묻혔나

아침엔 월계(越溪)의 아가씨였다가
저녁엔 오나라 궁전 비(妃)가 되었네

미천할 땐 뭇사람과 어찌 달리 여겼으리
귀해지자 깨닫네, 드문 미인이란 걸

사람 불러 연지분 바르게 하고
비단옷도 자기 손으로 입지 않았네

왕의 은총 깊어지자 더욱 교태 부리고
왕은 이를 예뻐하여 시비(是非)를 못 가리네

당시 함께 빨래하던 고향 친구들
이제는 그녀와 같은 수레 탈 수 없네

이웃의 여자들께 말해주노니
효빈(效顰)이 어찌 바랄 만한 일이리오

艶色天下重 西施寧久微
朝爲越溪女 暮作吳宮妃
賤日豈殊衆 貴來方悟稀
邀人傅脂粉 不自着羅衣
君寵益嬌態 君憐無是非
當時浣紗伴 莫得同車歸
持謝鄰家子 效顰安可希

이 시가 말하려는 핵심 주제는 두 가지이다. 권세가 있으면 아첨하여 좇고 권세가 없어지면 푸대접하는 이른바 염량세태(炎涼世態)를 서시를 빌려 풍자한 것이 그 하나인데, 제1연과 제3연의 언술이 그것이다. 즉 평범한 시골 처녀일 때에는 서시의 미모를 모르고 있다가 귀한 몸이 된 후에야 미인이란 걸 알았다는 것이다. 시골에 있을 때나 오나라 궁전에 있을 때나 서시는 변함없는 서시이다. 그런데 귀해지자 비로소 사람들은 그녀가 미인임을 깨닫는다고 했다. 제1연의 "미색은 천하가 중하게 여기는데/서시는 어찌하여 오랫동안 묻혔나"라는 말은, 서시의 아름다움을 사람들이 몰라준다는 안타까움이라기보다, 평범할 때에도 아름다웠지만 그때는 그 아름다움을 거들떠보지 않았다고 말함으로써 권세를 좇는 일반인의 세태를 풍자한 것이다.

이 시의 두 번째 주제는 서시 자체에 대한 비판이다. 시골 처녀이던 서시가 부차의 총애를 받는 지위에 오르자 "사람 불러 연지분 바르게 하고/비단옷도 자기 손으로 입지 않"을 만큼 사람이 변해서 교만해졌다는 것이다. 마지막 연의 "효빈이 어찌 바랄 만한 일이리오"라는 말은 그러한 서시를 부러워하는 여자들에 대한 경계이다. 효빈(效顰)은 '찡그림〔顰〕'을 '본받는다〔效〕'는 말인데 『장자(莊子)』「천운(天運)」 편의 다음과 같은 이야기에서 유래되었다.

> 서시(西施)가 가슴앓이를 하여 마을에서 얼굴을 찡그리고 다니자 그 마을의 어떤 추녀가 그것을 보고 자기 집에 돌아가 가슴을 부여잡고 마을 사람들 앞에서 얼굴을 찡그리니 그 마을의 부자들은 그것을 보고는 문을 굳게 닫고 밖으로 나오려 하지 않았고 가난한 사람들은 그것을 보고는 처자식을 이끌고 마을을 떠나버렸다. 그 추녀는 찡그린 것을 아름답게 여길 줄만 알았지 찡그린 것이 아름다운 까닭을 알지 못한 것이다.

서시는 원래 아름다웠기 때문에 찡그리는 모습도 아름다웠는데 이를 보고 추녀가 서시를 본받아 자기도 얼굴을 찡그렸다는 것이다. 이로부터 '효빈'은 이 추녀와 같이 무턱대고 남을 모방하는 행위를 가리키는 성어(成語)가 되었다. 결국 왕유의 시는, 여자들이 서시를 흉내 내도 서시와 같이 될 수 없을 뿐만 아니라 부귀한 후에 교만하게 변한 서시를 흉내 내어서도 안 된다는 것을 말하고 있다. 이 시는 서시를 읊은 수많은 시 중에서 가장 독특한 시각으로 서시를 묘사한 작품이다.

중국역대명원관의 미녀들

서시전 앞을 흐르는 완강 너머에 중국역대명원관(中國歷代名媛館)이 있다. 건물 입구에는 커다란 벽에 모택동의 글씨를 새겨놓았다. "제기(諸墍)는 명인을 배출한 지방이다. 미녀 서시와 화가 왕면(王冕)이 모두 이곳에서 나왔다." 명원관에는 약 100여 명의 중국 고대 여성들 모습을 혹은 밀랍 인형으로 혹은 다양한 기법의 그림으로 재현해놓았다. 전시관은 4대 미녀, 궁정 여성, 민간 여성, 이야기 속의 여성 등 네 부분으로 나누어져 있는데 중심적인 인물은 역시 4대 미녀이다.

4대 미인 서시, 왕소군, 초선, 양귀비의 밀랍 인형은 실물 못지않게 사실적이다. 또한 인물상과 함께 그 인물을 상징하는 환경까지 조성해놓았다. 서시는 빨래하는 모습을, 왕소군은 말을 타고 변방을 벗어나는 장

침어미인 서시(위), 폐월미인 초선(아래) 침어미인은 '물고기를 가라앉힌 미인', 폐월미인은 '달을 가둬버린 미인'이라는 뜻이다.

면을, 초선은 달을 보고 절하는 모습을, 양귀비는 술에 취한 모습을 만들어 이들 미녀들에 얽힌 이야기를 그려볼 수 있게 했다.

궁정여성 구역에는 측천무후(則天武后)를 비롯해서 황가의 공주, 왕비, 궁녀 등 20여 명의 여성상이 있다. 민간여성 구역의 숫자가 가장 많다.

수화미인 양귀비(위), 낙안미인 왕소군(아래) 수화미인은 '꽃을 부끄럽게 한 미인', 낙안미인은 '날아가는 기러기를 떨어뜨린 미인'이라는 뜻이다.

여기에는 한(漢)나라 때 사마상여(司馬相如)와의 로맨스로 유명한 탁문군(卓文君), 당나라의 시기(詩妓) 설도(薛濤), 송나라의 대시인 육유(陸游)의 첫 아내였던 당완(唐婉), 명나라 말 남경의 진회팔염(秦淮八艶)(이 책의 1권 406면 참조)을 비롯해서 각기 독특한 재능을 지닌 여성들이 보인다. 또

맹자의 어머니, 두 아들을 훌륭하게 양육한 소식·소철의 어머니, 송나라의 명장 악비(岳飛)의 어머니 등도 있다.

이야기 속의 여성 구역은, 인류를 창조했다는 어머니 신 여와(女媧), 남편 예(羿)의 불사약을 훔쳐 먹고 달로 도망갔다는 항아(姮娥) 등 신화 속의 여성들과 함께, 양산백(梁山伯)과의 애절한 사랑으로 유명한 축영대(祝英臺) 등 중국의 4대 민간 전설에 등장하는 여성들로 꾸며져 있다.

2016년 5월에 다산연구소에서 기획한 중국 답사여행의 인솔자로 다시 이곳을 방문했을 때는 마침 서시문화절(西施文化節) 기간이라 주최 측은 우리를 크게 환영했다. 그도 그럴 것이 여기는 한국 관광객이 거의 찾지 않는 곳인데 한국인 30여 명이 왔으니 그들도 뜻밖이었을 것이다. 그들은 우리에게 홍보 책자와 CD 등의 선물을 주었고, 어떻게 알고 왔는지 제기 전시대(諸曁電視臺), 즉 TV 방송국에서 나에게 인터뷰를 요청하여 즉석에서 몇 마디 덕담을 해주었다. 내가 여기에 네 번째 오는 것이라 하니 그들도 놀라는 눈치였다.

경영의 신, 범려 사당

역대명원관에서 버스를 타고 더 안쪽으로 들어가면 범려사(范蠡祠)를 볼 수 있다. 사당 안에는 정면에 범려의 청동 입상이 있고 그 뒤에 '대장군(大將軍)'이라 쓰인 편액이 걸려 있다. 편액 밑에는『사기』「월왕구천세가(越王句踐世家)」 중에서 범려 부분을 발췌하여 죽간(竹簡) 모양의 나무

범려사 범려의 사당으로, 그는 '월나라의 성스러운 신하' '중국 상업의 시조' '경영의 신' 등으로 불린다.

판에 새겨놓았다. 그리고 '어월성신(於越聖臣, 월나라의 성스러운 신하)' '화하상조(華夏商祖, 중국 상업의 시조)' '제세광국(濟世匡國, 세상을 구제하고 나라를 바로잡다)' 등의 편액이 달려 있다. 사당 밖의 회랑에는 수십 개의 오석(烏石)에 범려를 칭송하는 문구가 새겨 있다. 그중에서 유상지관(儒商之冠, 선비 출신 상인의 으뜸), 치부선사(致富先師, 부를 이룩한 선사), 경영지신(經營之神, 경영의 신) 등이 눈에 띈다.

또 근처의 노자만 고어촌(鸕鶿灣古漁村)은 서시와 함께 오나라에 갔던 미녀 정단(鄭旦)이 태어난 곳이다. 이곳에 정씨종사(鄭氏宗祠)가 있다. 정단은 서시와 함께 최종적으로 선발되어 부차에게 바쳐진 처녀인데 오나라에 간 지 1년 남짓 만에 죽었다고 한다. 그녀가 일찍 죽은 원인에 대해서는 설이 분분하다. 오나라 궁전에서 향수병에 시달리다가 죽었다는 설도 있고, 부차가 서시만 총애했기 때문에 질투심으로 울화가 치밀어 죽었다는 설도 있다. 너무도 오래된 일이고 정사(正史)에 기록될 일도 아니기 때문에 근거 없는 이야기가 많이 생겨난 것이다. 심지어 서시와 정단이 동일인이라는 주장도 있다.

즉묵노주

(1) 북방을 대표하는 황주

'남방에는 소흥 화조주(花彫酒, 화댜오주)가 있고 북방에는 즉묵노주(卽墨老酒, 지모라오주)가 있다'는 말이 있을 만큼 즉묵노주는 북방의 황주를 대표하는 술이다. 즉묵은 산동성(山東省)에 위치한 그리 크지 않은 도시이지만 1400여 년의 역사를 지닌 고도(古都)로, 춘추전국시대 제(齊)나라의 상업 중심지였다. 이곳은 제나라 장수 전단(田單)이 화우진(火牛陣)을 써서 연(燕)나라 군대를 크게 무찌른 것으로 유명하다. 사마천의 『사기』「전단열전(田單列傳)」에 이렇게 기록되어 있다. 기원전 3세기경에 연나라가 제나라를 공격하여 70개의 성을 함락하고 거(莒)와 즉묵 두 개의 성만 남았다. 제나라 장수 전단은 즉묵성에서 화려한 옷을 입힌 천 마리 소의 뿔에 칼을 붙들어 매고 꼬리에 기름을 부어 불을 붙인 다음 밤중에 성 밖으로 내보냈다. 이 작전으로 연나라 군대를 대파하고 잃었던 70개의 성도 탈환했다. 이것이 유명한 '화우진'이다. 제나라에서는 승전을 축하하는 잔치가 3일 동안 이어졌는데 이때 군사들에게 내린 술이 즉묵노주라는 것이다. 그 당시엔 이 술을 '요주(醪酒)'라 불렀는데 요주는 탁주라는 말이다. 아마 지금 우리나라의 막걸리와 비슷했을 것이다. 그러니 즉묵노주는 2천 년 이상의 역사를 가진 셈이 된다.

중국의 모든 술이 그렇듯이 즉묵 지방의 황주도 신중국 성립 후인

1950년에 옛 양조장을 토대로 '즉묵현 황주창'이 설립되었고 1988년에 '산동 즉묵황주창'으로 개명하여 오늘에 이르고 있다. 1999년에는 국가가 인증하는 '중국 황주 유일의 녹색식품'으로 선정되었다. 녹색식품으로 선정된 것은 첨가물을 일절 섞지 않기 때문인 것으로 보인다. 소흥황주는 인공색소인 초콜릿 색소를 첨가한다. 즉묵노주는 또한 2013년에 '성급(省級) 비물질문화유산'으로 선정되기도 했다.

즉묵노주는 '고유육법(古遺六法)'이라 하여 예부터 내려오는 여섯 가지의 독특한 양조방법으로 술을 빚는다고 한다. 이 중 소흥주와 크게 다른 것은 원료이다. 소흥 황주가 쌀 또는 찹쌀을 주원료로 빚는 반면에 즉묵노주는 기장〔黍〕을 원료로 쓴다. 기장을 황미(黃米)라고도 하는데 즉묵노주의 원료로 쓰이는 기장은 대황미(大黃米)라 부른다. 아마 일반 기장보다 노란색이 짙어서 붙인 명칭인 듯한데 그만큼 고급 기장이란 말일 것이다. 또한 소흥주는 감호수를 사용하는데 즉묵노주는 청도(靑島, 칭다오) 근처의 명산인 노산(嶗山)에서 나는 맥반석 광천수를 사용한다. 그러나 상표의 원료란에 소흥주에는 '감호수'라 표기되어 있는 반면 즉묵노주에는 그냥 '수(水)'라고만 쓰여 있다. 이밖에도 즉묵노주를 빚을 때 사용하는 누룩은 여름 삼복(三伏)에 만든 특수 누룩이란 점도 다르다.

상품 유형은 기본적으로 첨형(甛型)과 반첨형이 주류를 이루고 있으나 근래에는 간형(乾型)도 생산하고 있다. 즉묵노주는 풍부한 영양 가치를 내세우고 있는데 대부분 소흥주의 영양 가치와 비슷하다. 특히 강조하는 것은 이 술이 임산부에 좋다는 점이다. 나쁜 피를 제거하여 산후 회복을 돕고 젖을 잘 나게 하기 때문에 그 지방에서는 집집마다 산모들이 이 술을 마신다고 한다. 여자들의 냉증 치료에도 효과가 있는 것으로 알려져 있다.

산동성에서는 즉묵노주를 '대지가 인간에 내린 예물'이라 하여 성 차원의 특산물로 널리 선전하고 있다. 최근에는 북방에서 유일한 황주박물관을 건립하기도 했다. 또한 황주 전문 연구소를 만들어 고급 양주사(釀酒師), 품주사(品酒師) 등 국가가 인증하는 전문 기술자 100여 명을 두고 황주에 대해 연구하고 있다. 품주사는 술을 개발하고 품질을 유지하는 양조기술자 혹은 술의 품질을 감별하는 기술자를 말한다. 이 연구소를 그 지방 사람들은 '북방 황주의 황포군관학교'라 부른다.

즉묵노주의 양대 양조장은 신화금집단(新華錦集團, 신화금그룹)에서 경영하는 '산동성 즉묵황주 유한공사'와 '산동 즉묵 묘부노주(妙府老酒) 유한공사'이다. 신화금그룹 제품에는 '즉묵패(卽墨牌)'라는 마크가 붙어 있다. 이것이 즉묵노주 중 가장 오랜 역사를 가진 술이다.

(2) 즉묵노주의 맛

나는 1993년 청도에서 즉묵노주를 처음 마셔보았는데 그때는 너무 단맛이 난다는 느낌밖에 없어 별다른 인상을 받지 못했다. 그러다가 2015년 남경대학에 초빙교수로 있을 때 청도 해양대학의 배종석(裵鍾碩) 교수가 가져온 '즉묵패노주'와 '묘부노주'를 맛보고 즉묵노주에 대한 인식을 달리했다. 배종석 교수는 안동대학 한문학과를 졸업하고 성균관대학에서 박사학위를 받은 나의 제자이다. 그는 산동성 청도에서 손수 승용차를 13시간이나 몰고 남경으로 와서 나와 함께 양주(揚州), 진강(鎭江) 등지를 여행했다. 즉묵시는 청도와 가까운 거리에 있다.

즉묵패 황주는 11.5도짜리 반첨형으로 상표에 고유육법양제(古遺六法釀制)라 표기되어 있었다. 앞서 살펴본 전통적인 방법으로 양제했다는 표시이다. 놀랍게도 우리나라의 유통기간에 해당하는 보질기(保質期)가 6년이다. 일반적으로 소흥 황주 중에서 태조주는 진한 맛이 나는데 기타 고월용산, 회계산, 탑패 소흥주는 태조주보다 덜 진하고 맑아서 어떤 경우에는 약간 싱겁기까지 하다. 그런데 즉묵노주는 태조주와 기타 소흥 황주의 중간쯤 되는 듯하다. 11.5도인데도 싱겁지는 않고 약한 한약 냄새가 난다. 목을 넘기고 난 후의 느낌이 그리 개운하지는 않았지만 좋은 황주임에 틀림없다. 묘부 황주는 11도 10년짜리 첨형 황주로 그다지 달지는 않았고 맛은 즉묵패와 대동소이했다. 즉묵노주 특유의 맛인 듯 여기서도 약한 한약 냄새가 났지만 거부감을 느낄 정도는 아니었다.

이밖에도 즉묵시에는 다양한 즉묵노주가 생산되고 있고 가격도 천차만별이다. 20위안, 30위안 황주가 있는가 하면, 수공고법(手工古法)이라 표기된 30년 5*l* 즉묵노주는 2180위안(약 40만 원)을 호가하고, '묘부 노주창' 제품의 12년 5*l*짜리 경로장수주(敬老長壽酒)에는 5399위안(약 97만 원)의 가격표가 붙어 있다. 최근에는 20도의 도수 높은 황주도 생산하고 있다.

중국의 서법(書法) 성지, 난정

난정계회를 개최한 왕희지
제1경 아지·비정
제2경 난정비정, 제3경 곡수유상처
제4경 유상정
제5경 어비정
왕희지 아들의 글씨 연습
소흥 가이드 엽건군의 추억
제6경 왕우군사
「난정집서」 진본의 행방
「난정집서」 전문

난정계회를 개최한 왕희지

서시고리를 뒤로하고 우리는 다시 소흥 쪽으로 향하는 귀로에서 난정(蘭亭, 란팅)을 들렀다. 난정은 소흥 서남쪽 13km 지점의 난저산(蘭渚山) 아래에 있는 지명으로, 전하는 말에 의하면 월왕 구천이 이 일대에 난초를 심었고 한나라 때는 여기에 역정(驛亭)을 설치했다고 한다. 마지막으로 남은 난정 유지(遺址, 역사적 자취가 남아 있는 자리)는 송나라 때의 천장사(天章寺)였다고 하는데 1548년에 군수 심계(沈啓)가 현재의 장소로 이전했다. 이후 여러 번의 중수와 확장을 거쳤는데 1956년의 태풍과 1962년의 홍수로 타격을 받았고 1966년의 문화대혁명으로 거의 파괴되었다. 그러다가 1979년에 전면적으로 중수하여 오늘에 이르고 있다.

이곳은 유명한 「난정집서(蘭亭集序)」를 써서 중국의 '서성(書聖)'으로 일컬어지는 왕희지(王羲之)와 분리해서 생각할 수 없다. 왕희지(303~361)의 생몰 연대에 관해서는 정확한 기록이 남아 있지 않아서 여러 가지 설이 있지만 대체로 303년에 태어나서 361년에 59세를 일기로 사망했다는 것이 통설이다. 왕희지의 자(字)는 일소(逸少), 호는 설원(雪園)으로 산동성(山東省, 산둥성) 임기(臨沂, 린이) 출신이다. 서진(西晉)이 팔왕(八王)의 난, 영가(永嘉)의 난을 거치며 기울어지자 서진의 유일한 생존 황족인 사마예(司馬睿)가 317년 남경(南京)에 동진(東晉)을 세우고 황제가 되었는데 그때 왕희지의 종숙부 왕도(王導)가 초대 재상으로 임명되었다. 이 무렵에 왕희지 일가도 임기에서 남경으로 옮겨온 것으로 보인다. 왕희지 나이 13~14세경이다. 그의 가족은 당시 고관대작들의 거주지인 남경의 오의항(烏衣巷)(오의항에 대해서는 1권 415~20면 참조)에 살면서 종숙부 왕도의 비호하에 비교적 풍요로운 삶을 누렸다.

왕희지 초상

그는 23세경에 첫 벼슬길에 나서서 여러 관직을 거치다가 41세경에는 모든 관직을 사임하고 칩거했다. 46세경에 다시 출사하여 48세경에는 우군장군(右軍將軍), 회계내사(會稽內史)에 임명되어 지금의 소흥을 맡아 다스리게 되었다. 후대에 그를 '왕우군(王右軍)'으로 부른 것은 우군장군의 관직을 거쳤기 때문이다. 우군장군은 직접 병사를 통솔하지는 않지만 상당히 높은 무관직이고 그가 역임한 벼슬 중에서 가장 높은 것이다. 그리고 회계내사로 부임한 이듬해인 353년에는 난정계회(蘭亭禊會)

난정 입구 문 위에 '난정고적(蘭亭古跡)'이라 쓴 편액이 보인다.

를 개최하여 「난정집서」(「난정서」로도 부름)를 썼다. 회계내사로 약 5년간 재직한 후 그는 관직에서 물러나 산수자연을 유람하며 지내다가 지금의 절강성 승주시(嵊州市, 성저우시) 금정(金庭, 진팅)에서 생을 마쳤다.

제1경 아지·비정

난정을 둘러볼 때 흔히 '난정 8경'을 거론한다. 즉 난정의 관람 포인트를 여덟 개로 나누어놓은 것이다. 이제 8경을 차례로 살펴보기로 한다.

난정 대문 앞에 '후지시금 역유금지시석(後之視今 亦由今之視昔)'이라

아지비정 왕희지가 거위를 좋아했다는 사실을 근거로 비석 앞에 연못을 만들어 거위를 기르고 있다.

쓴 입간판이 서 있다. 이 글귀는 「난정집서」의 한 구절로 '후세 사람들이 지금의 우리를 보는 것 또한 지금 우리가 옛사람들을 보는 것과 같다'는 뜻이다. '난정고적(蘭亭古蹟)'이라는 편액이 걸린 대문을 들어서서 양편으로 대나무가 무성한 오솔길을 따라가다보면 아지(鵞池)가 나타난다. 그리 크지 않은 연못에 흰 거위 몇 마리가 유유히 헤엄치고 있다. 이곳에 아지를 만들어놓은 것은 왕희지가 평소에 거위를 무척 좋아했기 때문이다. 그는 거위를 기르고 감상하며 '아(鵝)' 자를 즐겨 썼다고 한다.

그가 거위를 좋아한 것은 서법(書法)과 관련이 있다. 모필로 글씨를 쓸 때 붓을 잡은 식지(食指)를 꼬부린 모양이 거위가 머리를 높이 들고 있는 것과 닮았고, 붓을 왼쪽 오른쪽으로 빼치는 것이 거위가 헤엄칠 때 물속에서 전력을 다하여 두 발을 움직이는 것과 같아서 온몸의 힘을 붓 끝에 집중한다는 것이다. 왕희지와 거위에 대하여 이런 이야기가 전한다. 회계에 사는 어느 도사(道士)가 왕희지로부터 『도덕경』 한 부를 써 받고 싶은 꿈을 꾸다가 드디어 무모한 모험을 감행한다. 그는 왕희지가 거위를 무척 좋아한다는 사실을 알고 그가 다니는 길목에 거위를 기르며 기회를 기다렸다. 드디어 어느 날 왕희지가 지나다가 거위를 보고 탐이 나서 자기에게 팔라고 흥정을 했다. 이에 도사는 이렇게 제안했다.

"저에게 『도덕경』 한 부를 써주시면 여기 있는 거위를 드리겠습니다."

이 말을 들은 왕희지는 즉석에서 『도덕경』을 써주고 나서 거위를 담은 조롱을 메고 떠났다는 이야기이다. 이백의 시 「왕우군(王右軍)」은 이 이야기를 바탕으로 쓰인 것이다.

> 우군(右軍)은 본래가 맑고 진솔해
> 깨끗하여 티끌을 벗어났는데
>
> 산음에서 우연히 도사를 만나니
> 거위 좋아하는 이 손님께 글 써달라 요청했네
>
> 비단 쓸고 그 위에 도덕경을 써놓으니
> 필법(筆法)이 정묘하여 신의 경지 들었네
>
> 글씨 쓰고 거위 담아 떠나버리니
> 주인과 작별인사 어찌 필요하리오

右軍本清眞 瀟洒出風塵
山陰遇羽客 要此好鵝賓
掃素寫道經 筆精妙入神
書罷籠鵝去 何曾別主人

아지비 '鵞' 자는 왕희지 글씨이고 '池' 자는 아들 왕헌지 글씨다.

거위가 놀고 있는 아지 옆에 삼각형의 비정(碑亭)이 있고 그 안에 '아지(鵞池)' 두 글자를 쓴 비석이 서 있는데 '鵞' 자는 왕희지의 글씨이고 '池' 자는 왕희지의 아들 왕헌지(王獻之)의 글씨라고 한다. 전하는 말에 의하면 왕희지가 '鵞' 자를 써놓았는데 조정의 칙사가 왔다는 전갈을 받고 급히 떠난 후 아들 왕헌지가 '池' 자를 이어 썼다는 것이다. 그래서 이 비석을 '부자비(父子碑)'라 부른다. 당시 왕헌지의 나이는 8세였다고 한다. 서법을 모르는 내가 보기에는 두 글자의 품격이 비슷하게 보였지만, 역시 아들이 아버지를 따라가지 못한다는 것이 후대의 평가이다. 이 비정과 비석은 청나라 동치(同治) 연간(1862~1874)에 세워진 실물 그대로라고 한다.

난정비정(왼쪽), 손상된 난정비(오른쪽) 석비에 새겨진 '난정(蘭亭)'은 강희황제의 글씨인데, 문화대혁명 때 파손되었다.

제2경 난정비정, 제3경 곡수유상처

아지에서 계란석이 깔린 길을 따라가면 난정비정(蘭亭碑亭)이 나타난다. 이 정자 안에 강희(康熙)황제가 쓴 친필 '난정(蘭亭)'을 새긴 석비가 있다. 이 난정비는 1695년에 건립된 것인데 문화대혁명 때 홍위병에 의하여 네 토막으로 깨어져 방치된 것을 1980년에 다시 복원했다고 한다. 그러나 손상이 심해서 '蘭' 자의 아랫부분과 '亭' 자의 윗부분이 결손되어 다소 어색해 보인다. 홍위병에 의한 '10년 동란'의 상처는 중국 도처에서 발견된다. 이 난정비정을 '소난정(小蘭亭)'이라 부르기도 한다.

곡수유상 353년 봄에 42명의 명사들이 이곳에 모여 때를 씻고 액운을 물리쳐달라는 소원을 빌었으며, 술잔을 띄우고 시를 읊었다.

난정비정 오른쪽에 곡수유상처(曲水流觴處)가 있다. '곡수유상'이란 '꼬불꼬불한 물길에 술잔을 띄운다'는 뜻인데 여기가 353년에 왕희지를 비롯한 42명의 인사들이 함께 계회(禊會)를 열었던 곳이다. 이 모임은 일찍이 주(周)나라 때부터 내려온 풍속으로 매년 3월 3일 물가에 모여 몸의 때를 씻고 액운을 물리쳐달라는 소원을 비는 행사이다. '之' 자 모양의 물길 양쪽에 사람들이 앉아 있고 위에서 술을 채운 술잔을 띄우는데 이 술잔이 자기 앞에 이르면 술잔의 술을 마시고 시를 지어야 한다. 만일 시를 짓지 못하면 사발만 한 커다란 술잔으로 벌주를 마셔야 한다.

이날 모인 42명 중에서 왕희지, 사안(謝安), 손작(孫綽)을 비롯한 11인이 시 2수씩 지었고 15인이 1수씩 지었으며 나머지 16인은 시를 짓지 못해 큰 사발로 벌주 3잔씩을 마셨다고 한다. 이렇게 해서 모인 37수의 시

곡수유상처에서 옛 풍류를 흉내 내며 한잔 마시는 필자

를 묶어 책으로 만들고 왕희지가 즉석에서 서문을 썼는데 이것이 '천하 제일 행서'라 불리는 28행 324자의 「난정집서」(전문은 이 책 286~88면 참조)이다. 이 곡수유상처는 1698년에 처음 복원되었다가 여러 차례 없어지고 복원되기를 반복한 끝에 1980년에 지금의 모습으로 새롭게 단장되었다. 지금도 음력 3월 3일을 '중국 난정 서법절'로 정해 매년 국내외의 인사들이 모여 당시 왕희지가 주관했던 곡수유상을 재현하며 술을 마시고 시를 짓는다. 우리 일행도 여기 앉아 술잔을 주고받으며 그 옛날 선현들의 풍류를 흉내 내보았다.

유상정 곡수유상(曲水流觴)의 '流' 자와 '觴' 자를 따서 붙인 이름이다.

제4경 유상정

곡수유상처 바로 앞에 유상정(流觴亭)이 있다. '유상(流觴)'은 문자 그대로 '술잔을 띄운다'는 뜻으로 곡수유상의 풍류를 기념하기 위해서 만든 정자이다. 정자 앞 기둥에 다음과 같은 영련이 걸려 있다.

此地似曾游 想當年列坐流觴未嘗無我 (차지사증유 상당년열좌유상미상무아)

仙緣難逆料 問異日重來修禊能否逢君 (선연난역료 문이일중래수계능부봉군)

일찍이 이곳을 유람한 것 같은데, 생각하니 당년에 줄지어 앉아 술잔을 띄우던 사람 중에 나는 없었네

좋은 인연을 미리 알기 어렵지만, 묻노니 다른 날 다시 와서 계회(禊會)에 참석하면 그대를 만날 수 있으려는지

심정암(沈定庵)이란 사람이 그의 선생 서생옹(徐生翁)이 남긴 옛 글귀를 썼다는 낙관이 적혀 있다. 유상정 안으로 들어가면 중앙 상단에 '곡수요환처(曲水邀歡處, 곡수에서 맞이하여 즐긴다)'라는 편액이 있는데 '환(歡)' 자만 초서체이고 나머지 네 자는 해서체로 쓴 특이한 편액이다. 그 밑에 소흥의 저명 인물화가 진역농(陳力農)이 그린 「난정수계도(蘭亭修禊圖)」라는 대형 부채 그림이 걸려 있다. 여기에는 왕희지 당시 참석했던 42명이 갖가지 모습으로 그려져 있다. 혹은 술잔을 들어 술을 마시고 혹은 머리를 들어 시를 읊고 혹은 붓으로 글씨를 쓰고 혹은 술에 취해 몽롱한 모습이고 혹은 웃통을 벗은 모습 등 위진(魏晉) 시대 명사들의 광달하고 소탈한 자태를 잘 표현해놓았다. 「난정수계도」 옆에 또 이런 연구(聯句)가 걸려 있다.

雅集鴻文傳百代 (아집홍문전백대)

流觴韻事足千秋 (유상운사족천추)

좋은 모임 훌륭한 글이 백대에 전하고

어비정(위), 어비(아래) 어비에는 강희황제의 친필로 「난정집서」 전문이 새겨져 있다.

술잔 띄운 운치 있는 일 천추에 넉넉하네

이 그림 밑 진열대에는 명나라 영락 연간(永樂年間, 1403~1424)에 판각된 '유상도'의 탁본이 전시되어 있다. 부채 그림 뒤쪽엔 손작(孫綽)이 쓴 「난정후서(蘭亭後序)」 전문이 목판에 새겨져 있다. 이 글의 원제목은 '삼월삼일난정시서(三月三日蘭亭詩序)'인데, 제목과 더불어 손작이 왕희지의 난정계회에 참석한 점을 들어 왕희지의 「난정집서」와 같은 날 쓴 것으로 알려져 후대에 「난정후서」로 불리게 된 것이다. 그러나 최근 전문학자의 고증에 의하면 손작의 글은 353년의 난정계회와는 관계없는 별도의 문장임이 밝혀졌다.

제5경 어비정

유상정 뒤편에 팔각형의 어비정(御碑亭)이 서 있고 안에는 높이 6.86m, 넓이 2.64m의 비석이 있다. 앞면에는 1693년 봄, 강희황제가 이곳에 왔을 때 쓴 친필 「난정집서」 전문을 새겨놓았는데 제왕의 기상이 드러나 있다는 평을 듣는다. 나는 서법을 잘 몰라서 이 글씨가 과연 제왕의 기상이 있는지는 잘 모르겠지만 문외한의 눈에도 썩 잘 쓴 글씨로 보였다. 글씨만 보아도 대청(大淸)의 황제가 될 만하다는 생각이 들었다. 눈에 띄는 것은 여러 번 나오는 '일(一)' 자를 크게 써놓아서 장법(章法)에 다소 어긋난다는 점이다. 이를 두고 '황제가 천하제일임을 과시한 것'이란 해석도 있다.

비석 뒷면엔 1751년 강희의 손자인 건륭황제가 이곳에 들렀을 때 쓴 시 「난정즉사(蘭亭卽事)」가 새겨져 있다. 역시 건륭황제의 친필인데 강희와는 또 다른 느낌을 주는 명필이다. 일국의 제왕이 되려면 최소한 이 정도의 자격은 갖추어야 하지 않을까? 이를 보고 '강건성세(康乾盛世, 강희제에서 건륭제를 아우르는 청나라의 최고 전성기)'란 말이 생긴 이유를 알 만했다. 할아버지와 손자의 글을 함께 새긴 이 '조손비(祖孫碑)'를 이곳 사람들은 큰 자랑으로 여기고 있다. 건륭의 시는 이렇다.

전부터 산음(山陰) 땅 거울 속을 걷고 싶었는데
맑은 유람 좋은 경치, 한평생 유쾌한 일

예부터 풍경이 좋다고 일컫는 곳
곡수유상(曲水流觴) 그 이름 지금까지 장하도다

짙은 대숲 봄 안개, 유난히 고요하고
계일(禊日)보다 늦었지만 꽃은 활짝 피어 있네

물가에 왕희지의 용도법(龍跳法)이 남았으니
천년의 쟁송(爭訟)을 평가하기 쉽지 않네

向慕山陰鏡裏行 淸遊得勝愜平生

風華自昔稱佳地 觴咏于今紀盛名
竹重春煙偏澹蕩 花遲禊日尙敷榮
臨池留得龍跳法 聚訟千秋不易評

제1구는 왕희지의 "산음의 길 위를 걸어가면은/마치도 거울 속을 유람하는 듯(山陰道上行 如在鏡中游)"이라는 구절에서 따온 것이다. 산음은 지금의 소흥인데 소흥이 물의 고장이기 때문에 어디를 가든지 물속에 자신의 모습이 비친다는 뜻이기도 하고, 산음 땅이 그만큼 아름답다는 뜻이기도 하다. 제3연의 "계일보다 늦었"다는 것은, 난정에서 거행하던 계일이 3월 3일인데 건륭이 이곳에 도착한 날이 3월 8일이었기 때문에 늦었다고 한 것이다. "용도법(龍跳法)"은 '글씨가 강하고 힘이 있어서 마치 용이 하늘의 문에 뛰어오르고 범이 대궐에 누워 있는 것 같다'는 말에서 유래한 것으로 여기서는 왕희지의 글씨를 가리킨다. 마지막 구절의 "천년의 쟁송"은 뒤에 서술하겠지만 전해오는 왕희지 작품의 진위(眞僞)에 대한 논란을 말한다.

어비정은 1693년에 건립되었는데 1956년 태풍으로 훼손된 것을 1983년에 다시 중건했다. 그러나 이 과정에서 비석 자체는 손상되지 않고 그대로 보존되었다. 특히 문화대혁명 기간에 홍위병에 의해 파괴되지 않은 데에는 이런 이야기가 전한다. 문혁이 일어난 지 얼마 되지 않은 시기에 난정은 당시 유행했던 전염병 임시 방역소(防疫所)로 지정되어 의료진이 진주해 있었다. 틀림없이 홍위병들이 비석을 파괴하러 올 것이라 예상한 의료진은 비석을 보호하기 위해서 한 가지 꾀를 고안해내었다. 비석 전체에 석회를 칠하고 앞면에는 붉은색으로 모택동의 시「송온신(送瘟神, 돌림병을 일으키는 신을 내보내다)」(1958년 강서성의 돌림병을 퇴치한 후 이를 축하하기 위하여 모택동이 쓴 시)을 쓰고 뒷면에는 모택동 어록에 있는 '절대로 계급투쟁을 잊어서는 안 된다(千萬不要忘記階級鬪爭)'는 구절을 써놓았다. 이를 본 홍위병들이 감히 비석에 접근하지 못했다고 한다.

왕희지 아들의 글씨 연습

어비정 옆에 '태(太)' 자가 쓰인 비석이 서 있고 그 주위에 낯선 조형물이 설치되어 있다. 돌로 만든 18개의 항아리와 각각의 항아리 앞에 대리석 판이 하나씩 놓여 있는데 이것은 왕희지의 아들 왕헌지를 기념하기 위한 조형물이다. 왕헌지가 어렸을 때 글씨를 연습하던 일에 관한 고사가 많은데 그중 이런 얘기가 전한다. 어느 날 왕헌지는 아버지에게 물었다.

"글씨를 잘 쓰는 비결이 무엇입니까?"

왕희지는 마당에 있는 18개의 항아리를 가리키면서 말했다.

"저 항아리 속의 물을 다 써서 연습하고 나면 그 비결을 알 수 있을 것이다."

이에 왕헌지는 항아리의 물로 먹을 갈아 연습을 했는데 3개 항아리의 물을 소비한 후 '이쯤 하면 되었겠지'라는 교만한 마음이 생겨 몇 글자를 써서 아버지에게 보여주었다. 이를 본 왕희지는 글자 중에서 '大' 자를 골라 점 하나를 찍어 '太' 자로 만들고는 이렇게 말했다.

태(太) 자 비석과 18개의 항아리 왕희지의 아들 왕헌지를 기념하기 위한 조형물로, 그가 어린 시절 18개의 항아리 물로 글씨 연습을 했다는 흥미로운 이야기가 전한다.

"너의 어머니에게 보여드려라."

이를 본 어머니의 반응은 어땠을까.

"우리 아들이 3개 항아리의 물을 써서 연습을 하더니 오직 점 하나만 아버지를 닮았구나."

이 말을 들은 왕헌지는 크게 뉘우치고 18개 항아리의 물이 다하도록 연습하여 후일 대성했다고 한다. 그래서 사람들은 왕희지를 '서성(書聖, 글씨의 성인)'이라 부르고 왕헌지를 '소서성(小書聖)'이라 부른다. 또 이 두 사람을 '이왕(二王)'으로 병칭하기도 한다.

소흥 가이드 엽건군의 추억

관광객들은 항아리 앞 대리석 판에 놓여 있는 붓으로 항아리의 물을 찍어서 글씨를 써보기도 한다. 일종의 체험 학습이다. 2008년 이곳에 왔을 때 소흥 현지 가이드 엽건군(葉建軍, 예젠쥔)이 대리석 판에 '월락오제상만천(月落烏啼霜滿天)'이라 쓰고 있었다. 당나라 장계(張繼)의 유명한 시 「풍교야박(楓橋夜泊, 풍교에서 밤에 숙박하다)」의 첫 구절이었다. 그래서 내가 얼른 붓을 빼앗아 다음 구절인 '강풍어화대수면(江楓漁火對愁眠)'이라고 썼다. 외국인이 이 시를 외워서 쓰는 걸 보고 엽건군이 놀라는 눈치였다. 이어서 엽건군이 제3구 '고소성외한산사(姑蘇城外寒山寺)'를 쓰고 내가 마지막 구인 '야반종성도객선(夜半鍾聲到客船)'이라 쓰고 나니 엽건군이 엄지손가락을 들어 보였다. 이 시를 풀이하면 이렇다. "달 지고 까마귀 울고 하늘엔 서리 가득/강 단풍, 어선(漁船) 등불을 바라보며 수심에 잠 못 이루네/고소성 밖 한산사의/한밤중 종소리가 나그네 뱃전에 들려오네."

엽건군은 난정 견학을 마치고 나오는 길에 어느 상점에 들러서 안면이 있는 듯한 주인으로부터 부채 하나를 얻어서 나보고 시를 한 수 써주면 기념으로 간직하겠다고 했다. 이건 물을 묻혀서 쓰는 것이 아니라 진짜 먹으로 써달라는 요청이어서 난감했다. 나는 원래 필재(筆才)가 없는 사람이어서 극구 사양했지만 집요하게 요청을 하는지라 하는 수 없어 두보의 「춘망(春望)」을 써주었다. 내가 봐도 형편없는 졸필인데 '셰셰(謝謝)'를 연발했다. 감사하다는 말이다.

엽건군은 매우 우수한 가이드였다. 그후로 두어 번 소흥에서 그를 만난 이래 4,5년 동안 보지 못했다. 현지 가이드에게 물으니 여행사에서 지위가 높아져 사무실에서만 근무한다고 했다. 그러다가 2015년 4월에 그를 다시 만났다. 그때 나는 박약회(博約會) 회원 150여 명과 함께 소흥에 왔는데 버스 4대를 동원한 대규모 여행단이었다. 나는 1호차를 타고 있었는데 3호차 가이드가 나를 찾는다는 연락이 왔다. 가보니 엽건군이 있었다. 한국 관광객이 온다기에 혹시 송재소가 왔을지도 모른다고 생각하여 나를 찾았다는 것이다. 벌써 오래전 일인데 내 이름을 기억하고 찾아주어서 고마웠다. 이후 소흥에 갈 때마다 현지 가이드에게 부탁해서 그를 저녁식사 자리에 초청했지만 번번이 실패했다. 주로 해외 여행단을 인솔하고 동남아, 유럽 등지로 나갔다는 것이다.

제6경 왕우군사

유상정 오른쪽에 왕희지의 사당인 왕우군사(王右軍祠)가 있다. 왕우군사는 1698년에 처음 세워져 1869년에 크게 중수했다. 입구 대문 위에 사맹해(沙孟海, 사멍하이)가 쓴 '왕우군사(王右軍祠)'라는 목판 편액이 걸려 있다. 절강성 곳곳에서 사맹해의 글씨를 볼 수 있는데 그는 절강성 영파(寧波, 닝보) 출신의 저명한 현대 서예가이기 때문이다. 그는 중국 서법가협회 부주석, 절강 미술학원 교수를 역임한 바 있다. 대문 좌우에는 소흥의 저명한 현대 서화가 주용촌(周庸邨, 저우융춘)이 쓴 대련이 보인다.

왕우군사 편액 저명한 현대 서예가 사맹해(沙孟海)의 글씨다.

盛會不殊放懷宇宙忘古今 (성회불수방회우주망고금)

幽情共敍極目山林快咏觴 (유정공서극목산림쾌영상)

성대한 모임이 끊이지 않아 회포를 우주에 풀어놓으니 고금을 잊고

그윽한 정서를 함께 펼치고 멀리 산과 숲을 바라보며 유쾌히 술잔 들고 시를 읊도다

왕우군사 안으로 들어서면 ‘묵지(墨池)’가 있는데 왕희지가 여기서 글자 연습을 하며 붓과 벼루를 씻었기 때문에 물이 검은색으로 변했다고 한다. 이 묵지는 왕희지가 벼슬살이한 곳마다 있는데 실제로 묵지에서 붓과 벼루를 씻었다기보다 그토록 열심히 연습을 한 왕희지를 상징하는 하나의 조형물인 듯하다. 소흥 시내 계주사(戒珠寺) 앞에도 묵지가 있다.

묵화정 편액 소흥 출신 도은패(陶恩沛)가 묵화정을 지은 저간의 사정을 기록해놓았다.

이 묵지 위에 세워진 건물이 '묵화정(墨華亭)'이다. 묵화정은 소흥 사람 도은패(陶恩沛)가 자금을 출연하여 1914년에 건립했는데 그가 쓴 편액의 낙관에 저간의 사정이 기록되어 있다.

> 장도암(張陶庵) 선생이 옛날 천장사(天章寺) 앞에 있는 난정 옛터를 방문하고 정자 하나를 세우고 이름을 묵화(墨華)라 했다. 이제 정자를 이곳에 옮겨 세우고 이름을 그대로 따랐다.

장도암(1597~1689)은 명나라 말기의 소흥 출신 문학가 장대(張岱)로 도암(陶庵)은 그의 호이다. 묵화정을 지나 더 안쪽으로 가면 사당의 정청(正廳)이 나온다. 여기엔 '진득풍류(盡得風流, 풍류를 마음껏 즐기다)'라 쓰인 목판 편액 밑에 왕희지상이 그려져 있다. 편액은 1887년에 유주(劉樹)가 쓴 것이고 그림은 절강 미술학원 인물화 교수 송충원(宋忠元, 쑹중위안)이 그린 것인데 왕희지 옆에 거위 두 마리도 같이 그려 넣었다. 화상 좌우에도 사맹해가 쓴 대련이 새겨져 있다.

畢生寄迹在山水 (필생기적재산수)
列坐放言無古今 (열좌방언무고금)

한평생 남긴 자취는 산수 간에 있으며
사람들 사이 그의 직언(直言)은 고금에 전례 없네

왕희지의 풍류와 고결한 품성을 14글자로 요약해놓았다. 이 정청에는 수많은 대련이 걸려 있고 그외에도 강희황제가 쓴 「난정집서」를 음각한 목판과 여러 종류의 「난정집서」 임모본(臨摹本)이 전시되어 있다. 여기서 왕희지가 쓴 「난정집서」의 그후 행적을 살펴보기로 한다.

「난정집서」 진본의 행방

「난정집서」는 왕희지 자신도 가장 아끼던 작품으로 그의 사후에는 왕씨 집안의 보물로 전해지다가 7대손 지영(智永)에 이르렀다. 지영은 일찍이 출가하여 승려가 된 사람으로 역시 글씨에 뛰어나서 그가 쓴 '지영 천자문'은 지금도 글씨 쓰는 사람들의 필수 교과서이다. 지영 스님은 작고하기 전 이 보물을 제자인 변재(辨才) 스님에게 전했다. 당시 80여 세가

된 변재 스님도 글씨를 좋아해서 「난정집서」를 밤에만 몰래 꺼내어 임모하고는 대들보 속에 깊이 감추어두었다.

한편 당태종 이세민(李世民)이 왕희지의 글씨를 무척 좋아해서 널리 그의 작품을 수집했는데 「난정집서」를 입수하지 못하여 애를 태우고 있었다. 진본을 변재가 소장하고 있다는 것을 알고 여러 번 그를 불러 「난정집서」를 보여줄 것을 요구했으나 그는 전란 통에 없어졌다고 둘러대었다. 한번은 태종이 대신들에게 말했다.

"우군(右軍, 왕희지)의 묵적(墨迹)은 「난정집서」가 가장 좋은데 그것을 가지지 못하여 잠을 잘 때도 밥을 먹을 때도 마음이 편안하지 않도다."

대신 방현령(房玄齡)이 아뢰었다.

"소익(蕭翼, 당태종의 신하)이 재주와 꾀가 있어 이 임무를 잘 수행할 수 있을 것입니다."

황제가 소익을 불러 변재가 있는 영흔사(永欣寺)로 가서 잘 교섭해보도록 부탁했다. 소익은 흔쾌히 승낙하면서 이렇게 말했다.

"신이 갈 때 폐하께서 소장하고 계신 이왕(二王, 왕희지와 왕헌지)의 작품 몇 점을 가지고 가게 해주십시오. 쓰일 데가 있습니다."

태종은 소익의 요구를 들어주었다. 그는 변성명을 하고 일개 서생으로 분장하여 소흥의 영흔사로 가서 벽화를 감상하는 척하다가 지나가는 변재와 말을 주고받으며 가까워졌다. 두 사람은 술을 마시고 시를 지으며 역사와 바둑, 거문고, 서화 등을 논하는 동안에 허물없는 사이가 되었다. 그러던 어느 날 소익이 이렇게 말했다.

"저는 양원제(梁元帝) 소역(蕭繹)의 후손으로 원제가 그린 「직공도(職貢

圖)」를 가지고 있습니다. 또 저는 어려서부터 이왕(二王)의 서법을 좋아해서 몸에 왕우군의 작품을 몇 점 지니고 있습니다."

"안복(眼福)을 누릴 수 있도록 나에게 한번 보여줄 수 있겠소?"

이에 소익이 왕희지의 작품 한 폭을 보여주니 변재가 자세히 살피고 나서 이러는 거였다.

"진적(眞迹, 친필)은 진적이지만 가장 좋은 작품은 아니오. 나에게 「난정집서」 한 폭이 있는데 그걸 보면 당신 눈이 밝아질 것이오."

소익은 짐짓 모른 체하며 변재를 충동질했다.

"전란을 거치면서 진적은 이미 없어진 것으로 알고 있는데 어찌 지금까지 전하겠습니까? 스님께서 말씀하신 「난정집서」는 분명 가짜일 것입니다."

이에 변재는 자기가 가지고 있는 「난정집서」가 진짜임을 증명하기 위하여 그동안 전해 내려온 내력을 말하고 대들보에서 꺼내 보여주었다. 소익이 보기에 진적이 분명했으나 이리저리 흠을 잡으며 진적이 아니고 모본(摹本)이 분명하다고 말함으로써 자기가 훔쳐갈 것이라는 생각을 갖지 않도록 했다.

며칠 후 소익은 변재가 외출한 틈을 타서 몰래 영흔사로 들어가 대들보 밑에 있는 진적을 훔쳤다. 두 사람이 평소 가까이 지냈기 때문에 다른 스님들도 그가 드나드는 것을 제지하지 않았던 것이다. 변재는 후에 이 사실을 알고 혼절했다가 가까스로 깨어났다고 한다. 몇 개월 후 당태종은 변재에게 곡식 3천 석과 비단 3천 필을 내렸으나 그는 이것으로 3층 탑을 건조하고 1년 후에 세상을 떠났다.

이외에도 태종이 「난정집서」를 얻은 경위에 대해서는 여러 가지 이야기가 전한다. 보물을 얻은 당태종은 크게 기뻐하며 풍승소(馮承素) 등으로 하여금 이를 임모케 하여 근신들에게 나누어주었다. 그는 왕희지의 작품을 많이 가지고 있었지만 유독 「난정집서」를 좋아하여 항상 좌우에 두고 아침저녁으로 감상했다고 한다. 「난정집서」에 대한 사랑이 지나친 나머지 그는 후일 고종(高宗)이 되는 아들에게 '천년만년 후까지도 「난정집서」와 함께 있고 싶다'고 말하여 그의 사후 고종은 부친의 무덤인 소릉(昭陵)에 「난정집서」를 함께 묻었다고 한다. 이때 「난정집서」뿐만 아니라 태종이 가지고 있던 왕희지의 글을 모두 부장했다는 설도 있다. 그래서 현전하는 왕희지의 글씨는 진품이 하나도 없다는 설이 생겼다. 또 어떤 설에는 저명한 서법가 저수량(褚遂良)의 건의에 의해 부장했다고도 한다.

그러나 「난정집서」를 둘러싼 괴담은 여기서 그치지 않는다. 당나라 말 오대(五代) 때 소릉이 후량(後梁)의 절도사 온도(溫韜)에 의해서 도굴당하여 다시 세상에 나왔다고도 하고, 고종이 태종의 유명을 어기고 가지고 있다가 자신의 무덤인 건릉에 묻었다는 이야기도 있다. 1970년대 중국사회과학원 원장으로 있던 곽말약(郭沫若)은 색다른 주장을 했다. 그의 주장은 이렇다. 즉 여러 정황으로 봐서 진대(晉代)에는 모든 글을 예서체(隸書體)로 썼는데 유독 「난정집서」만 해행체(楷行體)로 썼을 리 없다고 하여 후대에 전하는 것은 모두 위작이라고 했다. 더 나아가 그는 글씨뿐만 아니라 서문의 문장도 왕희지가 지은 것이 아니라고 했다. 그는 이것이 왕희지의 후손 지영(智永)의 소행이라고 추측했다.

왕우군사에는 우세남(虞世南), 저수량, 풍승소 등의 임모본 「난정집서」의 복제품이 진열되어 있는데 풍승소의 임모본이 왕희지의 진적에 가장 근접했다고 평가된다. 이후 후대인들의 임모본이 수없이 많아서 『사고전서』의 기록에 의하면 117종의 판본이 있다고 한다. 청나라 건륭황제도 서법을 좋아해서 역대 명가들의 「난정집서」 임모본 중에서 가장 좋다고 여긴 여덟 개를 수집하여 한 질의 첩(帖)으로 만들었는데 이를 『난정팔주첩(蘭亭八柱帖)』이라 한다.

난정 제7경은 1989년에 완공된 '난정서법박물관'이고 제8경은 1985년에 발견된 6.6m의 '난정고도(蘭亭古道)'이다. 남북조시대의 유물인 난정고도는 원래 난정이 있었던 천장사(天章寺)로 가는 도로의 일부였던 것으로 추정된다.

「난정집서」 전문

끝으로 「난정집서」 전문을 옮기면 다음과 같다.

영화(永和) 9년 계축년(353년) 늦은 봄 초순에 회계 산음현 난정에서 모이니, 계사(禊事, 물가에서 화를 물리고 복을 구하는 행사)를 치르기 위해서였다. 여러 어진 분이 모두 이르고 젊은이와 어른이 모두 모였다. 이곳은 높은 산, 큰 고개와 무성한 숲, 긴 대나무가 있고, 또 세차게 흐르는 맑은 여울물이 좌우를 비추며 띠처럼 둘러 있어, 그 물

풍승소(馮承素) 임모본 「난정집서」 수많은 임모본 중에서 '풍승소 임모본'이 왕희지의 진적에 가장 가깝다고 한다.

을 끌어다 유상곡수(流觴曲水)를 만들고 차례대로 벌여 앉으니, 비록 관악과 현악의 성대함은 없으나, 술 한 잔 들고 시 한 수 읊는 것이 그윽한 정서를 펴기에는 충분하였다.

이날은 하늘이 밝고 공기가 맑았으며 바람이 따뜻하여 화창하였다. 광대한 우주를 우러러보고 성대한 삼라만상을 굽어살피며, 눈을 들어 마음껏 회포를 풀고 눈과 귀의 즐거움을 극진히 하기에 충분하니 참으로 즐길 만했다.

사람이 서로 더불어 세상을 살아가면서 더러는 품은 생각을 드러내어 한방 안에서 서로 대화하기도 하고, 더러는 처한 상황에 따라 육체의 제약에서 벗어나 자유로이 노닐기도 한다. 그래서 비록 나아가고 물러남이 만 가지로 다르고, 고요함과 시끄러움이 같지 않으나, 그 만나는 바를 기뻐하며 잠시 자기 마음에 들면 상쾌하게 스스로 만족하게 여기며 장차 늙음이 이르는 줄을 모른다.

그러다가 흥취에 권태를 느끼게 되고 감정이 그 일에 따라 옮겨가서 감개한 마음을 불러일으킨다. 이에 고개를 숙였다가 드는 한 순간에, 조금 전에 기뻐하던 것이 이미 옛 자취가 되어버리니 더더욱 이 때문에 감회가 일지 않을 수 없다. 하물며 장수하거나 단명하거나 간에 자연의 조화를 따라 끝내는 다 없어지고 마는 것이 아닌가. 옛사람이 이르기를 "죽고 사는 것 또한 큰 문제이다" 하였으니 어찌 애통하지 않겠는가?

언제나 옛사람들이 감회를 일으킨 이유를 살펴보면 마치 부절(符節)을 하나로 맞춘 듯하여 옛사람들의 글을 대하여 서글퍼하고 한탄하지 않은 적이 없으면서도 이것을 마음속에 깨우칠 수가 없었다. 진실로 죽고 사는 것이 하나라고 한 것은 허망한 말이요, (700년을 넘게 산) 팽조(彭祖)와 20세 전에 요절한 사람을 똑같다 한 것은 함부로 지어낸 말임을 알겠다. 후세 사람들이 지금의 우리를 보는 것 또한 지금 우리가 옛사람들을 보는 것과 같을 것이니, 슬프도다.

그러므로 오늘 여기 참여한 사람들의 이름을 차례로 쓰고, 그들이 지은 시를 기록한다. 비록 세대가 다르고 일이 다르나, 감회를 일으킨 그 이치는 마찬가지이니 후세에 이것을 보는 사람도 이 글에 장차 감회가 있을 것이다. (괄호 안의 설명은 인용자)

월왕 윤상의 무덤 인산월국왕릉

거대한 목객대총
고고학적 가치를 지닌 묘실
중국술 10 중국의 10대 황주

거대한 목객대총

난정에서 멀지 않은 목책촌(木柵村)에 인산월국왕릉(印山越國王陵, 인산웨궈왕링)이 있다. 이 왕릉은 월나라 왕 구천(句踐)의 부친 윤상(允常, 기원전 552년~기원전 496년)의 무덤이다. 인산은 동서와 남북의 길이가 각 300m, 높이가 약 24m인 조그마한 산으로 네모난 모양이 인장과 같다고 하여 붙여진 이름이다. 역사 기록에 의하면 이곳은 산림이 무성하여 월나라가 오나라에 패한 후 월나라 병사들이 이곳에서 나무를 베어 오나라에 바쳤다고 한다. 당시 벌목하던 사람들을 '목객(木客)'으로 불렀기 때문에 고대에는 이 산을 목객산으로 부르기도 했다. 이 산에서 1998년 2500여 년 전의 왕릉이 발굴된 것이다. 그래서 이 왕릉을 '목객대총(木客大塚)'이라고도 부른다. 왕릉의 주인인 윤상은 월나라를 중흥시킨 군주이다.

목객대총 월왕 구천의 부친 윤상의 무덤이다.

고고학적 가치를 지닌 묘실

목객대총은 그 거대한 규모와 독특한 묘제(墓制)로 해서 1998년 전국 10대 고고 발굴로 꼽히며 '북에는 진궁(秦宮)이 있고 남에는 인산(印山)이 있다'고 말할 만큼 고고학적으로 중요한 가치를 지닌 것으로 평가된다. 1996년 4월에 우연히 도굴 현장이 발견된 이래 더이상 방치해서는 안 된다고 판단하여 전문가들로 구성된 발굴단이 9월부터 발굴에 착수하여 1997년 3월경에 왕릉의 전모가 드러났다.

깊이 20여m, 길이 46m, 폭 20m의 묘갱(墓坑) 안에 묘실(墓室), 즉 외관(外棺)이 있는데 지름 80cm의 통나무들을 삼각뿔 모양으로 쌓았다. 이

인산월국왕릉 묘실(위, 아래) 고고학적으로 중요한 가치를 지닌 것으로 평가된다.

묘실의 길이만 34m이고 높이가 4.7m나 된다. 그리고 묘실 위에는 140층의 나무껍질로 덮고 그 위에 또 1m가량의 목탄(木炭)을 입혔다. 이 묘실 안에 길이 6m의 관이 있는데 이는 직경 1m의 거대한 통나무의 속을 파내어 만든 '독목관(獨木棺)'이다. 이 관에는 옻칠을 했고 묘실 밑바닥에도 1.6m 두께의 목탄을 깔았다. 묘갱 전체를 찰흙으로 채워 철저한 방수, 방부(防腐) 시설을 갖추었다. 전문가들이 추산한 바에 의하면 이 왕릉을 조성하기 위해서 암반 16000m^3를 파내고 4000m^3의 목재를 사용했으며 찰흙 5700m^3와 목탄 1400m^3가 소요되었을 것이라 한다.

1998년 발굴 당시 여기서 옥기(玉器), 옥검(玉劍), 칠기(漆器), 청동기 등 40여 점의 유물이 출토되었다. 윤상의 유골과 기타 부장품 등은 발견되지 않았는데 아마 도굴되었을 것으로 추정된다. 실제로 여기서 도굴범이 버리고 간 괭이가 발견되기도 했다. 조사에 의하면 한대(漢代) 이전에 도굴했던 흔적이 일곱 군데 발견되었고 현대에도 세 군데가 발견되었다고 한다.

중국의 10대 황주

평자와 선정기관에 따라 다소 차이가 있지만 대체로 중국의 10대 황주는 다음과 같다.

탑패(塔牌, 타파이): 1956년에 창립한 '절강 탑패 소흥주 유한공사' 제품이다. 중국치명상표(中國馳名商標), 중국명패산품(中國名牌產品), 중화노자호(中華老字號)로 선정되었다.

탑패

고월용산(古越龍山, 구웨룽산): 1664년에 창립한 '절강 고월용산 소흥주 고분유한공사' 제품이다. 중국치명상표, 중국명패산품으로 선정되었다.

고월용산

석고문(石庫門, 스쿠먼): 1939년에 창립한 '상해 금풍(金楓)주업 고분유한공사' 제품이다. 중국치명상표, 중국명패산품으로 선정되었다.

여아홍(女兒紅, 뉘얼훙): 1919년에 창립한 '소흥 여아홍 양주 유한공사' 제품이다. 중국치명상표, 중화노자호, 절강성 고신기술(高新技術) 기업으로 선정되었다.

석고문

사주

사주(沙洲, 사저우): 1886년에 창립한 '강소 장가항(張家港) 양주 유한공사' 제품이다. 중국치명상표, 중화노자호, 중국명패산품으로 선정되었다.

회계산

회계산(會稽山, 후이지산): 1743년에 창립한 '회계산 소흥주 고분유한공사' 제품이다. 중국치명상표, 중화노자호, 중국명패산품, 국가지리표지(國家地理標誌)보호산품으로 선정되었다.

함형

함형(咸亨, 셴헝): 1980년에 창립한 '소흥 함형주업 유한공사' 제품이다. 절강성 저명상표로 선정되었다.

즉묵(卽墨, 지모): 1949년에 창립한 '산동 즉묵황주창 유한공사' 제품이다. 중화노자호, 황주녹색식품으로 선정되었다.

서당(西塘, 시탕): 1618년에 창립한 '절강 가선(嘉善)황주 고분유한공사' 제품이다. 중국치명상표, 국가원산지표지, 국가지리표지보호산품으로 선정되었다.

서당

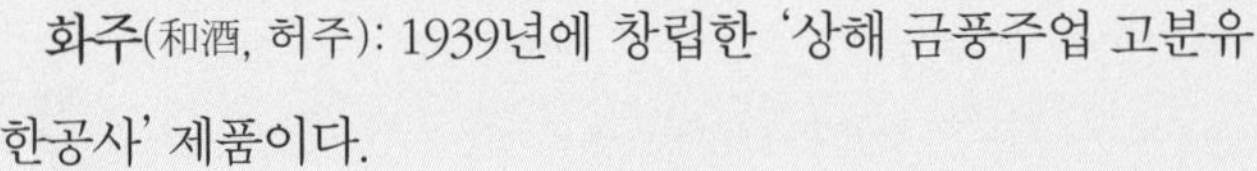

화주(和酒, 허주): 1939년에 창립한 '상해 금풍주업 고분유한공사' 제품이다.

양명학의 창시자 왕양명 묘에서

정주이학을 비판하다
모든 인간은 본질적으로 평등하다
왕양명 묘의 변천

중국술 11 기타 황주

정주이학을 비판하다

인산월왕릉에서 멀지 않은 곳에 왕양명(王陽明)의 묘소가 있다. 왕양명 묘소에는 2016년에 다산연구소 답사팀과 처음으로 가보았다. 왕양명(1472~1529)은 명나라 중엽의 사상가로 당시 소흥부에 속한 여요(餘姚) 출신이다. 이름은 수인(守仁), 자는 백안(伯安), 시호는 문성(文成)이다. 10여 세 때 부친을 따라 소흥으로 이주하여 회계산 밑 양명동(陽明洞)에 초당을 짓고 스스로 '양명자(陽明子)'라 했고 또 만년에 양명서원을 지어 제자들을 가르쳤기 때문에 세상에서는 그를 양명 선생이라 불렀다.

그는 남송 육상산(陸象山)의 '심즉리(心卽理)' 학설을 계승 발전시켜 그때까지 독점적 지위를 누려왔던 정주이학(程朱理學, 송나라 때의 정호·정이와 주희 계통의 성리학)을 비판하고 나섰다. 정주이학의 중요한 명제의 하나는 격물치지(格物致知)로, 사물에 나아가서 그 이치를 탐구함으로써 사물에 대한 참된 인식에 도달한다는 것이다. 그는 일찍이 이에 대하여 회의를 품었는데 이와 관련된 유명한 일화가 있다. 그는 젊은 시절에 친구와 함께 대나무에 나아가 7일 동안 대나무의 이치〔竹理〕를 골똘하게 탐구했지만 끝내 '죽리'를 깨닫지 못하고 도리어 병만 얻었다고 했다.

왕양명 초상

28세에 진사에 급제하여 벼슬길에 나선 그는 35세 때 환관 유근(劉瑾)의 전횡을 반대하다가 귀주성(貴州省, 구이저우성) 용장(龍場, 룽창)으로 좌천되었는데 이곳의 한 석실(石室)에서 자기 사상의 골간을 마련했다. 이것이 유명한 '용장오도(龍場悟道)'이다. 여기서 그가 깨달은 진리는, '성인의 도는 내 마음에 다 들어 있는 것이어서 (마음이 아닌) 사물에서 이치를 구하는 것은 잘못이라는 것'이다. 이것은 "사람이 배우지 않아도 할 수 있는 것은 양능(良能)이고 생각하지 않아도 아는 것이 양지(良知)이다"라는 맹자(孟子)의 말에 근거를 두고 있다. 그는 '마음 밖에 물(物)이 없고 마음 밖에 이(理)가 없다'고 하여 배우지 않아도 알 수 있는 선험적·도덕적 판단 능력인 마음속의 양지를 실현하는 것이 중요하다고 했다. 이것이 양명학의 중요 명제인 '치양지(致良知)'설이다.

양명학은 또 지행합일(知行合一)을 강조한다. 주자(朱子)는 먼저 사물에 대한 탐구를 통해 사물의 이(理)를 알고〔知〕 이를 바탕으로 실천〔行〕해야 한다는 '선지후행(先知後行)'의 입장을 취한 반면에, 왕양명은 '진정한 앎(知)은 바로 행동하는 것이며(行) 행동하지 못하면 안다고 할 수 없다'는 지행합일을 강조한다. 지(知)는 행(行)의 시작이고 행은 지의 완성이라는 것이 그의 생각이다.

모든 인간은 본질적으로 평등하다

왕양명의 이론에 의하면 모든 인간은 태어나면서부터 양지(良知)를 가지고 있기 때문에 본질적으로 평등하다. 양지 앞에서는 성인이나 범인의 차이도 없고 존비(尊卑)의 구분도 있을 수 없다. 이렇게 왕양명은 "사민(四民, 사·농·공·상 네 가지 신분이나 계급의 백성-인용자)은 업(業)을 달리하나 도(道)를 같이한다"고 말하여 사민은 기본적으로 평등하다고 했다. 우리는 여기서 앞서 살펴본 서위(徐渭)가 왜 왕양명의 심학(心學)을 성학(聖學)이라 하며 추숭하게 되었는지 이해할 수 있다. 신분적으로 그리 떳떳하지 못했던 그가 왕양명의 사민평등관에 끌렸던 것이다.

우리나라에도 이런 예가 많다. 27세의 젊은 나이로 죽은 천재 시인 이언진(李彦瑱, 1740~1766)은 양반 사대부가 아닌 중인(中人) 출신의 역관이었는데 그가 쓴 「동호거실(衕衚居室)」 157수 중에 다음과 같은 시가 있다.

거리에 가득 찬 자 모두가 성현인데
추위와 굶주림에 내몰렸을 따름이지

왕양명 묘도 왕양명 묏자리는 뒤에 선하산이 있고 앞에 홍계(洪溪)가 흐르는 명당이라고 한다.

인간에겐 양지(良知)와 양능(良能)이 있다고 한
맹자의 그 말을 나 역시 취하노라

滿衢路皆聖賢 但驅使饑寒苦
有良知與良能 孟氏取吾亦取

'금수저'를 물고 태어나지 않은 그가 "거리에 가득 찬 자 모두가 성현"이라 말한 데에서 양명학의 짙은 영향을 읽을 수 있다. 당시에 양명학이 이단시되었기 때문에 직접 말하지는 못하고 『맹자』의 구절을 끌어서 언급한 것이다.

양명학은 중국 근대 학술사상의 형성에 중요한 역할을 하여 후에 하

왕양명 묘 소흥의 현대 서예가 심정암(沈定庵)의 글씨로 '명왕양명선생지묘(明王陽明先生之墓)'라 쓰여 있다.

심은(何心隱), 이탁오(李卓吾), 황종희(黃宗羲) 등의 걸출한 학자를 배출했으며 일본의 근대화에도 일정한 기여를 했다. 그러나 우리나라에서는 일찍이 퇴계(退溪)가 양명학을 이단으로 단정한 이래 비록 정제두(鄭齊斗, 1649~1736), 신대우(申大雨, 1735~1809) 등의 양명학자가 있었지만 크게 발전하지는 못했다.

왕양명 묘의 변천

왕양명 묘는 난정진(蘭亭鎮, 란팅전) 화가촌(花街村, 화제춘)의 선하산(鮮蝦山) 기슭에 있는데 앞에는 홍계(洪溪)가 흐르고 있다. 그래서 풍수설에서는 이곳을 '두수선하(抖水鮮蝦)'의 명당이라고 한다. 정확한 뜻을 잘 모르겠지만 뒤편의 선하산과 앞쪽의 홍계와 관련이 있는 듯하다. 이곳은 왕양명이 직접 고른 장소라고 한다. 우리는 묘도(墓道) 입구에서 이번 답사팀에 동행한 오이환(吳二煥) 교수(경상대 철학과 명예교수)와 김한상(金漢相) 교수(명지대 철학과)로부터 양명학에 대한 강의를 들었다. 두 분은 주자 성리학에 대한 권위자여서 깊이 있는 해설을 들을 수 있었다.

중수왕양명선생묘비기 비석 1989년 3월에 '소흥현 왕양명묘 수복위원회'가 세운 것이다.

긴 묘도(墓道)를 지나 100여 개의 돌계단을 올라가면 직경 10m의 봉분이 있다. 묘소는 비교적 잘 조성되어 있었다. 묘에는 소흥의 현대 서예가 심정암(沈定庵, 선딩안)의 글씨로 '명왕양명선생지묘(明王陽明先生之墓)'라 쓰여 있고, 묘 앞의 상석에는 누가 가져다놓았는지 꽃 몇 송이가 놓여 있었다. 원래 이 묘소는 왕양명이 서거한 1529년에 조성되어 묘비석도 있었을 것이지만 세월이 흐르는 동안 여러 번 풍상을 겪고 지금은 '소흥현 왕양명묘 수복위원회'가 1989년 3월에 세운 중수왕양명선생묘비기(重修王陽明先生墓碑記) 비석만 남아 있다. 이 묘비기에 의하면 1937년에 당시 소흥에 주둔

해 있던 국민당군의 간부 도광(陶廣, 타오광)이 묘가 황폐한 것을 보고 직접 비문을 쓰고 비석을 세웠으나 이마저도 없어진 것을 1988년 절강성 사회과학원이 주도하여 중수했다고 한다. 이때 일본 규슈(九州)대학 명예교수 오카다 다케히코(岡田武彦)가 발기하여 일본인 281명이 300만 엔(円)을 희사했다고 쓰여 있다. 그리고 묘도 입구 오른쪽에 집이 한 채 있는데 주위를 철조망으로 둘러싸고 문이 잠겨 있었다. 아마도 왕양명의 사당이었던 듯하지만 지금은 폐가(廢家)가 되어 있었다.

기타 황주

황주는 절강성, 강소성에서 주로 생산되고 산동성, 산서성에서도 일부 생산되고 있다. 기타 지방에서는 백주 생산이 주류를 이룬다. 소흥 황주 이외에 내가 마셔본 기타 황주에 대하여 간단히 소개한다.

석고문

석고문(石庫門)은 1939년에 설립된 상해의 금풍양주(金楓釀酒) 유한공사에서 생산하는 제품이다. 따라서 역사가 오래되지는 않았지만 중국 10대 황주의 반열에 드는 술이다. '금풍'은 산하에 풍경주창(楓涇酒廠), 정산주창(淀山酒廠), 석고문주창 등 3개 양조장을 거느린 대형 황주 생산업체이다. 여기서 출시하는 황주는 후발주자답게 전통적인 방법을 고수하지 않고 품질을 과감하게 혁신하여 여러 가지 신형 황주를 생산하고 있으며, 전 제품의 생산을 기계화했다.

나는 2015년 9월부터 남경대학의 초빙교수로 한 학기 동안 강의를 한 적이 있는데, 어느 날 이 대학 한국어학과의 정선모 교수 부부와 내 숙소 근처에서 점심을 먹으면서 진열대에 있는 석고문을 시켜 반주로 마셨다. 이 술의 상표에는 특이하게도 '특형 반간황주(特型半乾黃酒)'라 표기되어 있었다. '특형'이 무엇인지 궁금해서 원료란을 보았더니 물, 찹쌀, 밀 등 기본 원료 이외에도 구기자, 꿀, 생강, 화매(話梅)가 적혀 있었다. 그

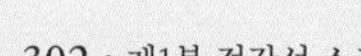

래서 일반 황주와는 달리 '특형'이라 표기한 것이라는 생각이 들었다. 이쯤 되면 황주라기보다 리큐르에 가깝다. 리큐르를 중국에서는 배제주(配制酒)라 부른다. 그러나 상표에 '상해노주(上海老酒)'라 쓰여 있는 걸 보니 황주로 분류되는 모양이다. '노주'는 황주의 별칭이다. 오랜 역사를 가진 황주의 변신이다.

도수가 낮은 12도의 술이라 그런지 좀 싱겁다는 느낌이 들었다. 그리고 다양한 보조 재료를 첨가했음에도 불구하고 특이한 맛을 느끼기 어려웠다. 품질보증 기간은 3년이다. 상해에서 가장 유명한 황주이고 그곳 사람들은 이 술을 매우 좋아한다고 한다.

왕사 계화주

왕사 계화주(王四桂花酒)는 남경대학에 한 학기 동안 있을 때 한국어학과의 학생 정련(丁蓮, 딩롄)이 고향인 강소성 상숙(常熟, 창수)에 다녀오면서 그 지방 특산품이라며 선물한 술이다. 상표에 '계화주(황주)'라 쓰여 있었고 '청상형(清爽型)'이란 문구도 들어 있었다. '청상'은 '맑고 상쾌하다'는 말인데 그 느낌은 마시는 사람에 따라 다를 수밖에 없을 것이다.

'상숙시 강남 왕사식품 유한공사' 제품인데 이 회사는 '1887년 광서 연간(光緒年間)에 창시되었다'고 표기되었다. 비교적 역사가 오래된 황주라 그런지 '상숙 특산' '중국 노자호(老字號)' '강서성 성급 비물질문화유산' 등의 문구가 상표에 쓰여 있었다. 강소성에서는 꽤 유명한 술인 듯했다.

내가 마신 것은 10도짜리이다. 계화향이 은은하게 나는 품격 있는 술이긴 하나 술 좋아하는 사람들에겐 크게 환영받지 못할 듯하다. 마치 과일 주스를 마시는 것 같았다. 술에 약한 사람이나 여성에게 알맞은 제품이다.

금단 봉항주

금단 봉항주(金壇封缸酒)는 강소성 상주시(常州市, 창저우시)의 '금단풍등주업(金壇豊登酒業) 유한공사' 제품이다. '금단'은 상주시가 관할하는 지명이다. 이 술은 오랜 역사를 지니고 있다. 전하는 말에 의하면 명태조 주원장(朱元璋)이 황제에 등극하기 전 이곳에 왔을 때 현지인들이 이 술을 바쳤더니 맛을 보고 나서 "술 중의 왕이다"라 극찬했다고 한다. 당시 주원장은 장사성(張士誠), 진우량(陳友諒) 등과 전투를 벌이고 있을 때여서 급히 떠나며 마시고 남은 술을 밀봉하여 지하에 묻어두라고 부탁했다. 황제가 된 후 이곳 사람들이 지하의 술을 꺼내어 바쳤더니 매우 기뻐하여 그때부터 황실에 바치는 공주(貢酒)가 되었고 주원장의 성(姓)을 따서 '주주(朱酒)'라고도 불렀다.

제조 방법은 다른 황주와 같은데, 당화 발효가 일정 수준에 이르렀을 때 50도 백주를 첨가하여 밀봉한 후 6개월 이상 후발효시킨 뒤 압착하여 상품을 완성하고 또 5년 이상 저장한다. 따라서 알코올 도수가 다소 높다. 그리고 기타 첨가제를 일절 사용하지 않은 녹색식품이라고 한다. 오랜 전통과 명성으로 인해서 이 술을 '강남 민간 양주의 역사와 황주문화를 연구하는 살아 있는 사전(活字典)'이라 부른다.

1915년에 샌프란시스코에서 열린 파나마 만국박람회에서 금상을 받았고 1986년에 중국 황주절(黃酒節)에서 특등상을 받았으며, 1988년에는

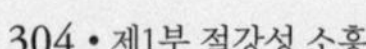

제1회 중국 식품박람회에서 금상을 받았다. 그리고 2008년에는 국가급 비물질문화유산에 선정되었다.

내가 마신 것은 주령(酒齡) 8년의 16도짜리인데 맛이 그런대로 괜찮았다. '얼음을 넣어서 마시면 더욱 좋다'고 쓰여 있으나 16도의 술에 얼음을 넣으면 술맛이 제대로 날지 의문이다.

장승원 황주

장승원(長昇源) 황주는 산서성(山西省) 평요고성(平遙古城) 내에 있는 '장승원 황주제조 유한공사'의 제품이다. 대부분의 북방 황주가 그렇듯이 장승원 황주도 주원료는 기장이다. 다만 찰기장을 사용하는 것이 다르다. 산서성은 토질과 기후 때문에 벼를 심을 수 없어 주생산물이 밀과 기장이다. 산서성에서 국수가 발달한 것도 이 때문이다. 지금도 전통적인 수공 방식으로 제조하고 있다.

명나라 숭정 연간(崇禎年間, 1626~1644)에 고을의 부호인 조취현(趙聚賢)이 창업하여 처음엔 이름을 '취승원(聚昇源)'이라 했는데, 1900년 의화단의 난의 여파로 8개국 연합군이 북경을 점령하자 서태후가 서안으로 피란 가면서 이곳에 들러 황주를 맛보고는 '장(長)' 자를 써서 하사한 후 명칭을 '장승원(長昇源)'으로 바꾸었다고 한다. 이후 그 지방 특산으로 영업을 해오다가 1952년에 제조가 중단된 것을 1995년에 제6대 전승인(傳承人) 곽회인(郭懷仁, 궈화이런)이 부활시켜 오늘에 이르고 있다.

장승원 황주는 아마 산서성에서 생산되는 유일한 황주인 듯 그 지방 사람들은 이 술에 대한 자부심이 대단했다. 그래서 그런지 이 술의 상표나 포장지에 곽회인의 사진이 붙어 있는 제품이 많다.

어느 해이던가, 평요고성을 방문해서 그곳에 있는 '덕거원(德居源)'이란 오래된 객잔(客棧)에서 하룻밤 묵었는데 식당 진열대에 있는 장승원 황주를 시켜 마신 적이 있다. 맛이 매우 달았다. 황주 공장이 고성 안에 있다고 해서 내친김에 가이드와 함께 가보았다. 그곳에는 황주를 압착하여 짜내는 나무틀이 그대로 있어서 아직도 전통적인 방식으로 제조한다는 걸 알 수 있었다. 종업원에게 술맛이 왜 그렇게 단가를 물었더니 기장으로 만들기 때문이라고 했다. 술맛이 단 것은 당화 발효를 충분히 시키지 않았거나 단맛이 나는 첨가제를 넣었기 때문일 터인데 이 종업원은 제조 방법을 잘 모르는 것 같았다. 공장을 곧 다른 곳으로 이전한다고 했다.

중국 치수의 영웅 우왕의 대우릉

우임금의 업적
구정대, 비릉, 우사, 비랑
비음천, 구루비
수심에 잠긴 우임금 입상
폄석정, 우혈비·석뉴비

우임금의 업적

왕양명의 묘에서 다시 소흥 시내로 돌아오는 길에 점심식사를 하고 우리는 회계산(會稽山) 기슭에 있는 우(禹)임금 무덤 대우릉(大禹陵, 다위링)에 들렀다. 사마천의 『사기』에 의하면 우임금은 전설적인 제왕인 황제 헌원씨(黃帝軒轅氏)의 현손이며 전욱(顓頊)의 손자이다. 요(堯)임금 때 매년 홍수가 나서 물이 산과 언덕에까지 차올랐다. 이에 요임금은 곤(鯀)에게 치수사업을 맡겼으나 그후로도 9년 동안 홍수가 끊이지 않았다. 곤의 치수 방법은 제방을 쌓는 것이었는데 거대한 물결이 제방을 무너뜨렸던 것이다. 그때 순(舜)이 요임금을 도우면서 곤을 우산(羽山)으로 추방하여 죽게 하고 한편으로 주위의 추천을 받아 곤의 아들 우(禹)로 하여금 홍수를 다스리게 했다.

우는 측량 도구를 들고 천하의 산천을 답사한 끝에 제방을 쌓는 대신 물길을 터주어야 한다고 판단하고, 직접 쟁기와 삽을 들고 갖은 고생을 겪으며 사업에 착수한 지 13년 만에 일을 완성했다. 그는 너무나 고생한 나머지 넓적다리에 살이 없었고 정강이에는 털이 나지 않았다고 한다. 또 그와 같이 곱사등이처럼 허리를 굽히고 걷는 것을 후세에 '우보(禹步)'라 했다. 그는 도산씨(涂山氏)의 딸과 결혼한 지 4일 만에 집을 떠나 8년 동안 집 앞을 세 번 지나면서도 집에 들어가지 않았다는 말도 전한다. 우임금의 치수사업 덕택으로 높은 언덕이나 나무 위에서 생활하던 백성이 평지로 내려와 농사짓고 살 수 있게 되었다고 하여 그를 중화민족의 영웅으로 칭송하고 있다. 황제에 즉위한 후 모산(茅山)에 올라 여러 제후를 모아놓고 공적을 심사하다가 서거했다 하여 사람들은 이 산을 회계(會稽)라 했다. '會稽'는 '會計'의 뜻으로 '모아서 심사한다'는 의미라고 한다. 그래서 여기에 우릉(禹陵)이 있게 된 것이다.

그가 구주(九州)를 개척하고 구도(九道)를 소통시키고 구택(九澤)을 축조하고 구산(九山)에 길을 뚫어 오늘과 같은 지형지물을 만들었다고 하지만 여기에는 신화적인 요소가 다분히 들어 있다. 우임금의 출생 신화부터 그렇다. 아버지 곤이 죽은 지 3년 동안 부패하지 않아 배를 갈라보니 우가 태어났다고도 하고, 모친이 신주(神珠)를 삼키고 옆구리로 낳았다고도 한다. 그러니 저명한 역사학자 고힐강(顧頡剛, 구제강)이 『고사변(古史辨)』에서 "우(禹)는 남방 민족 신화 속의 인물로 이 신화의 중심이 월(越)에 있었다"라는 지적이 일리가 있다고 하겠다. 또 동한(東漢)의 유물주의 사상가 왕충(王充, 27~97)도 그의 저서 『논형(論衡)』에서 "우(禹)가

회계에 왔다는 것은 사실이 아니다"라고 말했다.

구정대, 비릉, 우사, 비랑

대우릉은 규모가 어마어마했다. 강택민(江澤民, 장쩌민)의 글씨로 '대우릉(大禹陵)'이라 새겨진 패방(牌坊)을 지나 300m쯤 가면 광장이 나온다. 여기서 눈이 띄는 것은 '구정대(九鼎臺)'라는 거대한 조형물이다. 30m는 됨직한 돌벽에 우임금의 치수 장면을 조각해놓고 벽 위에 우임금이 만들었다는 아홉 개의 솥을 얹어놓았다. 이 아홉 개의 솥, 곧 '구정(九鼎)'은 고대 중국의 왕권의 상징이었다. 광장에는 큰 종루(鍾樓)가 있어 우임금 제사 때 13번을 친다고 하는데 13억 중국 인구를 상징한다고 한다. 그리고 커다란 제단도 있었다.

조그마한 돌다리를 건너 영성문(欞星門)을 통과하여 양쪽에 측백나무가 우거진 돌계단 길을 걸어 올라가면 대우릉비정(大禹陵碑亭)이 나온다. 봉분은 없고 정자 안에 '대우릉(大禹陵)' 세 글자가 새겨진 높이 4.1m의 비석만 서 있는데 글씨는 명나라 가정 연간(嘉靖年間, 1522~1566)에 소흥지부(知府) 남대길(南大吉)이 쓴 것이다. 대우릉은 실상 '비릉(碑陵)'인 셈이다.

능비(陵碑) 우측에 '우혈비(禹穴碑)'가 있다. 사마천의 기록에 "회계산에 올라 우혈을 탐방했다"라고 했으니 우혈은 회계산에 있는 동굴일 것이다. 민간 전설에 의하면 우혈은 황제(黃帝)의 장서처(藏書處)인데 우임

대우릉 비정 대우릉은 봉분이 없는 '비릉(碑陵)'으로, 정자 안에 '대우릉(大禹陵)' 세 글자가 새겨진 높이 4.1m의 비석만 서 있다.

금이 이 속에서 『수경(水經)』(중국 각지의 하천과 수계를 간단히 기록한 지리서)을 얻었다고 한다. 또 우임금이 이 동굴로 들어가 다시는 나오지 않았기 때문에 여기가 우임금의 묘라고 믿었다. 까막까치들이 일렬로 날아와서 봄이면 동굴 안의 잡초를 제거하고 가을이면 낙엽을 청소한 후 일렬로 날아간다는 전설이 있는데 이곳이 우임금의 무덤이라는 전설에서 만들어진 이야기일 것이다.

우혈 옆에 우임금의 사당인 우사(禹祠)가 있다. 오나라와 월나라의 흥망을 기록한 역사서 『월절서(越絶書)』에 의하면 우임금의 5세손 소강(少康)이 사당을 건립하고 그의 서자인 무여(无餘)로 하여금 이곳을 관리하게 했다고 한다. 이 무여가 바로 월나라의 시조이다. 지금도 우릉 부근에

우사 우왕의 사당으로, 지금도 그의 후손들이 해마다 여기에서 제사를 지낸다.

는 사씨(姒氏)들의 거주지가 있어 해마다 여기 와서 제사를 지낸다. '사(姒)'는 우임금의 성(姓)이다. 우사 앞에는 방생지가 있고 또 우임금이 손수 팠다는 우물인 우정(禹井)이 있다. 안에는 머리에 삿갓을 쓰고 손에 쟁기를 들고 있는 우임금의 소상이 있고 좌우에 치수(治水) 전설과 관련된 자료와 사씨종보(姒氏宗譜)가 전시되어 있다. 현재의 사당은 1986년에 중건된 것이다.

능비 좌측에 함약고정(咸若古亭)이 보인다. 순전히 돌로만 지은 육각형의 정자로 1164년에 건립되었다. '함약(咸若)'은 『서경(書經)』「우서(虞書)」'고요모(皐陶謨)'에서 고요모의 말에 우(禹)가 동의하면서 대답하는 말의 첫머리 부분이다. 이 두 글자로 정자 이름을 지은 것은 우의 교화를 널리 선양하기 위함이다. 이 정자를 주악정(奏樂亭)이라고도 하는데 옛날 우임금의 제사를 지낼 때 악사들이 이곳에서 음악을 연주했다는 데에서 붙여진 명칭이다.

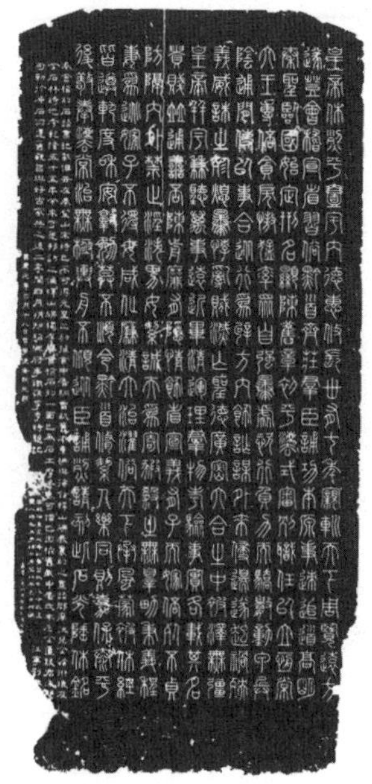

회계석각 탁본 진(秦)나라 이사(李斯)의 글씨로 알려져 있다.

함약고정에서 전방 우측으로 가면 비랑(碑廊)이 나온다. 여기서 가장 중요한 것은 이사비(李斯碑)로 불리는 회계각석(會稽刻石)이다. 『사기』의 기록에 의하면 진시황 37년(기원전 210)에 시황이 동쪽을 순시할 때 회계산에 올라 우릉에 제사 지내고 재상 이사(李斯)에게 명하여 자신의 공적을 칭송하는 글을 지어 돌에 새기게 했다. 글자체는 소전(小篆)으로 진나라가 6국을 통일한 후 반포한 문자이다. 원래의 비석은 없어졌고 현재의 비석은 청나라 건륭 57년(1793년)에 소흥군수 이형특(李哼特)이 초기의 탁본을 근거로 각수(刻手, 나무나 돌에 조각하는 일을 직업으로 하는 사람)를 시켜 다시 새긴 것인데 1986년 이곳으로 옮겼다. 이밖에도 비랑에는 산회수측비(山會水則碑), 대호수리비(戴琥水利碑) 등이 있다.

비음천, 구루비

더 나아가면 비음천(非飮泉)이 있다. '비음(非飮)'이란 명칭은 『논어』 「태백(泰伯)」 편에 있는 공자의 말에서 따온 것이다.

공자가 말하기를 "우(禹)는 내가 흠잡을 것이 없도다. 음식은 간소하게 들면서도〔非飮食〕 제사(귀신)에는 효(孝)를 다하였으며, 의복은 허술하게 입으면서도 제사 때의 의관은 아름답게 하였으며, 사는 집은 누추했으나 치수(治水)에는 힘을 다했으니 우는 내가 흠잡을 것이 없도다"라고 했다.

후대인들이 우임금의 공적을 기려 우물을 파고 공자의 말을 따서 '비음천'이라 이름을 붙였을 터인데 왜 하필 우물을 팠는지 알 수 없다. 그리고 비음천을 덮고 있는 정자 기둥에 다음과 같은 영련(楹聯)이 걸려 있다.

卑宮菲食胼胝勤 (비궁비식변지근)
潔行儉風泉澗涵 (결행검풍천간함)

누추한 집, 거친 음식으로 손발에 못 박이도록 부지런했고
깨끗한 행동, 검소한 모습이 샘물에 잠겨 있네

다음은 대우릉의 주 건물인 우묘(禹廟)이다. 우묘의 건축군은 남북으

로 길게 이어져 있는데 제일 남쪽에 조벽(照壁)이 있고 그 앞에 구루비(岣嶁碑)가 있다. 이 비석은 우왕의 치수 과정을 기록한 것으로 원래 호남성(湖南省) 형산(衡山)의 구루봉에 있던 것을 남송의 하치(何致)가 1212년에 발견했다고 한다. 이후 그 탁본을 바탕으로 사천성(四川省), 운남성(雲南省), 남경(南京), 하남성(河南省) 등 우왕의 사적이 있는 여러 곳에 비석을 세웠다. 대우릉에 있는 이 비석은 1541년에 소흥지부(紹興知府) 장명도(張明道)가 악록서원(嶽麓書院)에 있는 비석을 탁본해와서 다시 새겨 이곳에 세운 것이라는데 어찌된 일인지 지금 이 비석에는 탁본한 종이만 붙어 있다. 총 77자인데 글자체가 기괴하여 소전(小篆)도 아니고 대전(大篆)도 아닌 과두문자(蝌蚪文字, 모양이 올챙이 같은 고대 문자)로 되어 있어 아직도 완전히 판독을 하지 못하고 있다. 우왕이 치수 활동을 할 때 직접 썼다고도 하여 이 비를 신우비(神禹碑) 또는 우왕비로 부르기도 하지만 일부 학자들은 글자체로 보아 전국시대의 것이라 주장하기도 한다.

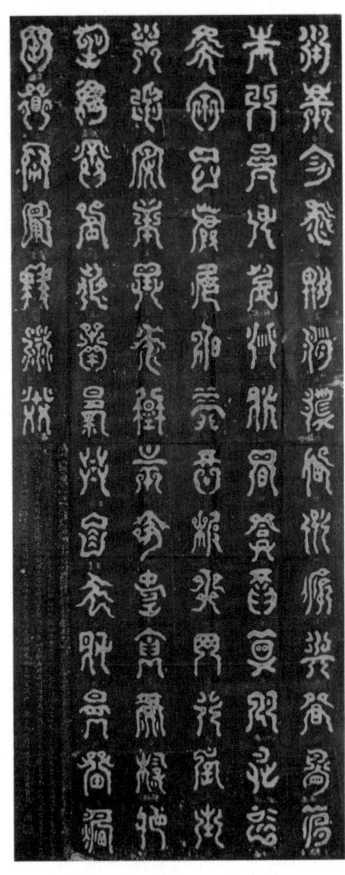

우왕의 치수 과정을 기록한 구루비의 과두문자
아직도 완전히 판독을 하지 못한 고대문자이다.

오문 용마루의 용 조각상 오른쪽의 용 심장에 칼이 꽂혀 있다.

북쪽으로 더 나아가면 오문(午門)이 나타난다. 여기서 눈에 띄는 것은 건물의 용마루 양쪽 끝에 조각해놓은 칼에 꽂힌 용의 형상이다. 이것은 우왕의 치수 전설 중에서 악룡(惡龍)을 죽이고 홍수를 다스렸다는 이야기를 근거로 만든 조형물이다. 오문을 지나 39개의 계단을 오르면 역대 제왕, 문무백관, 우왕의 후손들이 제사를 지내는 제청(祭廳)이 있다. 이를 배청(拜廳)이라고도 한다.

수심에 잠긴 우임금 입상

이 제청을 지나면 우묘의 주 건물인 대전(大殿)이 우뚝 솟아 있다. 우왕의 아들 계(啓)가 아버지의 사당을 세웠다고 하나 고증할 길이 없고 역사

대우릉 대전 대우릉의 주 건물로, 안에는 높이 6m의 우왕 입상이 세워져 있다.

시대 이후에는 545년에 최초로 묘(廟)를 건립했지만 여러 차례의 흥폐를 거듭하다가 1934년에 중수한 것이 지금의 대전이다. 안에는 높이 6m의 우왕 입상이 세워져 있다. 면류관을 쓰고 검은색 곤룡포를 입은 우왕의 표정에 수심이 서려 있는 것은 백성을 걱정하는 뜻이라 한다. 좌상이 아닌 입상을 세운 것은, 우왕이 치수사업을 할 때 너무나 고생을 했기 때문에 일종의 관절염을 앓아 다리를 굽히고 앉을 수 없었던 모습을 나타낸 것이라 한다. 그리고 검은색 곤룡포를 입은 것도, 더러운 진흙탕에서 쉬지 않고 일을 하느라 옷을 세탁할 겨를이 없어 아예 검은색으로 염색한 옷을 입고 다녔다는 이야기에 근거한 것이다.

우왕의 입상 뒤에는 아홉 개의 도끼가 그려져 있는데 이 도끼에는 여러 가지 뜻이 함축되어 있다. 도끼는 우왕이 치수사업을 할 때의 도구였

우왕 입상 수심에 잠긴 입상 뒤에 아홉 개의 도끼가 그려져 있다.

으며 치수가 끝난 후에는 백성을 위한 농기구로 사용되었고 또 간신을 징벌하는 도구이기도 했다. '도끼'의 한자가 '斧(부)'인데 '斧'는 중국어에서 '五'와 음(푸fǔ)이 같기 때문에 뜻을 통용한다. 그러므로 '아홉개의 도끼' 즉 '九斧(구부)'는 '九五'와 같은데, 『주역』에서 '九五'는 천자의 지위를 뜻한다. 이후 역대 제왕들은 거처에 '의부(扆斧, 도끼를 수놓은 병풍)'를 쳐서 천자의 상징물로 삼았다. 그뿐만 아니라 이 아홉 개의 도끼는 우왕이 치수사업 끝에 획정한 '구주(九州)'를 상징하는 것이기도 하다.

우왕의 입상 좌우 기둥에 강희황제의 영련이 걸려 있다.

江淮河漢思明德 (강회하한사명덕)

精一危微見道心 (정일위미견도심)

장강, 회수, 황하, 한수에서 밝은 덕을 생각하고
정일(精一)과 위미(危微)에서 도심(道心)을 보네

장강, 회수, 황하, 한수가 지금처럼 흘러가도록 물길을 터준 제왕이 우왕이므로 이들 강을 바라보며 우왕의 밝은 덕을 생각한다는 말이다. 두 번째 구절은, 순(舜)임금이 우(禹)에게 제위를 물려주면서 당부한 말에서 따온 것으로 『서경』「대우모(大禹謨)」에 나온다.

> 인심(人心)은 위태롭기만 하고 도심(道心)은 가늘고 희미하기만 하니, 마음을 정밀하게 하나로 모아 그 중정(中正)을 잡아야 하오(人心惟危 道心惟微 惟精惟一 允執厥中).

이 구절의 글자들을 조합한 강희의 영련은, 우왕이 순임금이 당부한 말을 잘 따라서 도심(道心)을 보존했다는 뜻이다. 우리를 안내한 가이드는 강희의 영련 중 '명덕(明德)'의 '明' 자가 일반적으로 쓰이는 '明' 자와 다르게 되어 있는 점을 지적하고 '강희가 명(明)나라에 대한 반감을 나타낸 것이다'라 말했는데 터무니없는 억측이다. 강희가 명나라를 멸망시킨 만주족의 황제이지만 한족(漢族)을 회유하기 위하여 많은 노력을 기울였던 만큼 그가 노골적으로 반명(反明) 의사를 표명했을 리가 없다. 또 '明'과 '眀'은 서로 통용되는 글자이다.

대전 앞에는 1751년 건륭황제가 이곳에 왔을 때 쓴 5언시를 새긴 어비

폄석정 정자 안에 높이 2.3m의 돌이 수직으로 세워져 있고 위쪽에 구멍이 나 있다.

정이 서 있고 대전 좌우에는 마진(馬臻)과 탕소은(湯紹恩)을 배향하는 사당이 있었는데 2016년에 갔을 때는 모두 없어졌다. 동한(東漢)의 마진과 명대(明代)의 탕소은은 우왕의 유업을 이어받아 대규모 치수사업을 성공적으로 수행하여 우왕의 사당에 배향하기 적합한 인물인데 이들의 사당을 왜 철거했는지 알 수 없다.

폄석정, 우혈비·석뉴비

대전 동쪽 언덕에 폄석정(窆石亭)이 있는데 정자 안에 높이 2.3m의 돌이 수직으로 세워져 있고 위쪽에 구멍이 나 있다. 마치 땅에서 솟아오르

우혈비(오른쪽), 석뉴비(왼쪽) 우왕의 탄생과 죽음을 나타내는 '생사비(生死碑)'라고도 한다.

는 죽순처럼 생겼다. 이 돌의 용도에 대한 견해가 분분하다. 우왕을 하장(下葬, 매장)할 때 사용한 도구라는 설도 있고 우왕의 관을 덮었던 돌이라는 설도 있다. 또 민간신앙에서 생식(生殖) 숭배의 대상이었다는 설도 있다. 돌의 모양이 남자의 생식기를 닮았기 때문이다. 즉 위쪽의 구멍에 돌멩이를 던져 들어가면 아들을 낳고 들어가지 않으면 딸을 낳는다고 믿었다는 것이다. 노신(魯迅)은 이를 일종의 고대 묘비라고 했다. 폄석 위에는 각 시대에 쓴 글들이 희미하게 남아 있지만 판독하기 어려운 상태이다. 가장 이른 시기의 글은 126년 동한(東漢)시대의 예서체(隸書體) 글자이다.

폄석정 옆에 높이 2m가량의 비석 두 개가 나란히 서 있다. 하나에는 '우혈(禹穴)', 또 하나에는 '석뉴(石紐)'라 음각되어 있다. 우혈은 앞서 살펴본 바와 같이 우왕의 무덤이고 석뉴는 사천성에 있다는 우왕의 탄생지이다. 우왕의 탄생과 죽음을 나타낸다고 해서 이 비를 '생사비(生死碑)'라 일컫기도 한다. 전하는 말로는 두 비석이 원래 사천성 석뉴촌에 있었다고도 하고 또 글씨는 이백(李白)이 손수 썼다고도 하는데 모두 믿기 어렵다. 우왕 자체가 신화적인 인물인 만큼 그의 삶과 죽음에 대하여 수많은 이야기가 전설처럼 전해 내려오는 것이다.

기원전 210년에 진시황이 회계산에 올라 우왕 제사를 지낸 것을 필두로 역대 왕조에서 신하를 파견하여 제사를 지냈는데 특히 청대(淸代)에는 강희, 건륭황제가 친히 제사에 참석했을 뿐만 아니라 40여 차례나 관리를 파견하여 치제(致祭)했다고 한다. 1935년 10월 16일에 공적으로는 마지막 제전(祭典)을 거행하고 한동안 끊어졌다가 1995년 신중국 성립 후 처음으로 공적인 제전이 거행되었다. 이후 5년마다 공제(公祭)가 지금까지 거행되고 있다. 물론 지방민이나 우왕의 후손들은 매년 제사를 지낸다. 2005년에는 '대우릉 제사'가 국가 비물질문화유산에 등록되었다.

왕희지의 옛 마을 서성고리

즙산 아랫마을

소흥 시내의 서성고리(書聖古里, 수성구리)는 문자 그대로 서성(書聖) 왕희지(王羲之, 303~361)가 살았던 옛 마을을 말한다. 이곳은 부산, 비래산과 함께 소흥의 3산으로 일컬어지는 북쪽의 즙산(蕺山) 아래에 있다. 즙산은 즙초(蕺草)가 많이 자란다고 해서 붙여진 이름인데, 즙초는 일명 어성초(魚腥草)라고도 하여 고약한 냄새가 나는 풀이다. 『월중잡식(越中雜識)』에 의하면 월왕 구천이 오나라에 인질로 잡혀 인고의 나날을 보낼 때 오왕 부차의 대변을 맛보고 병세를 진단한 적이 있는데 그 때문에 입 냄새가 나는 병에 걸렸다가 귀국 후에 이 즙초를 먹고 병을 고쳤다고 한다.

즙산은 그 아래에 왕희지의 고택이 있다고 해서 일명 왕가산(王家山)으로도 불리는데 역사적 건물이 많이 있었으나 세월이 흐르는 동안 거

서성고리 입구 소흥 시내 동북쪽의 즙산 아래에 있는 이곳에는 '서성' 왕희지 고택과 계주사, 왕희지진열관 등이 있다.

의 없어졌다. 최근에 문필탑(文筆塔), 즙산서원, 냉연정(冷然亭) 등이 복원되었는데 이 중 중요한 건물이 즙산서원이다. 이 서원의 초기 명칭은 즙리서원(蕺里書院)으로, 명나라 말 양명학자 황종희(黃宗羲)의 스승인 유종주(劉宗周, 1578~1645)가 강학하면서 많은 학자를 길러 '즙산학파'를 형성한 곳이다. 1716년에 중수하여 즙산서원으로 개칭되었다가 1901년에 '산음현학당'으로 개칭되었다.

왕희지 별장 계주사의 내력

즙산 남쪽 기슭에 있는 계주사(戒珠寺)는 원래 왕희지의 별장이었다. 왕희지의 별장이 사원으로 바뀐 내력은 이렇다. 왕희지는 평소에 악력(握力)을 기르기 위하여 구슬을 손안에서 굴렸는데 어느 날 잘 알고 지내던 스님이 다녀간 후 그 구슬이 없어진 것을 알고 스님을 의심하게 되었다. 그후 스님을 대할 때마다 말을 하지는 않았지만 노골적으로 불쾌한 표정을 지었다. 스님도 이를 알아챘다. 그러나 왕희지가 분명히 말을 하지 않은 마당에 스님이 먼저 구차하게 변명할 수도 없었다. 드디어 스님은 마음의 병을 얻어 죽고 말았다. 그후에 왕희지 집에서 기르던 거위 한 마리가 이유 없이 먹이를 먹지 않고 신음하다가 죽었다. 이를 이상히 여겨 거위의 배를 갈라보니 바로 그 구슬이 나왔다. 거위가 구슬을 삼킨 것이다.

이 이야기가 변형되어 조선 말기의 학자 박재형(朴在馨, 1838~1900)이 1884년에 편찬한 『해동속소학(海東續小學)』에 '윤회 인욕(尹淮忍辱)'이란 제목으로 실려 있다. 윤회는 세종 때의 이름난 문신(文臣)이다.

> 윤회가 젊었을 때 시골길을 가다가 날이 저물어 한 여인숙에 들어가 재워달라고 하니 주인이 거절해서 뜰에 앉아 있었다. 그때 주인집 아들이 진주를 가지고 나와 놀다가 뜰에 떨어뜨렸는데 그것을 마당에 있던 거위가 삼키는 것을 보았다. 얼마 후에 주인이 나와 구슬을 찾았으나 찾지 못하자 윤회를 의심하여 그를 묶어놓고 다음 날 아침에 관

청에 고하려 했다. 윤회는 아무런 변명도 하지 않고 다만 "저 거위도 내 옆에 묶어두시오"라고만 말했다. 다음 날 아침에 거위가 항문으로 구슬을 토했다. 이에 주인이 부끄러워하며 "왜 어제 말하지 않았소?"라고 하니 윤회가 "어제 말했더라면 주인께서 반드시 거위의 배를 갈라 구슬을 찾았을 것이기에 굴욕을 참고 기다린 것입니다" 라고 말했다.

왕희지 초상 오른쪽 위에 왕우군(王右軍)이라 쓰인 것은 그가 '우군장군'이라는 높은 벼슬을 지냈기 때문이다.

왕희지는 스님이 죽은 후 크게 뉘우치고 다시는 구슬을 만지지 않고 스님을 기념하기 위하여 자신의 집과 전지(田地)를 모두 바쳐 사원을 짓도록 했다. 기록에 의하면 왕희지가 회계내사직을 사임하고 은거하자 359년에 집을 사원으로 개축하고 창안사(昌安寺)라 이름했으며 852년에 비로소 절 이름을 계주사로 바꾸었다고 한다. '계주'란 '구슬을 경계한다'는 뜻이다. 이후 여러 번의 중수를 거쳐 현존 건물은 1924년에 중건한 것을 1983년에 다시 중수한 것이다.

계주강사 왕희지는 자신이 살던 집을 사찰로 만들었다.

계주강사의 영련

계주사 산문(山門)에는 계주강사(戒珠講寺)라 쓰여 있다. 역시 조박초(趙樸初, 자오푸추)의 글씨다. 절 이름을 '계주선사(戒珠禪寺)'라 하지 않고 '계주강사'라 한 것은 이 사원이 역대로 고승들이 불경을 강(講)하는 곳이지 향을 피우고 부처에게 복을 비는 사원이 아니었기 때문이다. 말하자면 스님들이 수학하는 불교 학원이었던 셈이다. 산문의 외벽 좌우에 영련이 걸려 있다.

왕희지 좌상 오른쪽의 시동(侍童)이 거위를 안고 있다. 왕희지상에 붙어 있는 사람은 문화재 수리업자로, 이곳을 관람할 때 마침 수리를 하고 있었다.

此處旣非靈山 畢竟甚麽世界 (차처기비영산 필경심마세계)
其中如無活佛 何用這般莊嚴 (기중여무활불 하용저반장엄)

이곳이 이미 영산(靈山)이 아닐진대 필경 무슨 세계란 말인가
그중에 활불(活佛)이 없다면 어찌 저리 장엄할 수 있을까

'영산'은 영취산(靈鷲山)으로 석가여래가 설법을 했다는 산이고, '활불'은 '살아 있는 부처'로 왕희지를 가리킨다. 계주사가 있는 즙산이 영

산이 아닌데도 사원이 저토록 장엄한 것은 살아 있는 부처 왕희지가 있기 때문이라는 뜻이다. 이 영련은 원래 현대미술의 거장 장대천(張大千, 장다첸)이 쓴 것인데 문화대혁명 때 파괴된 것을 후인이 다시 썼다고 한다. 일반적으로 중국 사원의 산문에는 배를 드러내놓고 파안대소하는 포대화상(布袋和尙)이 있게 마련인데 계주사 산문에는 포대화상 대신 왕희지의 초상이 사람들을 맞는다.(포대화상에 대해서는 이 책의 제1부「소흥의 어머니 호수, 감호」참조) 또 사천왕상도 없다.

왕희지 사적 진열실

산문을 지나면 원래 계주사의 대웅전이었던 곳에 신축한 '왕희지 사적 진열실'이 나온다. 이 진열실의 정면에 거대한 왕희지 좌상을 만들어 놓았다. 머리에 윤건(綸巾)을 쓰고 붉은 관복을 입은 왕희지의 좌상 좌우에는 시동(侍童)이 서 있는데 한 명은 흰 거위를 안고 있다. 이곳에는 왕씨 가훈, 왕씨 세계도 등의 자료와 함께 그가 쓴「난정집서(蘭亭集序)」「악의론(樂毅論)」등의 복제품도 진열되어 있다. 또 이 진열실 벽에는 왕희지 일생에서 널리 알려진 여러 일화를 대형 그림과 설명문으로 재현, 전시하고 있다. 이제 차례로 살펴보기로 한다.

• 희지흘묵(羲之吃墨): '왕희지가 먹을 먹다'란 뜻으로 다음과 같은 이야기에서 유래된 말이다. 어린 왕희지가 글씨를 연습하고 있을 때 시동이 점심밥을 가지고 왔다. 그가 좋아하는 찐빵과 빵에 찍어 먹을 찧은 마

늘이었다. 그런데도 그는 돌아보지 않고 글씨에만 몰두해 있었다. 시동이 왕희지의 모친에게 알려 모친이 가보니 그의 손에는 먹물이 묻은 찐빵이 들려 있었고 입은 온통 먹물투성인 채로 글씨만 보고 있었다. 찐빵을 마늘에 찍어야 하는데 눈을 글씨에서 떼지 않았기 때문에 잘못하여 먹물에 찍어 먹고 있었던 것이다. 모친이 이를 알려주자 왕희지는 "오늘 먹은 마늘에서 진짜 향기가 납니다"라고 말했다.

「동상쾌서」 방 안에 배를 드러내고 있는 왕희지가 보인다.

• 동상쾌서(東床快婿): 동진(東晉)의 대신 치감(郗鑒)은 부유할 뿐만 아니라 인재를 아끼는 사람이었다. 그에게는 재주와 미모를 겸비하고 또 글씨에 능한 딸이 있어 사윗감을 고르던 중 왕씨 집안의 자제 중에서 고르기로 하고 중매쟁이를 왕씨 집에 파견하여 인물들을 살펴보게 했다. 중매쟁이가 온다는 말을 듣고 집안의 젊은이들은 저마다 몸가짐을 단정히 하고 기다렸지만 왕희지만은 아무 일도 없다는 듯 동쪽의 평상(東床) 위에서 배를 드러내놓고(袒腹) 무얼 먹고 있었다. 중매쟁이로부터 사실을 보고받은 치감은 왕희지를 사윗감으로 낙점했다. 그의 탄솔

하고 광달한 성격을 높이 산 것이다. 이로부터 '동상쾌서'란 성어가 생겼다. '쾌서(快婿)'는 '마음에 드는 훌륭한 사위'란 뜻이다. 그리고 이후 '동상(東床)'은 사위의 미칭으로 쓰였고 남의 사위를 '영단(令袒)'이라 불렀다. 이 성어는 '동상택서(東床擇婿)' '동상단복(東床袒腹)' '단복동상(袒腹東床)'으로도 쓰인다.

「곡수유상」 난정에서 곡수유상 하는 당대의 명사들.

• 일자천금(一字千金): 672년에 당나라 고종이 대당삼장성교서비(大唐三藏聖教序碑)의 비문 글씨를 장안 흥복사(興福寺)의 회인(懷仁) 스님에게 맡겼다. 회인 스님은 모두 왕희지의 글씨로 집자(集字)하기로 하고 널리 수집했는데 다만 글자 하나를 찾을 수 없었다. 이에 회인이 조정에 부탁했더니 조정에서는 글자 하나에 천금(千金)의 현상금을 걸어 마침내 그 글자를 얻었다. 이후 이 비석의 탁본을 '천금첩(千金帖)'이라 불렀다고 한다.

이외에도 '곡수유상(曲水流觴)' '황정환아(黃庭換鵝)' '계주강사(戒珠講寺)'라는 제목의 설명문과 그림이 있는데 모두 앞에서 언급했다. 다만 '희지서선(羲之書扇)'은 뒤에서 서술하기로 한다.

묵지 왕희지가 붓과 벼루를 씻었다는 연못이다.

제선교에서 노파의 부채에 글을 써주다

계주사 바로 앞에 길이 14m, 폭 7m의 대형 묵지(墨池)가 있다. 왕희지가 붓과 벼루를 씻었다는 곳인데 붓과 벼루를 씻기 위해서 과연 이렇게 큰 연못이 필요했는지 의문이다. 표지판에는 '墨池' 밑에 한글로 '먹못'이라 쓰여 있다. 기록에 의하면 묵지 옆에 왕희지가 거위를 길렀다는 아지(鵝池)가 있었다고 하는데 지금은 없어졌다.

계주사를 나와서 앞으로 가다보면 왼쪽에 아치형의 제선교(題扇橋)가 있다. 여기에는 이런 이야기가 전한다. 몹시 더운 어느 여름날, 왕희지가 이 다리를 지나다가 한 노파가 부채를 팔고 있는 것을 보았다. 조잡하게 만든 부채여서 아무도 관심을 두지 않았지만 노파는 땀을 뻘뻘 흘리

제선교에서 왕희지가 노파의 부채에 글을 써주는 모습을 형상화한 조각상 왼쪽에 '진왕우군제선교(晉王右軍題扇橋)'라 새겨진 비석이 보인다.

면서 부채를 사라고 외쳤다. 이를 보고 가련한 생각이 들어 그는 노파의 부채에 다섯 글자씩을 써주었는데 노파는 자기 부채를 더럽힌다고 여겨 언짢은 표정을 지었다. 이에 왕희지는 이렇게 말하고 헤어졌다.

"이 글씨는 왕우군(王右軍)이 쓴 것이라 말하고 부채 하나에 100전씩 받고 파시오. 그 이하로는 절대로 팔지 마시오."

과연 노파의 부채는 날개 돋친 듯 팔렸다. 이후 노파는 다시 왕희지의 글씨를 받기 위하여 다리 위에서 기다렸지만 공무에 바쁜 그가 일일이 노파의 요구에 응할 수 없어서 다리 근처의 골목길에 숨어 있다가 노파의 시선을 피해서 지나갔다고 한다. 그가 노파를 피해 숨어 있던 골목은 '타파롱(躲婆弄)'이라 하여 제선교 북쪽에 지금도 보존되어 있다. '타(躲)'는 피한다는 뜻이고 '파(婆)'는 노파, '농(弄)'은 골목이란 뜻이다.

현 제선교는 1828년에 원위치에 중건한 것으로 높이 18.5m, 넓이 4.6m의 아치형 교량이다. 1989년에는 소흥시에서 팔순의 노대가 소한(蕭嫻, 샤오셴) 여사로부터 '진왕우군제선교(晉王右軍題扇橋)' 일곱 글자를 받아서 비석을 세웠다. 소한 여사는 강유위(康有爲)의 여제자로 '당대의 위부인(衛夫人, 동진의 서예가로 왕희지가 어렸을 때 글씨를 배웠다)'이라 일컬어질 만큼 글씨를 잘 썼다. 계주사 진열실 벽에 걸린 '희지서선(羲之書扇, 왕희지가 부채에 글씨를 쓰다)'이라는 편액은 이 이야기를 소재로 한 것이다.

왕희지진열관

제선교와 멀지 않은 곳에 왕희지진열관이 있다. 진열관에 들어서면 먼저 전면의 「습자도(習字圖)」를 보게 된다. 어린 왕헌지가 글씨 쓰는 것을 왕희지 부부가 옆에서 지켜보고 주위에는 여섯 형제가 서 있는 그림이다. 헌지는 일곱째 아들이다. 인물마다 이름을 써놓았는데 아들 일곱 명의 이름 끝 자가 모두 '지(之)'이다. 아버지의 이름이 '희지(羲之)'인데 아들의 이름에 모두 '之' 자를 쓴 것이 이상하다. 아마 그때에는 '휘법(諱法, 높은 어른이나 선조의 이름자를 쓰지 않고 피하는 관습)'이 없었던 모양이다.

안으로 들어가면 왕희지의 일화를 소재로 한 대형 그림들이 걸려 있

「습자도」 왕희지의 일곱째 아들 왕헌지가 글씨를 쓰고 있고, 좌우에는 그의 형들과 왕희지 부부가 지켜보고 있다.

는데 계주사 진열실에서 보았던 그림과 대동소이한 내용이다. 여기에는 '초도회계(初到會稽, 처음 회계에 도착하다)'로부터 '금정귀은(金庭歸隱, 금정으로 돌아가 은거하다)'에 이르기까지 왕희지의 평생 사적을 연대순으로 그려놓았다. 그리고 「난정집서」의 4대 임모본인 저수량(褚遂良)의 황견본(黃絹本), 풍승소(馮承素)의 신룡본(神龍本), 송탁 정무본(宋拓定武本), 명나라 축윤명(祝允明)의 임모본을 비롯하여 왕희지·왕헌지 부자의 글씨가 전시되어 있다.

이 주 전시실 옆의 삼희당(三希堂)은 북경고궁(北京故宮)에 있는 건륭황제의 서실 삼희당을 본떠 만든 건물이다. 북경고궁의 삼희당은 두 가

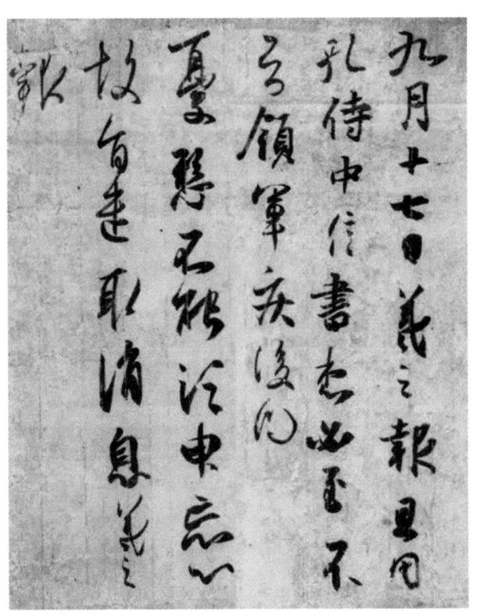

九月十七日羲之報且因
孔侍中信書想必至不
知領軍疾後問
憂懸不能須臾忘心
故旨遣取消息羲之
報

왕희지의 대표작 중의 하나인 「십칠첩」 중에서

지 뜻을 지닌다고 한다. 하나는 다음과 같은 뜻으로 세 개의 '希' 자를 따서 '삼희당'이라 명명했다는 것이다.

사희현 현희성 성희천(士希賢 賢希聖 聖希天)

선비는 현인이 되기를 바라고, 현인은 성인이 되기를 바라고, 성인은 하늘을 아는 사람이 되기를 바란다.

다른 하나는, '바란다'는 '희(希)' 자가 '희귀하다'는 '희(稀)' 자와 뜻을 통용하기 때문에 '三希'는 '三稀' 즉 '세 가지 희귀한 것'을 가리킨다는 것이다. 이 세 가지 희귀한 보물은 왕희지의 「쾌설시청첩(快雪時晴帖)」, 왕헌지의 「중추첩(中秋帖)」, 왕순(王珣)의 「백원첩(伯遠帖)」을 말한다. 건륭은 세 가지 보물을 수집하여 삼희당에 진열했을 뿐만 아니라 역대 서가(書家) 135명의 작품 300여 점을 모아 『삼희당법첩』을 편찬하기도 했다. 왕희지 진열관의 삼희당에도 앞서 말한 세 가지 법첩의 복제품을 전시하고 있었다.

주 전시실 뒤편에 왕희지가 쓰다 버린 붓을 모아두었다는 필려(筆廬, 붓의 집)가 있고 뒤뜰로 나가면 왕희지·왕헌지 부자의 동상이 있는데 헌지가 쓴 '大' 자에 아버지가 점을 찍어 '太' 자로 만드는 모습을 조각한 것이다.

이 동상 뒤쪽 건물이 열고각(閱古閣)으로 입구 벽에는 역대명작전청(歷代名作展廳)이라 새겨져 있다. 여기에는 왕희지의 영향을 받은 역대 서예가들의 명작을 전시하고 있다. 하지장(賀知章), 육유(陸游), 왕양명(王陽明), 서위(徐渭), 팔대산인(八大山人), 정판교(鄭板橋) 등의 작품과, 「난정집서」와 더불어 천하의 '행서삼절(行書三絶)'로 일컬어지는 안진경(顔眞卿)의 「제질문고(祭侄文稿)」, 소식(蘇軾)의 「황주한식시(黃州寒食詩)」 등이 전시되고 있었다.

나는 이곳을 여러 번 답사했는데 2015년에 갔을 때는 계주사를 수리하고 있어서 들어가지 못했다. 2016년 5월에 다산연구소 회원들과 다시 갔을 때는 계주사 수리가 끝나서 볼 수 있었는데 그때 왕희지진열관 관람 문제로 현지 가이드와 약간의 충돌이 있었다. 계주사 가는 길에 먼저 왕희지진열관으로 가자고 하니 가이드가 '왕희지진열관에 있던 진열품을 모두 새로 보수한 계주사로 옮겼기 때문에 지금은 폐쇄했다'고 말했다. 처음에는 그런가보다 여겼으나 계주사에는 전에 왕희지진열관에서 보았던 전시물이 없었다. 그래서 나오는 길에 내가 왕희지진열관을 찾아보았더니 옛날 그대로 있었다. 가이드가 또 거짓말을 한 것이다. 중국 여행에서 이런 일을 한두 번 겪은 것이 아니었지만 그때마다 불쾌한 마음이 드는 것은 어쩔 수 없었다.

응천탑과 대선탑, 그리고 팔자교

소흥을 지탱하는 두 상앗대
수상 입체 교차교, 팔자교

소흥을 지탱하는 두 상앗대

응천탑(應天塔)은 추근고거 바로 뒷산에 있다. 응천탑으로 가는 버스 안에서 북한 김정일(金正日) 국방위원장의 사망(2011.12.17) 소식을 들었다. 권영훈 군이 스마트폰으로 관련 기사를 보고 우리에게 전해주었다. 김정일이 죽은 사실도 충격이었지만 그 후계자가 28세의 김정은(金正恩)이라는 사실이 더 충격적이었다. 북한의 앞날에 대하여 모두들 걱정을 하고 있는데 강만길 교수가 다소 위안이 되는 말을 해주었다. '김정은이 경험도 없고 나이도 어리지만 고모부인 장성택(張成澤)이 뒤를 봐줄 것이기 때문에 크게 염려할 것 없다'는 말이었다. 장성택은 노련한 관료이고 그나마 합리적인 사람이란 말도 덧붙였다. 북한 사정을 모르고 있던 나는 비로소 조금 안심이 되었다. 강만길 교수는 민화협(민족화해협력범

국민협의회) 상임의장을 역임하는 등 분단 극복과 평화통일을 위하여 다방면으로 활동해왔고 또 북한에도 여러 번 다녀와서 장성택과도 면식이 있었던 것으로 알고 있다. 그래서 그의 말을 믿었다. 그러나 이 글을 쓰고 있는 지금(2017년 3월) 생각해보면 강 교수도 그때는 김정은의 광기(狂氣)를 미처 예상치 못했던 것 같다. 장성택이 2013년 12월 김정은에 의하여 처참하게 처형되었으니 말이다. 이런저런 걱정을 하면서도 우리는 응천탑으로 향했다.

소흥에 전해 내려오는 얘기에 의하면, 소흥은 물 위에 떠 있는 배와 같아서 두 개의 상앗대가 이를 지탱하고 있기 때문에 둘 중의 하나가 없거나 둘 다 없으면 '소흥호'는 정처 없이 표류하거나 전복된다는 것이다. 이 두 상앗대 노릇을 하는 것이 남쪽의 응천탑(應天塔, 잉톈타)과 북쪽의 대선탑(大善塔, 다산타)이다.

이 중 응천탑은 부산(府山), 즙산(蕺山)과 함께 소흥의 3산으로 일컬어지는 탑산(塔山) 정상에 있는 7층탑이다. 탑산은 비래산(飛來山), 보림산(寶林山), 괴산(怪山), 귀산(龜山) 등 여러 이름을 가지고 있는데 그 유래는 이렇다. 범려가 소흥성을 축조하고 난 어느 날 저녁에 동해로부터 날아온 산이라고 해서 비래산, 괴산으로 불렸고, 남조(南朝) 시기 혜기법사(惠基法師)가 이 산에 보림사를 건립했기 때문에 보림산으로 불렸으며 또 산의 모양이 거북(龜)을 닮았다고 해서 귀산으로도 불렸다.

응천탑은 일찍이 동진(東晉) 때 세워졌다. 그후 473년 혜기법사에 의하여 이 산에 창건된 보림사가 874년에 응천사(應天寺)로 개명되면서 탑의 이름도 응천탑으로 바뀌었다. 이후 송대·명대에 여러 번 중수를 거쳤

응천탑 소흥 3산 중의 하나인 탑산 정상에 있는 높이 30m의 7층탑이다.

는데 1910년에 향을 피우다가 내부가 불탄 것을 1984년에 다시 중수하여 오늘에 이르고 있다. 높이 30m의 육각형 탑으로 꼭대기까지 올라갈 수 있다. 탑 앞에는 영만정(靈鰻井)이라는 우물이 있다. 전설에 의하면 이 우물 안에 두 귀가 큰 뱀장어가 살고 있는데 꼬리 부분에 칼에 찔린 흔적이 있었다고 한다. 이는 당나라 때의 반란군 황소(黃巢)의 칼에 찔린 것이라는데 이 뱀장어가 밖으로 나오면 나라에 가뭄이나 홍수 또는 질병과 같

대선탑 소흥 시내 중심에 있는 높이 40.5m의 7층 전탑이다.

은 재앙이 일어났다고 전한다. 황소의 칼에 맞은 분풀이를 하는 것인가?

북송의 왕안석은 이 탑에 올라 「등비래봉(登飛來峰, 비래봉에 올라)」이란 시를 지었다.

비래봉 위 천 길 탑
들으니 닭 울 때 해 뜨는 것 보인다지

뜬구름이 눈 가려도 걱정 없는 건
이 몸이 최고층에 와 있기 때문이네

飛來山上千尋塔 聞說鷄鳴見日升
不畏浮雲遮望眼 自緣身在最高層

대선탑(大善塔)은 소흥 시내 중심 광장에 있다. 높이 40.5m의 7층 전탑이다. 504년에 대선사(大善寺)와 함께 세워졌는데 1197년에 승려의 실화(失火)로 절과 탑이 모두 소실되었다가 1228년 사원과 탑을 중건했고 이후 여러 차례 중수를 거듭했다. 남쪽의 응천탑과는 달리 고풍스러운 모습이 남아 있다.

수상 입체 교차교, 팔자교

소흥은 수많은 물길이 종횡으로 흐르는 물의 도시이다. 따라서 교량도 많다. 1893년에 그린 지도에 의하면 당시 소흥부 면적이 7.4km^{2}인데 교량이 229개였다. 1km^{2}당 30개의 교량이 있었던 셈이다. 소흥의 교량은 대부분 돌로 만들어졌는데 그 형태도 가지가지여서 소흥을 '교량 박물관'으로 부르기도 한다.

이 중에서 가장 유명한 것이 소흥 동남쪽에 있는 팔자교(八字橋, 바쯔차

팔자교 동서로 흐르는 하천으로 배가 드나들 수 있는 수상 '입체 교차교(交叉橋)'이다.

오)이다. 팔자교란 이름은 교량의 형태가 '八' 자 모양이기 때문에 붙여진 것이다. 남북으로 흐르는 하천에 동서로 높이 5m의 주교(主橋)가 놓여 있고 그 동쪽과 서쪽 끝에 남쪽으로 완만하게 경사진 계단이 길게 내려와 있다. 그리고 이 계단 밑으로는 동서로 흐르는 하천이 있어 배가 드나들 수 있도록 설계되어 있다. 팔자교는 말하자면 수상 '입체 교차교(交叉橋)'인 셈이다.

기록에 의하면 팔자교는 1201~1204년 사이에 건설된 것으로 보인다. 그러다가 1256년에 중수하여 오늘에 이르고 있으니 지금으로부터 800년도 더 전에 세워진 교량이다. 그래서 주교에는 갈라진 석재를 쇠줄로 묶어놓는 등 세월의 흔적이 보인다.

팔자교 앞에 뜻밖에도 규모가 꽤 큰 천주교회당이 있다. 성당 안내문에 이렇게 적혀 있다. “1586년에 처음 소흥에서 선교활동을 했고 이후 1864년에 프랑스 신부가 이곳에 땅을 매입하여 1871년 성당을 지었다. 1906년에는 수녀원, 고아원, 양로원 등을 지어 교세를 확장했다. 60년대 문화대혁명 때 강제 철거되었다가 1987년에야 성당의 기능을 회복했다.”

팔자교 앞의 천주당 프랑스 신부가 1871년에 세웠다.

관리인의 말에 의하면 지금도 여기서 정상적인 종교활동을 한다고 한다. 내가 알기로 중국은 개인의 종교적 신앙은 허용하되 타인에게 선교하는 것은 금하고 교회에서의 종교집회는 허용하지 않는다고 하는데 천주교는 예외인지, 아니면 소흥이 예외인지 알 수 없다. 2016년 다산연구소 답사팀과 갔을 때는 독실한 천주교 신자인 김한상 교수가 전날 저녁에 혼자 이 성당에 와서 미사를 드렸다고 한다.

풍류남아 하지장에 빠지다

하지장은 어떤 인물인가

소흥에서의 마지막 행선지인 하비감사(賀秘監祠, 허미젠츠)는 성당(盛唐, 시詩의 발달에 따라 나눈 당나라 역사의 네 시기 중 두 번째 시기)의 시인이자 서예가인 하지장(賀知章, 659~744)의 사당이다. 그의 자(字)는 계진(季眞)이고 스스로 지은 호는 사명광객(四明狂客)이다. 그는 35세 때 진사시에 장원으로 합격하여 태상박사(太常博士), 예부시랑(禮部侍郎) 등 여러 관직을 거치다가 738년에 태자빈객(太子賓客) 겸 비서감(秘書監)에 올랐다. '태자빈객'은 황태자를 가르치는 스승인데 당시의 황태자는 후에 숙종이 되는 현종(玄宗)의 아들이다.

하지장은 술을 좋아했으며 작은 일에 구애받지 않는 호방하고 활달한 성격을 지녀 그를 따르는 사람이 많았다고 한다. 만년에는 스스로 '사명

하비감사 당나라 시인이자 서예가인 하지장의 사당이다.

광객'이라 칭하고 주위의 풍류객들과 술 마시고 시를 지으며 더욱 자유분방하게 지냈다. 사명광객은 '사명산(四明山)의 미친 나그네'란 뜻으로 사명산은 소흥 근처에 있다.

하지장이 풍류객들과 술 마시는 광경은 두보(杜甫)의 「음중팔선가(飮中八僊歌, 술 마시는 여덟 신선)」에 잘 나타나 있다.

> 하지장은 말 탄 것이 배 탄 듯하여
> 눈이 흐려 우물에 빠지면 물속에서 잠을 자네
>
> 여양왕(汝陽王)은 술 서 말에 비로소 조천(朝天)하고
> 길에서 누룩 수레 보면 입에서 침 흘리며

주천(酒泉) 태수 못 됨을 한탄한다네

좌상(左相)은 하루에 술값이 만전(萬錢)이라
고래가 백천(百川)을 삼키듯 술을 마시고
청주를 즐기고 탁주는 피한다네

최종지(崔宗之)는 깨끗한 미소년이라
술잔 들어 백안(白眼)으로 푸른 하늘 바라보니
맑기가 옥수(玉樹)가 바람 앞에 서 있는 듯

소진(蘇晉)은 부처 앞에 항상 재계하는데
취하면 가끔씩 참선을 안 한다네

이백은 술 한 말에 시 백 편 짓고
장안의 시장터 술집에서 잠드는데
천자가 불러와도 배를 타지 못하고
스스로 일컫기를 "신(臣)은 주중선(酒中仙)"

장욱(張旭)은 술 석 잔에 초성(草聖)이라 전하니
모자 벗고 왕공(王公) 앞에 맨머리 드러내나
붓 휘두르면 종이 위에 구름안개 같은 글씨

초수(焦遂)는 술 닷 말에야 이제 막 우뚝하여
고담(高談)과 웅변으로 사방을 놀라게 하네

知章騎馬似乘船 眼花落井水底眠
汝陽三斗始朝天 道逢麴車口流涎 恨不移封向酒泉
左相日興費萬錢 飮如長鯨吸百川 銜盃樂聖稱避賢
宗之瀟灑美少年 擧觴白眼望青天 皎如玉樹臨風前
蘇晉長齋繡佛前 醉中往往愛逃禪
李白一斗詩百篇 長安市上酒家眠 天子呼來不上船 自稱臣是酒中仙
張旭三盃草聖傳 脫帽露頂王公前 揮毫落紙如雲烟
焦遂五斗方卓然 高談雄辯驚四筵

이 시에 등장하는 인물을 두보는 '술 마시는 여덟 신선'이라 칭한 것이다. 모두들 술과 풍류에서는 둘째가라면 서러워할 인사들이다. 이 시에서 하지장의 모습이 재미있게 묘사되어 있다. 술에 잔뜩 취해서 말을 타고 가는 모습을 배를 타는 것에 비유했다. 배가 물결에 흔들리듯이 울렁거리며 말을 타고 가다가 급기야 우물에 빠졌는데 물속에서도 잠을 잤다는 것이니 그만큼 대취했다는 말이다.

이 '여덟 신선' 중에서 그는 특히 장욱(張旭)과 친했는데 장욱이 그에 못지않게 술을 좋아했을 뿐만 아니라 초서(草書)의 대가(草聖)이기 때문이다. 하지장은 글씨에서도 상당한 경지에 올랐다. 특히 행서와 초서에 능해서 술에 취하면 붓을 잡고 수십 장을 써내려갔다고 한다. 당나라 때의 서법 평론가인 두몽(竇蒙)은 그의 저서 『술서부(述書賦)』에서 하지장의 글씨를 평하여 "조물주와 서로 다툴 만하지 사람의 힘으로 이를 수 있는 것이 아니다"라고 했다. 좀처럼 서예가들의 글씨를 좋게 평하지 않는 그가 하지장의 글씨를 이렇게까지 극찬한 것으로 보아 그의 서법 수준을 짐작할 만하다. 그래서 당시 사람들은 그의 글씨를 얻으면 보물처럼 간직했다고 한다. 그러나 지금 남아 있는 그의 글씨는 소흥 완위산(宛委山)의 비래석(飛來石)에 석각된 「용서궁기(龍瑞宮記)」와 현재 일본에 가 있는 초서로 쓴 「효경첩(孝經帖)」뿐이라고 한다.

금구를 술로 바꿔 이백과 즐기고

하지장을 이야기할 때 빠뜨릴 수 없는 것이 이백과의 인연이다. 이백은 천하를 경륜하겠다는 웅지를 품고 25세에 고향을 떠나 중원으로 진출했지만 아무도 그를 알아주지 않았다. 그러던 어느 날 장안의 유명한 도관(道觀, 도교사원)인 자극궁(紫極宮)에서 우연히 하지장을 만났다. 이때 이백의 나이는 30세, 하지장은 70여 세의 고령이었다. 이미 이백의 이름을 알고 있었던 하지장은 그와 담소를 나누던 중 근래에 쓴 시를 보여달라고 했다. 이에 이백이 「촉도난(蜀道難, 촉 땅으로 가는 길 어려워라)」을 보여주었더니 읽고 난 하지장은 그를 향해 "당신은 태백 금성(太白金星)의 화신으로 이 세상에 귀양 온 신선(謫仙)이오"라고 했다. 사람의 능력으로는 이렇게 뛰어난 시를 쓸 수 없다는 찬사이다. 이로부터 '적선'은 이백의 별칭이 되었다. 어떤 기록에는 하지장이 이백을 현종에게 추천하여 한림공봉(翰林供奉)의 벼슬을 내렸다고 되어 있으나 여러 정황으로 보아 사실이 아닌 것 같다. 이백을 추천한 사람은 도사 오균(吳筠)이란 설과 옥진공주(玉眞公主)란 설로 나뉘어 있다.(이 책 1권 「이백 홀로 경정산에 올라」 참조)

하지장과 이백이 만나 얼마 동안 교분을 나누었는지 알 수 없지만 누구보다 술을 좋아했던 두 사람이 그야말로 '죽이 맞아' 장안의 술을 얼마나 축내었을지 가히 짐작할 수 있다. 어느 날은 하지장이 이백을 초청하여 술집에서 거나하게 마셨는데 그만 돈주머니를 가져오지 않았다. 이에 하지장은 허리에 차고 있던 금구(金龜)를 떼어 술값을 치르려 했다. 이를 보고 이백이 만류했다.

"안 됩니다. 이것은 황제께서 품급에 따라서 내리신 물건인데 술값으로 내다니요."

금구는 금으로 만든 거북이 모양의 장식품으로 조정 대신 중 3품 이상은 금, 4품은 은, 5품은 동으로 만든 거북을 차고 있었다. 말하자면 신분을 나타내는 일종의 배지인 셈이다.

"그게 무슨 상관이오? 나는 당신이 쓴 시 중에서 '인생에서 뜻 얻으면 모름지기 즐겨야지/금 술잔을 달 앞에서 헛되게 하지 말라(人生得意須盡歡 莫使金樽空對月)'는 구절을 기억하고 있소."

하지장이 말한 시구는 이백의 시 「장진주(將進酒)」의 일부이다. "금 술잔을 달 앞에서 헛되게 하지 말라"는 것은, 달 앞에서 빈 잔을 들고만 있지 말고 술을 가득 부어 마시라는 뜻이다. 그러니 '당신과 같은 좋은 친구를 만나서 실컷 마셨으면 되었지 그까짓 금구쯤이야 무슨 상관이 있

술에 취해 말을 타고 가는 하지장 동상 소흥시 고교(高橋) 104번 국도 옆의 소흥운하원(紹興運河園)에 있다.

겠느냐'는 말이다. 엄밀히 말해서 술값 대신 금구를 떼어준 것은 처벌을 받을 수도 있는 범법행위이다. 그러나 이에 아랑곳하지 않는 하지장이야말로 진정한 풍류객이라 할 수 있다. 이로부터 '금구환주(金龜換酒, 금구를 술과 바꾸다)'라는 성어가 생겼다.

벼슬을 버리고 귀향하다

하지장은 85세 되던 해에 장안 생활을 청산하고 고향으로 돌아갈 것을 요청하여 현종이 허락했다. 이듬해 1월 그가 떠나던 날 황태자(훗날의 숙종)는 문무백관과 함께 장안 동문 밖에 장막을 치고 그를 전송하는 송별연을 벌였다. 신하의 귀향에 이토록 성대한 송별연을 열어준 것은 파격적인 일이었다. 이 연회에서 하지장에게 써준 송별시가 37수나 되었다고 한다. 물론 이백도 시를 써서 그를 전송했다.

경호(鏡湖)의 맑은 물결 넘실대는데
광객(狂客) 싣고 가는 배에 좋은 흥취 가득하네

산음(山陰)의 도사와 서로 만나면
황정경(黃庭經) 써주고 흰 거위와 바꾸리라

鏡湖流水漾清波 狂客歸舟逸興多
山陰道士如相見 應寫黃庭換白鵝

「송하빈객귀월(送賀賓客歸越, 월 땅으로 돌아가는 하빈객을 전송하다)」라는 시이다. 경호는 하지장이 돌아가는 소흥에 있는 큰 호수이고, 광객은 하지장이다. 산음은 소흥의 옛 이름이고 황정경은 도교의 경전이다. 황정경을 써주고 흰 거위와 바꾼 것은 앞에서 언급한 바와 같이 왕희지의 고사이다. 그가 왕희지의 고사를 인용한 것은 하지장이 돌아가는 고장이 왕희지가 관직 생활을 했던 곳과 같은 산음 땅이기도 했지만, 무엇보다 그의 필법(筆法)이 왕희지에 비견될 만하다는 것을 암시하기 위함이다.

떠난 지 50년 만에 고향에 돌아온 하지장은 감개가 남달랐을 것이다.

그는 그때의 느낌을 두 수의 시로 노래했는데 천고의 절창으로 일컬어진다. 「회향우서 2수(回鄕偶書二首, 고향에 돌아와서 우연히 쓰다)」가 그것이다.

하지장 초상

어려서 고향 떠나 늙어서야 돌아오니
고향 말은 그대론데 머리털만 성글었네

아이들은 만나도 알아보지 못하여
웃으며 묻는다네, 어디서 왔느냐고

少小離家老大回 鄕音無改鬢毛衰
兒童相見不相識 笑問客從何處來

고향을 이별한 지 세월이 많이 흘러
요 근래 인사(人事)가 반이나 없어졌네

문 앞의 경호수(鏡湖水)만 오직 남아서
봄바람에 옛날 물결 변하지 않았구려

離別家鄕歲月多 近來人事半銷磨
唯有門前鏡湖水 春風不改舊時波

하지장이 귀향한 후의 행적에 대해서는 알려진 바가 없다. 그도 그럴 것이 그가 귀향했을 때는 86세의 고령이었고 아마 그해에 세상을 떠난 것으로 추정되기 때문이다. 다만 평소 도교를 독실하게 신봉했던 그가 도사가 되었다는 이야기가 전할 뿐이다.

하지장을 그리는 이백의 시

그가 별세한 후 수많은 문인이 산음(소흥)을 방문하여 그를 조문하는 시를 남겼는데 이백이 쓴 「대주억하감(對酒憶賀監, 술을 마시며 하감을 추억하다)」 2수가 단연 압권이다. 이 시에는 "태자빈객 하공(賀公)이 장안의 자극궁(紫極宮)에서 한 번 나를 보고 나를 적선인(謫仙人)이라 부르고는 금구(金龜)를 떼어 술과 바꾸며 즐겼다. 그가 죽은 후 술잔을 대하니 서글픈 감회가 있어 이 시를 짓는다"라는 서(序)가 달려 있다.

사명산(四明山)에 광객 있어
풍류남아 하계진(賀季眞)

장안에서 한 번 만나
나를 불러 적선인이라

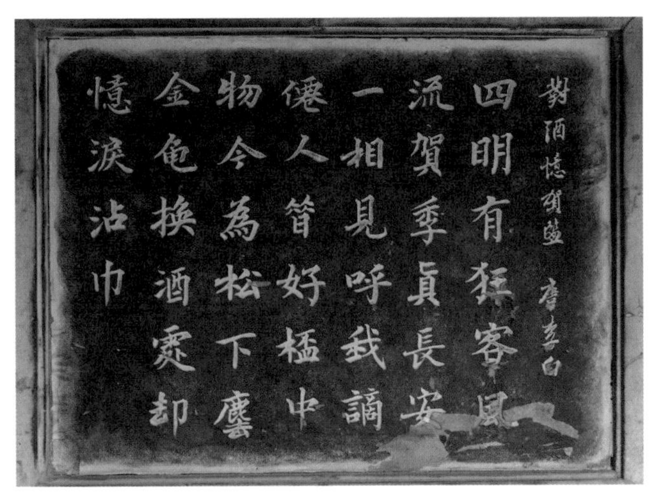

오석(烏石)에 새겨진 이백의 시 「대주억하감」 하비감사 복도에 진열된 여러 시 중의 하나로, 하지장을 그리워하는 이백의 마음을 엿볼 수 있다.

옛날엔 술 무척 좋아했는데
지금은 소나무 아래 먼지 되었네

금구(金龜)와 술 바꾸던 그때 그곳을
생각하면 눈물이 수건을 적시네

四明有狂客 風流賀季眞
長安一相見 呼我謫仙人
昔好杯中物 今爲松下塵
金龜換酒處 却憶淚沾巾

광객이 사명산에 돌아갈 때에
산음 도사 나와서 영접했다네

경호의 한 굽이를 황제가 하사했고
그대 위한 대(臺)와 소(沼) 영광이로다

사람은 가버리고 옛집만 남아
하릴없이 연꽃만 피어 있구나

생각하면 아득히 꿈만 같건만
슬프고 쓰라려 마음 상하네

狂客歸四明 山陰道士迎
敕賜鏡湖水 爲君臺沼榮
人亡餘故宅 空有荷花生
念此杳如夢 凄然傷我情

하지장이 별세한 후 이백은 술 한 병을 들고 그의 고택을 찾아 고인을 추도했을 것이다. 이 시에서 이백은 자신의 재능을 인정해주었던 하지장과의 특별한 인연, 하지장 평소의 풍모와 그에 대한 그리움을 아무런 시적 기교 없이 진솔하게 묘사하고 있다. "지금은 소나무 아래 먼지"가

숭현당 안에는 하지장의 시문과 관련 문헌자료 등이 진열되어 있고, '금구환주' 장면을 조각해놓은 대형 부조상이 있다.

된 하지장과 옛날처럼 함께 마실 수 없어 혼자 술을 들이켰을 이백의 고독한 모습을 떠올릴 수 있다. 42세의 나이 차이를 뛰어넘어 '망년지교(忘年之交)'를 맺은 하지장을 그는 죽을 때까지 잊을 수 없었을 것이다.

숭현당

'하비감사'는 당나라 때 건립되어 역대 왕조를 거치면서 없어지기도 하고 중건되기도 하고 이전되기도 하는 등의 우여곡절을 겪다가 청나라 때인 1865년에 현존 건물이 중건되었고 2001년에 새롭게 중수되었다.

숭현당 안의 하지장 좌상 그 뒤에 모택동 글씨로 「회향우서」가 새겨져 있다.

대문을 들어서면 나타나는 건물이 숭현당(崇賢堂)이다. 편액은 소흥의 서예가 심정암(沈定庵)이 썼다. 정면에 하지장의 좌상이 있고 뒤에 그의 시 「회향우서」 제1수가 모택동의 글씨로 새겨져 있다. 그리고 좌상 좌우에는 다음과 같은 주련이 걸려 있다.

辭榮謝珪出九重 (사영사규출구중)

明月淸風仰先賢 (명월청풍앙선현)

명예, 벼슬 사양하고 구중궁궐 벗어난

밝은 달, 맑은 바람 같은 선현을 우러르네

숭현당 안에는 하지장의 시문과 관련 문헌자료 등이 진열되어 있는데 눈에 띄는 것이 '하지장 금구환주 연이백도(賀知章金龜換酒宴李白圖)'란 제목의 대형 부조상(浮彫像)이다. 이 부조의 제목을 풀이하면 '하지장이 금구를 술과 바꿔 이백에게 연회를 베풀다'인데, 하지장과 이백의 일화 중 널리 알려진 '금구환주'의 장면을 조각해놓은 것이다. 숭현당에는 또 하지장 서법의 대표작이라 할 만한 『효경』의 일부분이 복제품으로 전시되어 있고, 「당현종군신송하도(唐玄宗君臣送賀圖, 당현종과 신하들이 하지장을 전송하다)」와 두보의 「음중팔선가」를 그린 현대화도 걸려 있다. 하지장과 가까이 지낸 초서의 대가 장욱의 「고시사첩(古詩四貼)」도 전시되어 있다.

회하정

숭현당 뒷문을 나서면 작은 마당이 나온다. 중국에서는 이 공간을 '천정(天井)'이라 부른다. 여기에 회하정(懷賀亭)이 있다. 흙을 돋우어 지상으로부터 약 3m 높이에 세운 이 정자는 지극히 소박하며, '하지장을 그리워한다'는 정자 이름이 정답다. 여기에도 어김없이 주련이 있다.

회하정 '하지장을 그리워한다'는 정자인 회하정에 올라 그의 대표작 「회향우서」를 감상했다.

勸酒宸庭仙姿落落 (권주신정 선자낙락)

鍾情鏡水野服飄飄 (종정경수 야복표표)

대궐에서 술 권하는 신선 자태 우뚝하고

경호에 정을 모아 들옷이 나부끼네

우리는 이 정자에 올라 하지장을 떠올리며 그의 시를 읽었다. 내가 「회향우서」를 해설하는 동안 박석무 이사장은 감탄사를 연발했다. 어릴

적 선친으로부터 이 시를 들어 익히 알고 있는데 하지장의 사당에 와서 그의 시를 읽게 되니 감개가 무량하다는 것이다.

천추루

뒤편에 있는 2층 건물이 천추루(千秋樓)이다. 아래층 전면에는 '포박함진(抱樸含眞, 소박함을 품고 참됨을 머금다)'이라 쓰인 편액이 걸려 있다. 이 편액 좌우 기둥에 현종(玄宗)이 내렸다는 찬사가 주련으로 걸려 있다.

禮學之司文章之苑 (예학지사 문장지원)
學優藝博才思高遠 (학우예박 재사고원)

예학을 맡은 관리, 문장의 동산이라
학문이 넉넉하고 기예가 넓어 재주와 생각이 높고도 멀도다

안에는 하지장의 좌상이 오석(烏石)에 선각(線刻)되어 있고 그 위에 '덕예병무(德藝竝茂, 덕과 기예가 아울러 빼어나다)'라 쓰인 편액이 달려 있다. 화상 좌우에는 또 이런 영련이 새겨져 있다.

學富才雄王者尊 (학부재웅왕자존)
道高望重仙家傳 (도고망중선가전)

천추루 아래층에 '포박함진(抱樸含眞)'이라 쓰인 편액이 걸려 있다. '소박함을 품고 참됨을 머금다'는 뜻이다.

학문이 풍부하고 재주가 뛰어나 임금이 존경했고
도가 높고 명성이 중함을 선가에서 전하네

천추루 안벽에는 '수기거랑제(授起居郞制, 기거랑을 제수하는 칙명)'를 비롯하여 그에게 벼슬을 내릴 때마다 반포한 황제의 칙명을 돌에 새겨놓았다.

하지장의 대표작 「영류」

하지장은 인간으로서 누릴 수 있는 최고의 삶을 살다 간 행복한 사람이었다는 생각이 든다. 높은 벼슬을 하면서 황제의 신임을 받았을 뿐 아니라 한평생 호탕하게 술을 마시면서도 86세까지 장수했으며 글씨와 시에서도 뛰어난 업적을 남겼다. 『전당시(全唐詩)』(청나라 때 편찬된 당시 전집)에는 그의 시 20여 수가 수록되어 있는데 「회향우서」와 더불어 그의 대표작이라 할 수 있는 시 「영류(咏柳, 버드나무를 읊다)」를 읽어본다.

벽옥으로 장식한 높은 나무 한 그루
일만 가지 푸른 실이 아래로 드리웠네

가느다란 잎새를 누가 재단해내었는가?
이월 달 봄바람이 자르는 가위 같네

碧玉裝成一樹高　萬條垂下綠絲條
不知細葉誰裁出　二月春風似剪刀

버들을 읊은 수많은 시 중에서 이 시가 특히 인구에 회자되는 것은, 자문자답 형식으로 된 3,4구의 절묘한 비유 때문일 것이다. “가느다란 잎새를 누가 재단해내었는가?”라는 물음도 묘하고 “이월 달 봄바람이 자르는 가위 같네”라는 대답도 절묘하다. 천지만물의 형상을 만든 재단사

조물주가 봄이 되어 '바람'이라는 '가위'로 버드나무의 '가느다란 잎새'를 재단하여 '벽옥으로 장식한' 푸르고 아름다운 버드나무를 세상에 내어놓았다는 것이다. 뛰어난 시적 감수성을 지니지 않고서는 나올 수 없는 표현이다.

소흥을 떠나며

지금까지 살펴본 바와 같이 소흥은 수많은 인재를 배출했는데 내 개인적 취향으로는 하지장이 가장 깊은 인상을 주었다. 그런데 하지장에 대한 소흥 사람들의 관심은 그리 높지 않은 듯했고 외지의 방문객들도 마찬가지로 보였다. 그동안 내가 하비감사를 일고여덟 번이나 방문했는데, 그때마다 방문객은 우리 일행뿐이었다. 이런저런 감회에 젖어 나는 시 한 수를 지었다.

秘監祠庭滿目春　芳花自發少遊人
金龜換酒風流客　寂寞今爲一掬塵

비감사 뜰에는 눈에 가득 봄빛인데
꽃들만 절로 피고 찾는 사람 드물도다

금구(金龜)와 술 바꾸던 풍류남아가

지금은 적막하게 한 줌 흙이 되었네

하비감사를 끝으로 소흥에서의 일정을 마쳤다. 소흥에는 이밖에도 볼거리가 많이 남아 있지만 후일을 기약하고 아쉬운 발길을 돌려야 했다. 소흥을 떠나면서 나는 주제넘게 또 시 한 수를 지었다.

古越城中漾百川 稽山屹立鎖雲煙
四明狂客昔遊處 酒熟家家香滿天

옛 월나라 성안에 물결 넘실거리고
우뚝 솟은 회계산은 구름안개에 잠겨 있네

일찍이 사명광객 노닐던 곳에
집집마다 술이 익어 하늘에 향기 가득

우리는 버스를 타고 강소성(江蘇省) 의흥(宜興)으로 이동했다. 소흥에서 의흥까지는 버스로 약 3시간 걸린다. 저녁 무렵 의흥빈관에 여장을 풀고 근처 식당으로 갔다. 저녁식사에 반주를 빼놓을 수 없어 소흥주를 찾았더니 없다고 해서 하는 수 없이 상해에서 생산되는 황주를 시켰는데, 며칠 동안 소흥주에 길들여진 탓인지 그 맛이 영 신통치 않았다. 다 같은 황주인데도 이렇게 다를 수 있나 싶었다. 그래서 백주를 마시기로 하고 진열대에 있는 40도짜리 종자주(種子酒)를 골라 마셨는데 꽤 괜찮은 술이었다. 우리 일행은 20대부터 70대까지 다양한 연령대로 구성되었기 때문에 나이 많은 사람들이 매일 돌아가면서 술을 샀다. 첫째 날은 내가 샀고, 둘째 날은 강만길 교수, 셋째 날은 신근제 교수가 술을 조달했고, 넷째 날인 오늘은 김영평 교수 차례인데 김 교수가 종자주 여섯 병을 샀다.

식사를 마치고 호텔로 돌아가는 길에 큰 슈퍼마켓에 들렀다가 술값을 보고 놀랐다. 오량액(五糧液) 한 병에 22800위안(약 450만 원)의 가격표가 붙어 있었고 모태주(茅苔酒)는 한 병에 33800위안(약 670만 원)을 호가하는 것도 있었다. 물론 20년, 30년 된 것이라 하지만 너무 심하다는 생각이 들었다. 정말 20년, 30년 저장한 것인지 확인할 길도 없거니와 아마 이런 술은 주로 뇌물용으로 거래되는 것인 듯했다. 그렇지 않고서야 자기 돈으로 이렇게 비싼 술을 사서 마실 사람이 몇이나 되겠는가? 하기야 담배 한 갑에 우리 돈으로 5만 원짜리도 있다고 하니 그리 놀랄 일이 아닌지 모른다.

제2부

강소성 의흥

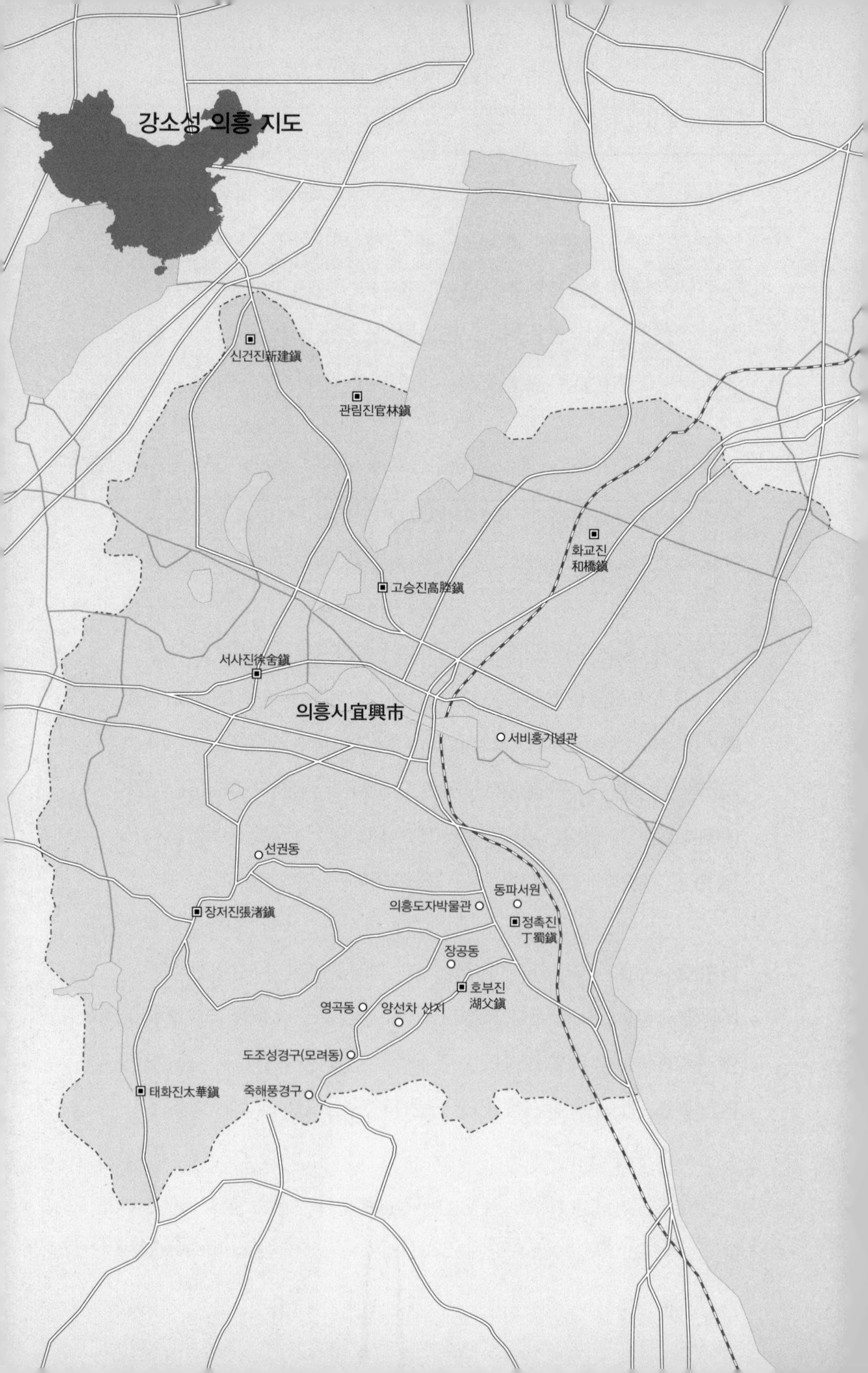

강소성 의흥 지도
신건진新建鎭
관림진官林鎭
화교진
和橋鎭
고승진高塍鎭
서사진徐舍鎭
의흥시宜興市
서비홍기념관
선권동
동파서원
의흥도자박물관
정촉진
丁蜀鎭
장저진張渚鎭
장공동
호부진
湖父鎭
영곡동
양선차 산지
도조성경구(모려동)
태화진太華鎭
죽해풍경구

석회암 동굴 선권동의 장관

동굴의 고장 의흥
종유굴 특유의 기묘한 형상들
양축고사, 중국판 '로미오와 줄리엣'
영대각에 흐르는 선율

중국차 1 양선차

동굴의 고장 의흥

나는 소흥을 여행할 때 '인천-항주-소흥-의흥-상해-인천'의 코스를 택하곤 한다. 강소성(江蘇省, 장쑤성) 의흥(宜興, 이싱)은 소흥에서 멀지 않을 뿐만 아니라 자연경관이 빼어나고 인문학적 유산도 풍부한 곳이기 때문이다. 소흥도 그렇지만 의흥은 우리나라 사람들이 잘 모르는 도시여서 일행과 이렇게 가지 않으면 단독으로 가기가 어려운 곳이다.

의흥은 국화(國畵), 비단, 경극(京劇)과 함께 중국의 4대 국수(國粹, 그 민족의 독특한 자랑거리)의 하나로 꼽히는 자사기(紫砂器)의 본고장이고 죽해(竹海, 대나무의 바다)가 있는 곳이며 예부터 유명한 양선차(陽羨茶, 중국차 1 참조)의 산지이기도 하다. 또한 지형상 특성으로 90여 개의 석회암 종유굴을 보유하고 있는 동굴의 고장이다. 그뿐만 아니라 동파서원(東坡書

院), 서비홍기념관(徐悲鴻紀念館), 태평천국 벽화 등의 인문학적 유적도 볼만한 곳이다.

의흥에서의 첫날(기행 다섯째 날) 아침, 우리는 선권동(善卷洞, 산쥐안둥)으로 향했다. 선권동은 의흥의 수많은 석회암 동굴 중에서도 장공동(張公洞), 영곡동(靈谷洞)과 함께 '의흥삼기(宜興三奇)'로 불리는 대표적인 동굴이다. 이곳 사람들은 선권동을 세계 3대 기동(奇洞)으로 꼽는다. '기동'은 문자 그대로 '기이한 동굴'이란 뜻이다. 선권동이란 명칭의 유래는 이렇다. 옛날 순(舜)임금이 천하를 선권(善卷)이란 사람에게 양도하려고 하자 선권은 "나는 천지간을 소요하면서 즐기려 하는데 무엇 때문에 천하를 맡아서 다스리겠는가?"라고 하며 순임금을 피해 남쪽으로 내려와서 이곳 동굴에 은거했다. 그래서 후인들이 선권 노인을 기념하여 동굴 이름을 '선권동'으로 불렀다고 한다.

선권동에 관한 기록은 일찍이 3세기경의 문헌에 나타난다. 남북조시대 제(齊)나라 사람이 선권동 옆에 선권사란 사찰을 지었는데 당나라 때 이빈(李蠙)이 젊은 시절에 이곳에서 독서를 했다고 한다. 그후 이 사원은 개인 소유로 되었다가 867년 이빈이 과거에 급제한 후 황제에게 건의하여 자신이 수학했던 선권사를 중수하고 선권동도 정비했다. 그리고 선권동의 경관을 자세히 기록해놓았다고 한다. 그후 여러 차례의 전란과 천재지변으로 인해 선권사가 훼손되고 선권동도 입구가 막혀 있었는데 민국(民國) 10년(1921년)에 이 고장 출신의 제남강(諸南强, 주난창, 1876~1959)이란 사람이 자비로 선권동을 정비하기 시작하여 민국 23년(1934년) 장공동과 함께 대외에 개방했다. 해방 이후에 제남강은 이 동굴을 의흥 인민정부에 희사하여 오늘에 이르고 있다.

선권동 입구 광장에는 제남강의 동상이 서 있고 동상 기단에는 '의흥 여유사업의 개척자 제남강'이라 쓰여 있다. 그 뒤에 패방이 있고 패방 양쪽 기둥에는 주련이 새겨져 있다.

荊溪步步皆勝地 (형계보보개승지)
陽羨處處有洞天 (양선처처유동천)

형계에는 걸음마다 모두가 아름다운 곳
양선에는 가는 곳마다 동천이 있네

형계(荊溪)의 '형'은 옛 초나라 땅을 지칭하는데 이곳이 한때 초나라 영토였기 때문에 이렇게 말한 것으로 보인다. '양선(陽羨)'은 의흥의 옛 이름이다. 이곳의 자연경관이 빼어나고 동굴이 많다는 뜻이다. 패방을 들어서면 '선권노인상'이 있다.

종유굴 특유의 기묘한 형상들

검표소를 지나 오른쪽으로 돌아가면 선권동 입구가 나오는데 그 앞에 은루매(銀縷梅)라는 나무가 있다. '사전식물 은루매 기관(史前植物銀縷梅奇觀)'이라는 제목의 안내문에 의하면 이 나무는 석회암 지대에서만 자

선권동 입구의 패방 선권동은 의흥의 수많은 석회암 동굴 중에서도 장공동, 영곡동과 함께 '의흥삼기(宜興三奇)'로 불리는 동굴이다.

라는 세계적인 희귀종으로 1500만 년 전 공룡 시절부터 있었던 식물이라고 한다. 그래서 이 나무를 '살아 있는 화석'이라 부른다. 1988년에 중국과학원 식물연구소의 연구원 등무빈(鄧懋彬, 덩마오빈) 일행이 처음 발견하여 관찰한 끝에 1992년에 국가1급 진희야생보호식물(珍稀野生保護植物)로 지정되었다. 또한 세계자연보호연맹(IUCN)도 이 나무를 극위물종(極危物種, 멸종 위기의 동식물)으로 지정했다. 이 나무는 2~5년에 한 번 꽃을 피운다고 한다.

선권동의 총면적은 약 5000m²이고 유람하는 길이는 약 800m가량 된다. 동굴 입구 바위에 '먼저 중동(中洞)을 보고 다음에 상동(上洞)을 본 후에 하동(下洞)과 수동(水洞)을 구경하라'는 안내문이 붉은 글씨로 새겨져

지주봉(위), 코끼리 모양의 종유석(아래) 지주봉은 높이 7m에 달하는 거대한 종유석으로, 약 3만 년 동안 성장한 것이다.

있다. 이 안내문처럼 동굴은 3층 구조로 되어 있다. 동굴을 들어서면 곧 중동인데 먼저 높이 7m에 달하는 거대한 기둥이 보인다. 일반적으로 종유석은 30년에서 50년 사이에 1cm 자란다고 하니 이 돌기둥은 약 3만 년 동안 성장한 셈이다. 여기서는 이를 '지주봉(砥柱峰)'이라 부른다. 지주봉을 돌아서 가면 커다란 대청이 있고 천장에 '사상대장(獅象大場)' 네 글자가 붉은 글씨로 크게 새겨 있다. 양쪽 옆의 종유석이 하나는 사자〔獅〕 모양이고 또 하나는 코끼리〔象〕 모양을 하고 있어서 붙여진 명칭이다. 대청 좌측 벽에는 '욕계선도(欲界僊都)' 네 글자가 전서(篆書)로 새겨져 있는데 전하는 말로는 남북조시대의 도교 사상가 도홍경(陶弘景, 456~536)이 남긴 글씨라 하나 쉽게 수긍하기 어렵다. 욕계선도는 '인간이 사는 티끌세상 속에 있는 신선의 고장'이란 뜻이다. 그만큼 이곳이 속세와 단절된 별천지임을 나타내는 말이다.

여기 와서 생각나는 일이 하나 있다. 중국 여행을 해본 사람은 누구나 느끼는 일이겠지만 현지 가이드의 마이크 소리는 가히 공해 수준이다. 입에 바짝 붙여 사용하는 마이크는, 크기는 작지만 고성능이어서 소리가 매우 크다. 특히 한 장소에 여러 팀이 왔을 때는 여기저기서 터지는 마이크 소리에 혼이 빠져나가는 듯했다. 그래서 우리는 그 소음을 피해 앞질러 가거나 마이크가 지나가기를 기다렸다가 뒤에 이동하곤 했다. 어느 해인가 12월에 이곳에 왔을 때인데 우리 일행 말고는 4인 1조의 중국인뿐이었다. 그런데 네 사람을 상대로 마이크로 안내를 하는데 동굴 안이라 소리가 울려 귀가 먹먹할 정도였다. 참다못해 우리 가이드로 하여금 '네 사람밖에 안 되니 마이크 말고 육성으로 하면 안 되겠느냐'고 건의하게 했더니 돌아오는 말은 '두 사람만 있어도 마이크를 사용한다'는 것이었다. 더이상 '언론의 자유'를 침해할 수 없어서 그냥 참고 견딜 수밖에 없었지만 참으로 이해할 수 없는 일이다. 바깥이라면 몰라도 이곳은 소리가 울리는 동굴 안이 아닌가. 마침 이번에는 그런 '소음'을 만나지 않아서 다행이었다.

운무대장 천장에 운무대장(雲霧大場)이라 쓰여 있는 이곳은 일 년 내내 안개가 끼어 있다.

중동에서 계단을 따라 올라가면 상동이다. 여기는 일 년 내내 안개가 끼어 있고 연평균 23도를 유지하고 있어 겨울에는 따뜻하고 여름에는 서늘한 곳이다. 그래서 이곳을 '운무대장(雲霧大場)'이라 부른다. 아니나 다를까 들어서자마자 안경에 김이 서린다. '운천(雲天)' '무해(霧海)'란 글씨도 보인다. 그리고 '도영하화(倒影荷花, 연꽃 그림자가 거꾸로 드리우다)' '산응희웅(山鷹戲熊, 산 독수리가 곰을 희롱하다)'의 형상을 하거나 면양이나 말, 매화의 모양을 한 종유석이 다양한 볼거리를 제공해준다. 이곳에는 돌 틈으로 물방울이 흘러 만들어진 연못이 있는데 물이 맑아서 주위의 경관과 천장까지 다 비친다. 높은 천장이 물속에 비치니까 언뜻 보면 연못이 매우 깊은 것 같지만 사실은 20cm에 불과하다.

여기서 105개의 좁은 계단을 타고 내려가면서 '금고(金鼓, 쇠북)' '풍뢰(風雷, 바람과 우레)' '만마(萬馬, 일만 마리의 말)' '파도'라 쓰인 문들을 통과하면 하동이 나온다. 하동에는 조그마한 폭포가 있고 이 물이 흘러 물길을 이루는데 상동에서 하동으로 내려오는 굽이마다 '쇠북'이니 '바람과 우레'니 '일만 마리의 말'이니 '파도'니 하고 붙인 이름은 모두 물소리를 형용한 것이다. 하동 역시 종유굴 특유의 기묘한 형상을 갖추고 있는데 상동과 중동에 비하여 더욱 웅장하다. 여기서 배를 타고 수로를 따라 밖으로 나간다. 수로는 120m 가량으로 주의하지 않으면 머리를 부딪힐 만큼 아슬아슬하고 좁은 통로이다. 배에서 내리면 '활연개랑(豁然開朗, 환하고 밝게 터져 있다)' 네 글자가 눈에 들어온다. 이제 동굴의 세계를 빠져나온 것이다.

여기서부터는 이른바 '선권후원(善卷後院)'이다. 이곳엔 뜻밖에도 서하객(徐霞客)의 소상이 있었다. 서하객은 명나라 때의 지리학자요 여행가요 탐험가이며 문학가였다. 그는 22세부터 30여 년간 중국 전역의 10여만 리를 여행했다고 한다. 그가 남긴 『서하객유기(徐霞客遊記)』는 대단히 중요한 문헌으로 그가 다닌 1106일간의 여행기이다. 서하객이 첫 여행을 시작한 날인 5월 19일은 현재 '중국여유일(中國旅遊日)'로 지정되어 있다. 이곳에 서하객의 소상을 세운 것은 그가 이곳을 방문했다는 기록이 있었기 때문일 것이라 생각된다.

그리고 그 옆에 사각정자가 있고 그 안에 당나라 때 선권사를 중수한 이빈(李蠙)이 썼다는 벽선암(碧蘚庵) 석비가 있다. 이 석비를 지나면 중건

축영대독서처고기(重建祝英臺讀書處考記)가 석각되어 있고 안으로 들어가면 영대각(英臺閣)이 나온다. 이 건조물들의 존재를 이해하기 위해서는 양축고사(梁祝故事)를 살펴볼 필요가 있다.

양축고사, 중국판 '로미오와 줄리엣'

양축고사는 양산백(梁山伯)과 축영대(祝英臺)의 슬픈 사랑의 이야기인데 백사전(白蛇傳), 맹강녀곡장성(孟姜女哭長城), 우랑직녀(牛郎織女)와 함께 중국의 4대 애정고사로 중국판 '로미오와 줄리엣'으로 불린다. 워낙 유명한 이야기라 수많은 버전이 있지만 대체적인 줄거리를 요약하면 이렇다. 먼 옛날 동진(東晉)시대에 절강성 상우현(上虞縣)의 축씨(祝氏)에게 영대(英臺)라는 딸이 있었는데 미모가 빼어날 뿐만 아니라 매우 총명하여 어릴 때부터 오빠에게서 시문을 배워 익혔다. 그러나 그 고장에는 그녀의 끝없는 학문적 욕구를 충족시켜줄 만한 훌륭한 스승이 없어서 대처(大處)로 나가기로 결심했으나 아버지가 반대했다. 당시만 해도 여자가 단신으로 외지에 간다는 것은 있을 수 없는 일이었다. 간신히 아버지를 설득하여 남장을 하고 먼 길을 나섰다. 가는 길에 소흥 출신의 서생 양산백을 만나 의기투합하여 함께 서당으로 가서 공부했다. 서당에서 두 사람은 의형제를 맺고 학문에 일로매진했다.

가장 널리 알려진 판본에는 두 사람이 수학한 서당이 항주 서호 가에 있는 만송서원(萬松書院)으로 되어 있다. 이것은 명말 청초의 저명한 극작가 이어(李漁)가 그의 희곡『동창기(同窓記)』에서 두 사람이 수학한 곳을 만송서원으로 설정했기 때문이다. 그래서 지금 만송서원에는 양축서방(梁祝書房)을 만들어 두 사람과 관련된 고사를 재현해놓고 있다.

서당에서 같이 지내는 동안 축영대는 마음속으로 양산백을 사모하게 되지만 표현할 길이 없어 애를 태운다. 자기가 여자임을 넌지시 암시해도 양산백은 전혀 눈치채지 못한다. 3년이 지난 어느 날 축영대는 부친의 소환령을 받고 귀가하게 된다. 이에 양산백은 친구(?)를 위하여 18리 길을 걸어서 전송한다. 이른바 '18상송(十八相送)'이다. 18리 길을 같이 걸으며 축영대는 좀더 노골적으로 자기가 여자임을 암시하지만 양산백은 여전히 '숙맥'이다. 하는 수 없어서 축영대가 "우리는 9남매인데 나와 꼭 닮은 언니가 있으니 네가 후에 우리 집에 오면 중매를 서겠다"라 말하고 헤어졌다. 양산백을 자기 집으로 오게 한 후에 자신의 정체를 밝힐 수밖에 없다고 판단한 것이다.

얼마 후에(일설에는 양산백이 과거에 급제한 후에) 양산백이 축영대의 집을 찾았는데 곱게 차려입은 아름다운 여인이 바로 서당 친구임을 비로소 알았다. 기뻐서 양산백은 구혼했으나 축영대는 이미 그 고을 태수의 아들과 정혼한 사이였다. 이에 두 사람은 "살아서는 이불을 같이하지 못하지만 죽어서는 같은 무덤에 묻히자"라 맹세하고 헤어졌다. 이 과정에도 여러 가지 버전이 있으나 헤어진 후 양산백은 울적한 심사가 병이 되어 죽었다고 한다.

축영대는 시집가는 날 부친에게 양산백의 무덤에 참배하게 해달라고 요청하고 허락하지 않으면 죽어도 가마에 오르지 않겠다고 하여 부친은

TV드라마 「양산백과 축영대」(2007) 포스터 양산백과 축영대 이야기는 오늘날에도 중국에서 TV드라마, 영화, 연극 등으로 만들어져 많은 사랑을 받고 있다.

하는 수 없어 허락했다. 축영대가 가마를 타고 가다가 양산백의 무덤 앞에 내려 술을 따르고 통곡을 하자 갑자기 비바람이 불고 번개가 치더니 무덤이 열리고 축영대가 그 속으로 빨려들어갔다. 이윽고 무덤이 닫히자 하늘에 무지개가 뜨고 무덤 위에서 한 쌍의 나비가 날아올랐다.

이상이 양축고사의 대체적인 줄거리인데 시대를 거쳐오면서 무수히 개작되어 세부적인 이야기는 각 판본마다 다르다. 또 지방마다 서로 자기 지방이 양축고사의 근거지임을 주장하여 현재 '축영대 독서처'만 해도 여섯 곳이나 되고 양축 묘는 열 곳이 넘는다. 절강성 영파(寧波, 닝보)에는 거대한 양축 사당까지 만들어놓았다. 멀리 감숙성(甘肅省, 간쑤성)이나 산서성(山西省, 산시성)에까지 양축 관련 유적이 있다고 하니 그 인기를 짐작할 만하다. 마치 우리나라에서 홍길동을 서로 자기 고장 출신이라 주장하는 것과 같다. 이 이야기는 중국에서 TV드라마, 영화, 연극으로 만들어져 지금까지 사람들의 사랑을 받고 있다. 우리나라에도 2009년에 중국 공연단이 내한하여 '디에(蝶)—버터플라이즈'라는 제목의 대형 뮤지컬을 공연한 바 있다. 나는 보지 못했지만 이 뮤지컬은 기존 이야기를 과감히 각색한 것이라고 한다.

영대각에 흐르는 선율

이곳 선권동 후원이 '양축고사'의 발원지라는 것이 의흥 사람들의 주장이다. 실제로 이 주변에는 축가장(祝家莊), 양가장(梁家莊)이라는 지명이 있기도 하다. 일설에는 선권동 후원이 축영대의 옛집이 있었던 곳이라고 한다. 그리고 이곳에 있었던 벽선암이 바로 '축영대 독서처'라는 것이다. '축영대 독서처'는 양산백과 함께 글을 읽었던 서당을 지칭할 터인데 축영대의 옛집과 독서처가 같은 장소에 있다는 사실은 모순된다. 그러나 어쨌든 지금 여기에 영대각(英臺閣)을 지어놓고 건물 안에 양축 관련 밀랍상과 그림으로 두 사람의 이야기를 재현해놓았다. 영대각 앞의 연못가에는 '영대관어(英臺觀魚, 축영대가 고기를 구경하다)'라 쓰인 바위가 세워져 있다. 이곳에 들어서면 애잔한 음악이 흘러나오는데, 1950년대에 저명한 작곡가 진강(陳鋼, 천강)이 작곡한 '얼후(二胡) 협주곡'으로 양축고사의 주제가인 셈이다. 나는 이 곡이 들어 있는 CD를 한 장 사서 가끔 듣곤 한다. 음악을 잘 모르는 내가 들어도 슬프고도 아름다운 사랑의 이야기를 음악으로 잘 옮겨놓았다는 느낌이 든다.

영대각 축영대의 옛집이 있었다는 선권동 후원에 세워져 있다.

축영대와 양산백이 죽어서 나비로 환생했다고 해서 이 구역엔 호접원(蝴蝶園)을 만들어놓았다. 여기에서는 두 사람이 나비로 환생하는 장면을 레이저쇼로 재현한다고 하는데 보지는 못했다. 그리고 각종 진귀한 나비의 표본을 비롯해서 나비에 관한 모든 것을 전시하고 있다. 나비가 양축고사의 상징물인 만큼 해마다 음력 3월 28일을 관접절(觀蝶節)로 정해서 이곳에서 나비축제도 열린다. 또 여기에는 의흥이 자사기(紫砂器)의 본고장임을 나타내는 체험장이 있는데 이곳에서 직접 자사토(紫砂土)로 간단한 기물을 만들어 기념으로 가져갈 수 있다.

양선차

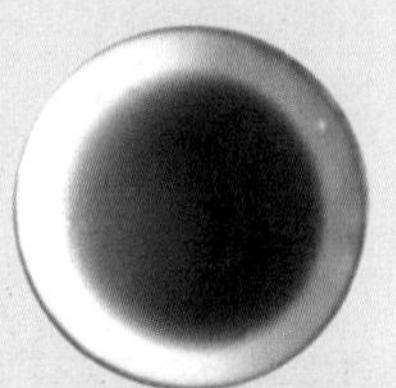

양선차(陽羨茶, 양셴차)는 강소성 의흥(宜興) 일대에서 생산되는 녹차를 말한다. 양선(陽羨)은 의흥의 옛 이름이다. '의흥 일대'란 의흥의 호부진(湖㳇鎮, 후푸전)과 절강성의 장흥(長興, 창싱)을 모두 포괄하는 지역을 말한다. 이 두 지역은 탁목령(啄木嶺)을 경계로 북쪽은 호부진이고 남쪽은 장흥이어서 매우 가까운 거리에 있다.

기록에 의하면 양선차는 멀리 삼국시대 오(吳)나라 때부터 생산되었다고 하는데 이 차가 널리 알려지게 된 것은 당나라 때 다성(茶聖) 또는 다신(茶神)으로 불렸던 육우(陸羽)에 의해서였다. 766년경에 의흥의 한 스님이 산속에서 나는 야생차를 상주자사(常州刺史) 이서균(李栖筠)에게 바쳤는데 이서균이 육우의 감정을 거쳐 조정에 헌상함으로써 명차의 반열에 오른 이후 명나라 말까지 876년 동안 공차(貢茶)의 영예를 누렸다. 조정의 수요가 늘어나자 801년에는 장흥의 고저산(顧渚山)에 공다원(貢茶院)을 설치하고 감독관을 파견하여 품질을 관리하게 했다. 여기서 일하는 일꾼이 3만 명이고 전문적으로 차를 제조하는 자가 1천 명이었다고 하니 그 규모를 짐작할 수 있다. 매년 청명절 전에 신차(新茶)를 만들어 급히 장안으로 보내면 조정에서는 청명연(淸明宴)을 베풀어 이를 축하했다고 한다. 당나라 이영(李郢)의 시 「다산공배가(茶山貢焙歌)」의 한 구절이 당시

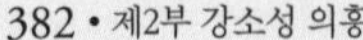

의 상황을 잘 말해준다. '다산'은 고저산의 별칭이고, '공배'는 조정에 바칠 차를 말려서 제조한다는 뜻이다.

대궐까지 사천 리를 열흘 만에 달려서
반드시 청명연에 도착해야 해

十日王程路四千　到時須及淸明宴

한편 양선차를 '자순차(紫筍茶)'라고도 하는데, 육우가 『다경(茶經)』에서 이 차를 품평하면서 "자주색이 상등이고 녹색이 그다음이요, 죽순(같은 것)이 상등이고 새싹이 그다음이다"라고 말한 데에서 '자주색〔紫〕'과 '죽순〔筍〕'을 따서 붙인 이름이다. 육우는 이 차를 처음 마시고 나서 "향기가 세상에 으뜸이다"라 극찬했다고 한다. 또한 명나라의 문호 원굉도(袁宏道)도 "무이차(武夷茶)는 약 맛이 나고 용정차(龍井茶)는 콩 맛이 나는데 양선차는 황금과도 바꿀 수 없는 맛이 있다"라고 말한 바 있다.

그러나 무엇보다 양선차를 세상에 널리 알린 것은 당나라 노동(盧仝, 755~835)이 811년경에 쓴 시 「다가(茶歌)」이다. 이 시의 원제목은 '붓을 날려 맹간의가 새 차를 보내준 데 대해 감사함(走筆謝孟諫議寄新茶)'이다. 노동은 조정에서 벼슬을 내려도 나아가지 않고 후에는 의흥의 양선차 산지인 명영(茗嶺)에 은거하고 있었는데 상주자사로 있던 친구 맹간의(孟簡議)가 신차를 보내오자 감사하다는 뜻을 붙여 이 시를 쓴 것이다. 매우 긴 장편 시이므로 부분만 인용한다.

천자께서 반드시 양선차를 맛보시니

온갖 풀이 이보다 먼저 꽃을 못 피우네
(…)
천자께서 남기신 건 왕공(王公)들이나 마실 터
어인 일로 산에 사는 나에까지 이르렀나
(…)
첫 잔은 목구멍과 입술을 적시고
둘째 잔은 외로운 시름을 깨치며
셋째 잔은 메마른 창자를 찾아가니
오로지 오천 권의 문자만 들어 있네
넷째 잔은 가벼운 땀을 나게 해
한평생 불평하던 일을 땀구멍으로 모두 다 흩어버리네
다섯째 잔은 살과 뼈를 맑게 하고
여섯째 잔은 선령(仙靈)과 통하고
일곱째 잔은 마시지 않아도
두 겨드랑이 맑은 바람 이는 것만 느끼네
봉래산이 그 어디메뇨
옥천자(玉川子), 이 바람 타고 돌아가려 한다네

天子須嘗陽羨茶　百草不敢先開花
(…)
至尊之餘合王公　何事便到山人家
(…)
一碗喉吻潤　　二碗破孤悶
三碗搜枯腸　　惟有文字五千卷

의흥 양선차 산지

四碗發輕汗　　平生不平事　盡向毛孔散
五碗肌骨淸　　六碗通仙靈
七碗喫不得　　唯覺兩腋習習淸風生
蓬萊山在何處　　玉川子乘此淸風欲歸去

'옥천자'는 노동의 호이다. 이 시를 「칠완다가(七碗茶歌)」라고도 하는데 양선차를 일곱 번 우려내어서 마시며 쓴 시라는 뜻이다. 이 시는 양선차를 유명하게 했을 뿐만 아니라 후대인들에게 깊은 영향을 미쳤다. 그래서 육우의 『다경』, 조정의 '다금(茶禁)' 정책과 함께 「칠완다가」는 당대(當代) 차 문화에 가장 큰 영향을 미친 3대 사건으로 꼽힌다. '다금'은 차에 세금을 부과하거나 차의 제조 판매를 국가가 독점한 일을 말한다.

양선차는 청나라 말 이래 민국 시기(1912~1949)에 쇠퇴했다가 1979년에 본격적으로 다시 부활하여 지금은 양선설아(陽羨雪芽), 형계운편(荊溪雲片), 선권춘월(善卷春月), 죽해금명(竹海金茗) 등의 상표로 출시되고 있다. 현재는 '중국 10대 명차'의 반열에 들지는 않지만 오랜 역사를 지닌 우수한 녹차임에 틀림없다.(중국 10대 명차에 대해서는 1권 317~21면 참조)

도조성경구에 범려가 살고 있었네

범려는 도기의 시조인가
금당산에 오르며
범려와 서시의 애정 동굴, 모려동
범려고요, 범려도방

중국차 2 안길백차

범려는 도기의 시조인가

선권동을 뒤로하고 다음으로 찾은 곳은 도조성경 풍경구(陶祖聖境風景區)이다. 이곳은 의흥시에서 남쪽으로 약 30km 떨어져 있는 호부진(湖㳇鎮, 후푸전) 경내에 있다. '도조(陶祖)'는 '도기(陶器)의 시조'라는 뜻으로, 전국시대 월왕(越王) 구천(句踐)을 도와서 오(吳)나라를 무찌른 일등 공신 범려(范蠡)를 가리킨다. 범려에 관해서는 앞에서 자세히 언급했거니와(이 책의 제1부 「와신상담의 현장, 부산을 찾아서」 참조) 기록에 의하면 오나라가 멸망한 후 범려는 서시(西施)와 함께 태호(太湖)에서 배를 타고 북쪽 도(陶) 땅(아마도 지금의 산동성)으로 가서 큰 부자가 되었다고 한다. 그래서 그를 도주공(陶朱公)으로 부른다.

그러한 범려를 이곳에서 '도기의 시조'로 받들고 있는 것은 아무래도

범려상 월나라의 일등 공신이었던 범려를 의흥에서는 도기의 시조로 받들고 있다.

무리한 설정인 듯싶다. 그것은 '도주공(陶朱公)'의 '陶' 자가 '도기(陶器)'의 '陶' 자와 같다는 데에 착안한 발상일 것이다. 의흥이 자사도기(紫砂陶器)의 발원지이기 때문이다. 그러나 2400여 년 전의 일을 누가 알겠는가? 어쨌든 이곳 사람들의 설명에 의하면 범려가 이곳에 정착해서 주민들에게 양어(養魚)하는 기술을 가르치기도 하고 도기 만드는 법을 창안하여 백성을 부유하게 했다는 것이다.

'도조성경(陶祖聖境)'이라 쓰인 웅장한 대문을 들어서면 왼쪽에 높이

8.8m의 거대한 범려상이 우뚝 서 있다. 엷은 미소를 띠고 먼 산을 응시하고 있는 이 조각상은 당시 천하를 호령하던 범려 장군의 풍모를 잘 재현했다는 느낌이 든다. 이 조각상은 붉은색인데 아마 의흥 도기와 같은 색깔로 만들려는 의도인 듯하다.

금당산에 오르며

이 풍경구의 주체는 뒤에 있는 금당산(金塘山)인데 이 산속에 '모려동(慕蠡洞, 무리둥, 범려를 그리는 동굴)'이라는 석회암 동굴이 있다. 금당산으로 오르기 전 평지에 연못이 있고 연못 뒤편에 '모려동'이라 쓰인 동굴 출구가 보인다. 연못 중앙에는 서시인 듯한 여인의 소상이 서 있다. 그리고 긴 담장에는 범려와 서시의 관계를 나타내는 10여 점의 그림이 전시되어 있다. 그중에서 「서도태호(西渡太湖, 서쪽으로 태호를 건너다)」라는 그림 옆에는 '오(吳)를 멸한 후에 범려는 이름을 숨기고 서시와 함께 태호를 건너 무석(無錫), 의흥 지역에 도착했다'는 설명이 적혀 있다. 무석에 가면 그곳이 범려와 서시가 배를 타고 출발한 곳으로 되어 있다. 또 「용동상회(溶洞相會, 동굴에서 서로 만나다)」라는 그림의 설명문에는 '두 사람이 산 하나를 사이에 둔 두 동굴에서 각자 서로의 소재를 모른 채 살다가 우연히 만났다'는 내용이 적혀 있다. 사실은 두 동굴을 연결하는 조그마한 통로가 있었다는 것이다. 이곳에는 서시가 범려를 만나기 전에 살았다는 서시동(西施洞)이 있기도 하다. 따지고 보면 이것도 범려가 서시를 데리고 함께 떠났다는 사실과 어긋난다. 오래전 일이라 이런저런 이야기가 얽혀 수많은 버전이 생긴 탓이다. 사실은 범려가 서시와 함께 떠났다는 것 자체도 고증할 길이 없지 않은가?

금당산은 높지 않지만 풍경이 수려하다. 각종 나무가 우거진 산길을 따라가다보면 특히 대나무가 눈길을 끈다. 이곳이 죽해(竹海)와 가깝기 때문에 대나무가 많은 듯한데 23종의 대나무에 계죽(桂竹), 대명죽(大明竹), 사계죽(四季竹), 효순죽(孝順竹), 반죽(斑竹), 장엽죽(長葉竹) 등의 팻말이 붙어 있다. 내가 옆에 있던 영죽에게 농담을 건넸다.

"여기에 '영죽(玲竹)'도 있어야 하겠네."

"저를 여기에 심어주세요."

김영죽은 성균관대학교 한문학과 출신으로 성균관대에 재직할 때 내 연구실에서 7년을 이른바 '방 조교'로 있었던 재원이다. 방 조교를 했던 7년 동안 같은 학과 선배와 결혼도 하고 두 남매도 두었고 박사학위도 취득했다. 이번 기행에 총무 역할을 하면서 궂은일을 도맡아 하고 있다.

또 금당산 중턱엔 커다란 바위에 갈라진 틈이 있는데 이를 '천창(天窓)'이라 한다. 이 바위틈 아래가 동굴이다. 전하는 말에 의하면 틈으로 햇빛이 동굴 안으로 비쳐 동굴에 살던 범려가 독서하고 글을 쓸 수 있게 해주었다고 한다. 그러나 범려가 죽은 후에는 서서히 틈이 닫혀 지금은 동굴과 통하지 않게 되었다고 하니 범려를 둘러싸고 참으로 많은 이야기가 만들어졌다.

모려동 입구 1983년 두 소년이 사냥을 하다가 우연히 발견한 동굴이라고 한다.

범려와 서시의 애정 동굴, 모려동

이윽고 긴 죽림장랑(竹林長廊)을 지나면 작은 규모의 석림(石林)이 보이는데 이를 모려곤륜(慕蠡崑崙)이라 한다. 곤륜산은 중국 서북쪽에 있는 최고봉이 6860m에 달하는 높고 험준한 산으로 중국 신화 속의 서왕모(西王母)가 살았다는 곳이다. 이곳의 석림이 그만큼 신비롭다는 뜻으로 붙인 명칭일 것이다. 이 석림의 기묘한 바위 사이를 헤치고 내려가면 모려동 입구가 나타난다. 전설에 의하면 원래 이곳엔 한 선인(仙人)이 살았다고 해서 선인동(仙人洞)으로 불렸고 또 일찍이 석가모니가 거주했다고 해서 모니동(牟尼洞)으로도 불렸다고 한다. 1983년 두 소년이 사냥

모려동 내부 범려와 서시의 이야기가 더해진 모려동을 이곳 사람들은 '중국 제일의 애정 동굴'로 부른다.

을 하다가 우연히 이 동굴을 발견해서 3년간의 정비작업을 거쳐 1986년 5월 1일에 정식으로 개방했다. 전형적인 석회암 종유굴로 총면적이 10000m², 길이가 900m 가량인데 그중 200m가 수로(水路)로 되어 있다.

동굴은 종유석의 갖가지 모양에 따라 아홉 개 궁전으로 이루어져 있다. 용상궁(龍象宮), 성두궁(星斗宮), 호석궁(湖石宮), 옥수궁(玉樹宮), 옥침궁(玉寢宮), 오악궁(五嶽宮), 원소궁(元宵宮), 붕탑궁(棚塌宮), 봉래궁(蓬萊宮)이 그것이다. 이 중 호석궁에는 동굴 속의 장강(長江) 삼협(三峽)이 있고 옥침궁에는 범려와 서시가 사용했다는 침대가 있다. 그냥 넓은 바위이다. 그리고 여기에는 범려와 서시가 결혼식을 거행하고 동네 사람들이 둘러서 있는 모양의 종유석이 형성되어 있는데 그럴듯했다. 오악궁에는 동악 태산(泰山), 서악 화산(華山), 남악 형산(衡山), 북악 항산(恒山),

모려동 출구

중악 숭산(嵩山)이 그 방위대로 형성되어 있었다. 이 밖에도 서시 목욕처가 있고 서시가 범려를 기다렸다는 다리 망부교(望夫橋)도 있다. 마지막이 용궁동인데 여기서 작은 배를 타고 200m의 수로를 따라 출구로 나가면 서시상이 있는 연못이 나온다.

나는 의흥의 3대 종유굴이라고 하는 선권동, 장공동, 영곡동을 다 가봤는데 각 종유굴마다 그 나름의 특성이 있었지만 그래도 선권동이 제일 나았다. 그런데 모려동은 아기자기한 면에서 선권동보다 더 낫다는 생각이 들었다. 더구나 모려동에는 범려와 서시의 이야기가 곁들여져서 더욱 재미가 있었다. 범려와 서시의 이야기는 억지로 갖다 붙인 혐의가 짙지만 이곳 사람들은 여기를 '중국 제일 애정명동(愛情名洞, 제일 이름난 애정동굴)'으로 부른다.

범려고요, 범려도방

도조성경 풍경구에는 범려고요(范蠡古窯)를 재현해놓았다. 의흥에서 자사기를 만들어 구울 때 사용하던 가마는 만두요(饅頭窯)와 용요(龍窯)였다고 하는데 이곳에 만들어놓은 것은 만두요이다. 마치 만두처럼 둥글게 생겼다고 해서 붙여진 명칭이다. 전하는 바에 의하면 범려가 도기를 만들어 구운 곳이 바로 여기라는 것이다. 또 재신당(財神堂)도 있는데 범려가 중국의 4대 재신의 한 사람으로 추앙받기 때문이다.

풍경구 내에는 직접 자사기를 만들어볼 수 있는 범려도방(范蠡陶坊)도 있고, 범려문화진열관도 최근에 세워졌다. 여기에는 범려의 일생을 포의범려(布衣范蠡), 장군범려, 상국범려(相國范蠡), 어부범려, 도주공범려, 상성범려(商聖范蠡), 정연범려(情緣范蠡), 천추범려(千秋范蠡) 등 여덟 개 주제로 나누어 조각과 그림과 설명문 등으로 전시하고 있다. 즉 포의 시절로부터 월나라의 재상이 되고 후에 큰 부자가 되어 상성(商聖, 상업의 성인)으로 일컬어지기까지 범려에 관한 모든 것을 보여주고 있다.

우리는 근처의 범려산장에서 점심식사를 했다. 이 일대는 온통 '범려'로 뒤덮여 있었다. 호텔 명칭도 '범려'산장일 뿐만 아니라 건물 앞마당에도 범려상을 만들어놓았고 건물 외벽에는 커다란 항아리를 만들고 있는 범려상이 부조(浮彫)되어 있다. 아득히 먼 옛날에 살았던 범려가 이 고장 사람들을 먹여 살리고 있었다.

안길백차

안길백차(安吉白茶, 안지바이차)는 명칭이 '백차'이지만 녹차로 분류되며 제조방법도 녹차와 동일하다. 그러므로 백호은침(白毫銀針)이나 백목단(白牧丹) 등의 백차와는 전혀 다르다.(백차에 관해서는 이 책의 1권 141면 참조) 이 차가 '백차'로 불리는 이유는, 봄철 싹이 날 때는 순백색이다가 늦은 봄이 되면 백색과 녹색이 섞이고 여름에는 완전히 녹색으로 변하기 때문이다. 그러므로 이 차나무는 일반 차나무의 변종으로 극히 희귀하다. 900여 년 전 송나라 휘종(徽宗)이 쓴 『대관다론(大觀茶論)』에 "백차는 보통 차와는 다르다. 그 줄기가 넓게 퍼지고 잎이 얇고 맑은데 벼랑과 숲 사이에서 우연히 자라기 때문에 인력으로 기를 수 없다"라는 기록이 있은 후 그 이름만 들었지 실제로 본 사람이 없었다. 휘종은 이 차의 산지를 기록하지 않았던 것이다.

이후 1930년에 절강성 안길현(安吉縣, 안지현) 효풍진(孝豊鎭, 샤오펑전)에서 새싹이 백옥같이 흰 백차나무 수십 그루를 발견했다고 하는데 그 뒤 어떻게 되었는지 아무도 모른다. 1982년에는 안길현 산골짝에서 백차나무 한 그루를 발견하고 그곳 임업과의 기술자 유익민(劉益民, 류이민)이 옮겨 심는 데 성공하여 농가에서 재배하기 시작했다. 그러다가 2003년에 전문가들이, 안길현의 백차가 송나라 휘종이 언급한 백차임을 고증했다.

안길백차는 여름이 되면 잎이 완전히 녹색으로 변해 일반 녹차와 다름 없기 때문에 찻잎이 흰색을 유지할 때 따야 한다. 그러므로 찻잎을 따는 시기는 1년 중 청명(清明, 4월 5일 무렵) 전후의 약 1개월간에 불과하다. 백차는 특수한 생태 환경에서 자라는 변종이기 때문에 대자연이 인간에게 하사한 진귀한 선물로 평가받는다.

명차(名茶)에는 으레 그에 걸맞은 전설이 따르게 마련인데 백차도 예외가 아니다. 당나라 때 '다성(茶聖)'으로 불린 육우(陸羽)가 천하의 명차를 두루 맛본 후 『다경(茶經)』을 집필하고 나서도 더 좋은 차가 있을 것 같은 생각이 들었다. 그래서 다동(茶童)을 데리고 다시 천하제일의 차를 찾아 나섰다. 그러던 어느 날 호주(湖州) 지방의 한 산속에서 평소 보지 못한 차나무를 발견했다. 이 차나무의 잎은 보통 차나무 잎과 다르지 않았으나 가까이 가서 보니 새싹이 백옥같이 흰색이어서 매우 아름다웠다. 육우는 뛸 듯이 기뻐하며 그 자리에서 찻잎을 따서 간단히 조제(調製)한 후 개울물로 끓여 마셨더니 정신이 맑아지고 기분이 상쾌했다. 이에 그는 하늘을 우러러 "마침내 너를 찾았구나, 마침내 너를 찾았어! 내 일생이 헛되지 않았도다"라고 소리쳤다.

이 말이 채 끝나기도 전에 그의 몸이 가벼워져 하늘로 날아올랐다. 차로 인해 득도(得道)하여 신선이 된 것이다. 하늘의 옥황상제는 육우가 인간세계의 '다성'임을 알고 그로 하여금 여러 신선에게 차를 맛보게 했다. 이에 육우가 백차를 진상했더니 신선들이 맛보고는 모두 '묘하다'라 감탄했다. 이를 본 옥황상제는 육우에게 천병(天兵) 500명을 주어 지상의 백차나무를 몽땅 하늘로 옮겨 심게 했다. 이때 육우는 이렇게 좋은 차를 지상에서 멸종시킬 수 없다고 여겨 몰래 백차 씨앗 하나를 떨어뜨렸다. 이것이 1982년 안길현에서 발견된 백차나무라는 것이다.

안길백차는 찻잎이 빳빳하고 끝이 뾰족하여 마치 바늘과 같이 날카롭다. 그러나 우려내면 외형과는 달리 맛이 부드럽다. 탕색(물에 우러난 차의 색)은 짙은 녹색을 띠지 않고 연한 살구빛이다. 이 차는 절강성 서북부의 천목산(天目山) 북쪽 기슭, 대나무가 많은 곳에서 자라기 때문에 우려낸 차에서는 은은한 죽향(竹香) 또는 판율향(板栗香)이 난다. 판율은 왕밤이다. 녹차이면서 일반 녹차와는 달리 자극성이 없어 위장이 약한 사람에게 적합한 차이다. 구수한 맛을 지니고 있는데 우리나라 녹차를 연하게 우려낸 듯하다. 좋은 차이다.

대나무의 바다, 죽해

곱고 짙푸른 비취장랑
대나무와 소동파
대나무로 만든 길, 현공잔도

곱고 짙푸른 비취장랑

도조성경 풍경구가 있는 호부진(湖㳇鎭)에 죽해(竹海)가 있다. 도조성경 풍경구에서 죽해로 가는 도로 옆에는 온통 대나무와 차밭이다. 이 차밭에서 그 유명한 양선차(陽羨茶)가 생산된다. 죽해 입구로 들어서자 길 양쪽에는 죽림반점, 대죽반점, 죽향산장, 죽헌반점 등 '죽(竹)' 자가 들어간 이름의 식당과 여관이 즐비하게 늘어서 있다. 죽해는 문자 그대로 '대나무의 바다'인데 이 간판들이 먼저 대나무의 바다에 온 것을 실감 나게 했다. 강소성, 절강성, 안휘성 3성에 걸쳐 약 400km나 뻗어 있는 죽해가 일대 장관을 이룬다.

검표소를 지나서 한참을 걸으니 경호(鏡湖)가 나타났다. 경호는 죽해 풍경구 내에 있는 아름다운 호수로 그 안에 '도화수모(桃花水母)'라는 희

비취장랑 전동차를 타고 1km를 달려도 길옆엔 온통 비취빛 대나무뿐이다.

귀 어종이 서식하는 것으로 유명하다. 도화수모는 강장동물(腔腸動物)로 해파리나 말미잘과 같은 유에 속한다. 대부분의 강장동물이 바다에 살지만 이곳의 도화수모는 드물게 민물에 서식하는 원시 강장동물이다. 생물학자들의 연구에 의하면 1억 5천만 년 전(혹은 15억 년 전이라고도 한다)의 원시 어종으로 '살아 있는 화석'이라 불린다. 8월에서 11월까지 경호 가에 있는 수모정(水母亭)에서 이들이 집단적으로 몰려다니는 것을 볼 수 있다고 한다. 이곳 사람들은 도화수모를 '수중 판다'라 부르는데 판다처럼 희귀하다는 뜻일 것이다.

경호에서부터는 환경보호용 10인승 전동차에 올랐다. 주위의 경치를 구경하면서 걸어가도 되지만 날씨도 쌀쌀하고 시간도 빡빡하고 또 모두

태호지원 태호로 흘러들어가는 수원(水源) 중의 하나가 이곳에 있다.

들 지쳐 있었기 때문에 전동차를 타기로 한 것이다. 여기서부터가 비취장랑(翡翠長廊)이다. 약 1km를 달리는 동안 길옆엔 온통 비취빛 대나무뿐이다. 산 전체가 대나무로 빽빽하고 주위의 산들도 모두 대나무로 덮여 있다. 어떻게 대나무가 이렇게 많을 수 있을까? 하기야 대나무는 번식력이 강해서 그 뿌리가 한없이 뻗어나가는 성질을 가지고 있다. 옛날 우리나라 시골집에서도 울타리에 대나무를 심으면 뿌리가 구들장 밑까지 뻗어 들어온다고 했다. 없애려고 해도 없애기 어려운 것이 대나무인 만큼 자연 상태에서 이렇게 번식하는 것이 당연한 일일 것이다. 오히려 너무도 밀집해서 주기적으로 솎아주어야 할 지경이다. 이곳의 대나무는

해저 '대나무 바다'의 밑이라는 뜻으로, 여기서부터 죽해가 본격적으로 펼쳐진다.

종류도 다양해서 140여 종이 있고 전체 대나무는 약 16만 2천 그루로 추산하고 있다.

비취장랑 중간에 '태호 제일원(太湖第一源)'이란 비석이 눈에 띈다. 바다와 같은 호수인 태호로 흘러들어가는 수원(水源)이 다섯 곳인데 이곳이 태호에서 가장 가까이 있기 때문에 붙여진 명칭이다. 이제야 이곳의 지명이 호부진(湖父鎮)인 이유를 알았다. 호부(湖父)는 '태호의 아버지'란 뜻이 아닌가. '父' 자가 너무 직설적인 감이 있어서인지 '삼수변(氵)'을 붙여서 '汷'로 쓰기도 한다.

대나무 구경에 정신이 팔려 있는 동안 전동차는 어느새 종점에 도착했다. 전동차에서 내리니 과연 산에서 흘러내리는 시냇물 앞에 '태호지원(太湖之源)'이란 글자가 새겨져 있고 또 '해저(海底, 바다 밑)'란 글씨도 보인다. 여기서부터 본격적인 죽해이니까 지금 이 장소가 '대나무 바다의 밑'인 셈이다. 여기가 '죽해'로 항해하는 출발점이다.

대나무와 소동파

죽해 부둣가(?)엔 소동파와 관련된 대형 그림들이 걸려 있다. 「소동파 영죽(蘇東坡咏竹)」「동파 매전처(東坡買田處, 동파가 전지를 매입한 곳)」「동파서원(東坡書院)」 등의 그림과 설명문이 있다. 그중 「소동파 영죽」에는 대나무 앞에서 시를 읊는 듯한 동파의 모습과 함께, 대나무를 읊은 시가 중국 고전문화에 중요한 역할을 했다는 요지의 설명문이 있고 그 한 예로 소동파의 시 「오잠승녹균헌(於潛僧綠筠軒, 오잠 승려의 녹균헌)」의 한 부분을 인용해놓았다.(이 시의 전문과 해설은 1권 227~29면 참조)

식사에 고기가 없을 수는 있어도
사는 곳에 대나무는 없을 수 없네

고기 없으면 사람을 야위게 하지만
대나무 없으면 사람을 속되게 한다오

사람이 야위면 살찌울 수 있으나
선비가 속되면 고칠 수 없는 법

寧可食無肉 不可居無竹
無肉令人瘦 無竹令人俗
人瘦尙可肥 士俗不可醫

과연 죽해에 꼭 어울리는 시가 아닐 수 없다. 이런 시는 커다란 그림 밑에 조그마한 글자로 써놓을 것이 아니라 이 시만 따로 돌에 새겨 세우면 더 어울릴 것이란 생각이 든다. 이 시를 여기에 인용한 것은, 대나무를 읊은 시 중에서 단연 압권이기 때문이기도 하지만 소동파가 의흥과 인연을 맺은 일이 있기 때문이기도 하다. 그래서 「동파 매전처」 「동파서원」 등의 그림도 함께 전시한 것이다. 이에 관해서는 뒤에서 서술한다.

죽해의 소동파상 매우 추상적인 동상이다.

이제 대나무의 바다로 들어갈 차례이다. 소동파의 시를 음미하면서 오른쪽으로 난 산길을 따라 올라가면 울창한 대나무에 취해버린다. 또 오솔길 군데군데에

‘천연양파(天然氧吧)’라 쓰인 석판이 놓여 있다. 우리말로 옮기면 ‘천연 산소 바’가 되겠는데 영어로 ‘The Natural Oxygen Bar’라고 병기해놓았다. 이 석판의 설명문은 이렇다.

이 구역의 공기는 음이온 함량이 세제곱미터(m^3)당 10만 개로, 명실상부한 천연 산소 바이다. 당신이 이곳에서 심호흡을 15번 하기를 권유한다. 그러면 분명히 마음이 맑아지고 정신이 상쾌해질 것이다.

대나무로 만든 길, 현공잔도

그만큼 공기가 맑다는 뜻일 것이다. 조금 더 올라가면 이른바 ‘현공잔도(懸空棧道)’가 나타난다. ‘공중에 매달린 잔도’라는 뜻이다. 잔도는 다니기 힘든 험한 벼랑 같은 곳에 선반을 매듯이 만든 길이다. 이곳이 죽해 관람의 하이라이트이다. 굵은 대나무를 사용해서 인공으로 만든 길을 굽이굽이 돌아서 걷노라면 중간에 휴식을 할 수 있는 쉼터도 있고 바위에 붉은 글씨로 청도(聽濤)라 쓴 글자도 보인다. 청도는 ‘파도 소리를 듣는다’는 뜻인데 이곳이 대나무의 ‘바다’니까 파도 소리가 들릴 법도 하다. 아마 댓잎에 스치는 바람소리를 이렇게 표현한 것이리라. 현공잔도가 끝나면 내려가는 길이다. 중간에 있는 죽운정(竹韻亭)을 지나 다시 ‘해저’로 나왔다. 현공잔도가 끝나는 곳에서 산꼭대기로 더 올라갈 수 있지만 우리는 이 정도로 죽해 구경을 마치기로 했다.

현공잔도 대나무 숲에 매달린 다리를 말한다.

나는 죽해에 오면 언제나 이 코스를 택하는데 어느 해인가는 죽해에 리프트가 설치되었다기에 호기심에 그쪽으로 가보았지만 실망만 안고 돌아왔다. 리프트가 설치된 곳은 현공잔도가 있는 옆의 산이다. 물론 그 산에도 대나무가 빽빽하다. 그리고 편도 약 20여 분 동안 리프트 안에서 내려다보는 경치도 결코 무시할 수 없는 장관이다. 그러나 현공잔도 쪽의 아늑한 운치를 그곳에선 찾을 수 없다. 지금은 그쪽에 대대적인 시설을 만들어 관광객을 유치하고 있지만 나로서는 이쪽이 훨씬 더 마음에 든다.

명품 찻주전자, 의흥의 자사 다호

의흥 자사기는 왜 유명한가
실용성을 갖춘 수공 예술품
자사 공예의 역사
세계 최대의 자사기 시장

중국차 3 동정 벽라춘

의흥 자사기는 왜 유명한가

의흥을 대표하는 특산물이 자사기(紫砂器)이다. 자사기는 도기(陶器)로서 경덕진(景德鎭, 징더전)의 자기(瓷器)와 더불어 이른바 '의도경자(宜陶景瓷)'로 알려져 있는 세계적인 명품이다. 일반적으로 둘을 합쳐 도자기라 부르는데 도기와 자기는 다르다. 도기는 신석기시대부터 만들어 온 것으로 도기의 발전된 형태가 자기이다. 도기와 자기는 재료와 수분 흡수율과 소성온도(燒成溫度)에서 구별된다. 도기는 일반적인 점토(粘土), 즉 진흙으로 만들고, 자기는 산화알루미늄 함량이 높은 재료를 원료로 사용한다. 자기의 재료 중에서 가장 좋은 것이 고령토(高嶺土)이다. 도기의 소성온도는 700도에서 1000도 사이로 1100도를 넘지 못하는 반면에 자기는 1200도 이상, 높게는 1300도 이상으로도 소성된다.

자사기 원료인 자사토 자사토는 흙의 형태가 아니라 딱딱한 광물로, 이 원석을 잘게 부수어서 사용한다.

그러므로 강도는 도기보다 자기가 높지만 기공률(氣孔率)과 수분 흡수율은 자기보다 도기가 높다. 기공률이 높다는 것은, 도기에 미세한 구멍이 있어서 바깥 공기와 순환이 된다는 말이다. '숨 쉬는 항아리'란 말이 여기에서 나왔다. 우리나라의 질그릇 항아리가 바로 이 '숨 쉬는' 도기이다. 두드리면 도기는 둔탁한 소리가 나고 자기는 맑고 깨끗한 소리가 난다.

이렇게 도기를 만들다가 인간의 기술이 발달하여 더 견고하고 아름다운 자기로 발전했지만 유독 의흥의 자사도기가 유명해진 것은 타 지방의 도기와 구별되기 때문이다. 의흥 자사기의 원료는 원래부터 흙의 형태로 존재하는 것이 아니고 딱딱한 광물이다. 이 원석을 잘게 부수어서 짓이겨 사용하는데 이를 자사니(紫砂泥)라 한다. 자사니는 그 색깔에 따라 홍니(紅泥), 자니(紫泥), 녹니(綠泥)로 분류되는데 자니가 가장 많기 때문에 '자사기'로 불린다. 이 자사니에는 일반 도기의 원료인 점토와는 달리 고령토가 함유되었다고 한다. 고령토는 자기의 주원료이다. 그리고 일반 도기의 원료인 점토가 3% 정도의 산화철을 함유하고 있는 데 비하여 자사니에는 최고 8.83%의 산화철이 함유되어 있다. 자사니 외에도 고함량의 산화철을 함유한 재료가 많지만 자사니의 산화철은 그 분자구조가 기타 재료와 다르다고 한다.

이런 이유로 해서 자사기의 소성온도는 일반 도기보다 높아 1100~1150도이다. 의흥 남쪽 정촉진(丁蜀鎭, 딩수전) 지방에서 생산되는 독특한 재료로 만든 의흥 자사도기는 높은 온도에서 소성했기 때문에 기공률이 10% 이상, 수분 흡수율이 2% 이상 된다고 한다. 기공율이 높다는 것은 투기성(透氣性)이 높다는 말인데 이것이 자사기의 가장 큰 특징이다. 그렇기 때문에 의흥 자사 다호(茶壺, 찻주전자)에는 "여름날에 밤을 지나도 쉬지 않고(署月夜宿不餿) 차를 우리면 색, 향, 미 모두가 보존된다(泡茶色香味皆蘊)"라는 수식어가 늘 따라다닌다. 일반적으로 밤 지난 차는 마시지 말라고 하는데 자사 다호 안의 차는 예외인 셈이다. 그리고 수분 흡수율이 높기 때문에 다호가 찻물을 흡수하여 내벽에 이른바 '다수(茶銹)', 즉 '차 녹'이 형성되어 빈 다호에서도 차의 향을 맡을 수 있다. 그러므로 자사 다호에는 하나의 다호에 한 종류의 차만 우리는 것이 좋다.

이와 같은 자사 다호의 특징은 유약(釉藥)을 바르지 않기 때문이기도 하다. 일반적으로 도기에는 유약을 바르지 않지만, 유명한 당삼채(唐三

彩)는 도기임에도 유약을 발라 색을 입혔고 우리나라의 질그릇 항아리에 유약을 바른 것이 옹기이다. 그런데 전통적으로 자사기에는 유약을 바르지 않는다. 자사 다호가 비록 기공률이 높다고 하지만 유약을 바르면 '숨을 쉬지 못하여' 투기성이 떨어질 것은 자명한 이치이고 또 수분 흡수율도 다소간 낮아질 것이다.

실용성을 갖춘 수공 예술품

자사기의 또 하나의 특징은 '니편성형(泥片成型)'이라고 하는 독특한 공예 과정으로 우리의 소형 옹기 제작과 유사하다. 두부모 같은 흙덩어리를 사각형 혹은 원형으로 자른 다음 커다란 나무 방망이로 두드리고 밀어서 얇고 납작하게 만든다. 이것이 니편(泥片)이다. 일반적으로 도자기의 성형은 발 물레 또는 전통 물레를 사용하는데 자사기는 손 물레를 사용하여 니편을 적당한 크기로 잘라서 필요한 모양을 손으로 만든다. 예를 들어 다호(茶壺)를 만들 때, 니편을 둥그렇게 말아서 손가락으로 안을 받치고 바깥을 죽편(竹片)으로 두드려 몸체를 만든다. 이 과정은 매우 섬세해서 수십 번의 손질을 해야 한다. 그다음에 뚜껑과 수구(水口)와 손잡이를 따로 만들어 최종적으로 붙인다. 여기에 사용되는 도구는 각각 크기가 다른 죽편, 우각편(牛角片), 칼, 송곳 등 수십 가지이다. 모양을 만드는 전 과정은 회전하는 손 물레 또는 받침대 위에서 이루어지는데 손 물레 또는 받침대를 손으로 천천히 혹은 빨리 돌리면서 여러 가지 도구

자사기 공예 과정인 니편성형 모습(위, 아래) 나무 방망이와 손 물레를 사용하여 매우 섬세한 손질을 수십 번 거쳐야 완성된다.

를 이용하여 섬세하게 모양을 만들어나간다. 조그마한 다호 하나를 만드는 데 표면을 문지르고 가다듬는 작업을 수백 번 이상 해야 한다. 다호의 전체적인 모양과 수평 등은 전적으로 눈과 감(感)에 의존한다. 이렇게 정교한 수작업으로 이루어지기 때문에 만드는 동안 잠시도 방심하지 않고 집중해야 한다. 그러므로 인내심과 끈기와 예술작품을 만든다는 장인정신이 없으면 불가능한 작업이다. 이 '니편성형'은 자사기만의 독특한 방법이며 수공 예술의 정점이다.

이런 성형법이 가능한 것은 자사니(紫砂泥)가 다른 재료에 비하여 가소성(可塑性)이 적으나 수없이 손으로 다듬어가며 니편에 함유되어 있는 수분을 이용하여 성형하기 때문이다. 즉 일반 도자기를 만들 때처럼 물을 사용하지 않고 밀가루 반죽하듯 손과 도구를 사용해서 모양을 만들어가는 것이다. 그런 후에 자사기는 초벌구이 과정을 거치지 않고 성형이 완성된 작품을 바로 가마에 넣는다. 또 일반 도자기의 수축률이 약 15%인 반면에 자사기의 수축율은 8%에 불과하다. 수분이 적어 처음 만들었을 때의 크기와 소성 후의 크기가 거의 차이가 없는 것이다.

자사 공예의 역사

자사도기의 기원에 대해서는 여러 가지 설이 있으나 16세기 중반 명나라의 공춘(供春)이 창시자라는 것이 정설이다. 공춘은 그의 제자 시대빈(時大彬)에게 기술을 전수했고 시대빈은 제자 서우천(徐友泉)에게 전수하여 이 세 사람은 '명대의 3대 묘수'라 일컬어진다. 이후 청나라 초의 진명원(陳鳴遠), 혜맹신(惠孟臣) 같은 대가를 거쳐 청나라 중엽에는 진홍수(陳鴻壽)가 출현하여 처음으로 자사기에 죽도(竹刀)로 시문과 서화를 새기기 시작했다. 이때가 자사기의 전성기였던 듯하다. 이 시기 자사 공예의 성대함을 노래한 시 구절이 있다.

진홍수 자사호(위, 아래)

인간 세상 주옥(珠玉)을 어찌 족히 취하리
양선(陽羨) 시냇가의 한 덩이 흙만 못한걸

人間珠玉安足取 豈如陽羨溪頭一丸土

청나라의 화가이자 시인인 왕문백(汪文柏, 1662~1722)이 당대의 자사기 대가 진명원으로부터 자사기를 선물받고 답례로 써준 시의 한 구절이다. 이 시에서 말한 '양선'은 의흥의 옛 이름이고 '시냇가의 한 덩이 흙'

고경주 자사호(위, 아래)

은 자사토를 말한다. 당시에 자사토로 만든 자사기를 주옥보다 더 귀하게 여겼음을 알 수 있다.

청나라 말 이후의 혼란기를 거치는 동안 자사기 공예는 쇠퇴하여 1950년대에는 의흥에서 자사기 제작에 종사하는 종업원 수가 50여 명에 불과했고 노련한 도예가도 십수 명뿐이었다고 한다. 1960대 들어 정부의 적극적인 지원에 힘입어서 의흥에 다시 자사기 문화가 부흥했다. 그리하여 주가심(朱可心), 왕인춘(王寅春), 고경주(顧景舟), 장용(蔣蓉) 등의 명인이 나왔으나 옛날의 영화에는 미치지 못했다.

자사기는 실용품이자 예술품이다. 예술작품으로서의 자사기가 각광을 받기 시작한 것은 2000년대 이후인 것으로 보인다. 그 일례로 1996년에 작고한 고경주가 1948년에 만든 자사호가 1970~1980년대에는 380위안이었는데 2011년 북경에서 실시된 경매에서는 1782만 위안에 낙찰되었다고 한다. 또한 장용의 1950년대 작품도 지금은 100만 위안 이상으로 거래된다고 하니 바야흐로 지금이 자사기의 전성기인 듯싶다. 자사기의 창시자인 공춘의 작품은 지금 전하지 않지만 고경주 자사기의 복제품도 고가에 거래된다. 극히 희귀한 명나라 시대빈의 작품은 현재 1300만 위안을 호가하고 있다. 자사기는 예술작품으로서의 수장 가치가 날로 높아져서 현재 고경주, 주가심, 장용 등의 작품은 최소 30만 위안에서 많게는 100만 위안에 거래된다고 한다.

자사기의 주종은 다호이지만 이외에도 술 그릇, 음식 그릇, 문방구, 화분 등 다양한 작품을 만들고 있다. 현재 의흥에는 대규모 도기 기업이 20여 개 있고 민간 도예공방이 천여 개 있으며, 여기에 종사하는 종업원이 3만여 명, 전문 기술자만도 천여 명에 달한다고 한다.

세계 최대의 자사기 시장

의흥의 자사기 시장은 10여 년 전만 해도 의흥 시내에 있었는데 지금은 의흥시 남쪽의 정촉진으로 이전했다. 여기에는 수백 개의 점포가 밀집하여 각종 자사도기를 전시 판매하고 있다. 북경, 상해 등지에서 판매하는 자사기는 모두 여기에서 구입한 것이다. 말하자면 이곳은 자사기

의흥에서 생산되는 다양한 자사호

의 도매시장이라 할 수 있다. 도매시장이기 때문에 가격도 다른 도시에서보다는 저렴한데 제품에 따라 가격이 천차만별이다. 전문 공예사의 수작업을 거쳐 만들어진 것은 비싸고, 틀로 찍어낸 듯한 제품은 값이 싸다. 정촉진에서 판매되는 모든 제품이 수작업으로 제작된 것은 아닌 듯하다. 우리나라 인사동에서도 자사기가 판매되고 있는데, 제대로 만들어진 것 같지 않은 제품인데도 엄청 비싼 값으로 팔리고 있다.

10여 년 전쯤이었을까. 여행을 함께한 안동대학교 한문학과의 신두환(申斗煥) 교수가 자사 다호 십수 개를 구입했던 기억이 난다. 그때는 흥정을 잘하면 부르는 가격의 반값으로도 구입할 수 있었다. 그런데 지금은 좀처럼 값을 깎아주지 않는다. 한 가지 분명한 사실은, 정촉진에서 부르는 값으로 구입해도 중국의 타 도시나 우리나라에서 거래되는 가격보다는 비교할 수 없이 싸다는 것이다. 여기서는 다호 이외에도 차에 관한 모든 기구를 구입할 수 있다. 말하자면 이곳은 차도구 종합시장이라 할 만하다.

동정 벽라춘

벽라춘(碧螺春, 비뤄춘)은 중국 10대 명차에 속하는 녹차로 강서성 태호(太湖) 안의 동정산(洞庭山)에서 생산된다. 이 차는 원래 '하살인향(嚇煞人香, 사람을 몹시 놀라게 하는 향)'으로 불렸는데 그 유래는 이렇다. 당지 주민들은 해마다 동정동산(洞庭東山)의 벽라봉(碧螺峯)에서 찻잎을 따서 차를 만들어왔는데 어느 해에는 찻잎이 무성하여 광주리에 다 담을 수가 없었다. 그래서 찻잎 따는 아가씨들이 가슴에 두른 배두렁이〔兜肚〕에까지 찻잎을 담아 내려왔다. 그런데 오는 도중에 배두렁이 안의 찻잎이 체온에 의해서 약간 시들어 짙은 향기가 났다. 그 향이 너무나 매혹적이어서 이후 사람들은 이 차를 '하살인향'이라 부르고 이듬해부터는 아예 찻잎을 광주리에 따 넣지 않고 배두렁이에 담아서 돌아왔다고 한다.

그러다가 '벽라춘'이란 명칭을 얻게 된 유래는 두 가지이다. 하나는, 차의 색깔이 푸르고〔碧〕 모양이 꼬불꼬불하여 나사〔螺〕처럼 생겼으며 봄철〔春〕에 채취하기 때문이다. 또 하나는 청나라 강희황제가 명명했다는 설이 있다. 1699년 강희황제의 제3차 남방 순시 때 강소 순무어사(巡撫御使) 송락(宋犖)이 황제에게 이 차를 바쳤다. 황제가 맛을 보고 매우 흡족하여 차의 이름을 물었다. 이에 송락이 '하살인향'의 유래를 설명하니 황제가 이렇게 말했다.

"이 차는 매우 좋은 차이나 그 명칭이 우아하지 않다. 내 생각으로는 이 차가 벽라봉에서 나고 또 찻잎이 나사처럼 꾸부러졌으니 벽라춘이라 하라."

이렇게 해서 벽라춘으로 정해지고 해마다 봄이면 조정에 바쳤다고 한다.

벽라춘 차나무가 자라는 동정산은 태호 안에 있는 섬으로 동정동산과 동정서산으로 나뉘어 있다. 이곳은 연평균 기온이 15.5~16.5도 사이로 기후가 온화하고 연강수량이 1200~1500ml로 우량이 충분하며 필요한 만큼의 안개가 끼어 있어 차나무의 생장에 적합하다. 이곳 차 재배의 특징은 복숭아, 자두, 살구, 매화, 귤, 석류 등의 과일나무와 차나무를 섞어 심는다는 것이다. 그래서 과일나무의 꽃향기와 과일의 맛이 차에 스며들어 '화향과미(花香果味)'라는 독특한 풍미를 지니게 되었다. 벽라춘의 또 하나의 특징은 완성된 찻잎이 극히 가늘어 500g의 찻잎을 만드는 데에는 약 6만 개의 어린 싹이 소요된다고 한다.

차 전문가들의 견해에 의하면, 벽라춘에는 크게 두 가지 향이 있다. 하나는 화과향(花果香)으로 동정산에서 생산되는 차의 향인데 차의 탕색은 연한 황색을 띠고 맛도 연하다. 또 하나는 판율향(板栗香, 왕밤의 향)으로 태호 주변의 소주(蘇州), 율양(溧陽), 의홍(宜興) 등지에서 생산되는 차의 향인데 차의 탕색은 녹색이고 맛이 화과향보다 조금 진하다. 화과향은 상해 사람들이 좋아하고 판율향은 북방 사람들이 즐긴다고 한다.

내가 이 차를 처음 마셔본 것은 지금으로부터 20여 년 전이다. 그때 나는 북경 사범대학의 연구교수로 있었는데 그 대학의 팽림(彭林, 펑린) 교수와 함께 강소성 무석(無錫)에 간 일이 있었다. 팽림 교수의 동생 팽량(彭梁, 펑량)이 무석의 큰 농기구 회사의 중역이어서 나를 안내한 것이다. 무

태호 동정산 차 산지

석은 태호 가에 위치한 도시라 동정산과 가까워 자연히 벽라춘을 맛보게 되었다. 그곳에서 처음 맛본 벽라춘은 그야말로 황홀한 맛이었다. 내가 매우 좋다고 하니 팽량은 귀국 후에도 해마다 벽라춘 한 통씩을 보내왔다. 그런데 2, 3년 후부터는 맛이 달랐다. 진품(眞品)이 아니었기 때문일 것이란 생각이 든다. 아니나 다를까 우리나라 신문에도 중국에서 가짜 벽라춘이 나돈다는 보도가 있었다. 벽라춘이 워낙 유명한 차이기 때문에 가짜가 생긴 것이다. 팽량인들 그때는 가짜가 나돈다는 사실을 몰랐을 것이다. 지금은 더더욱 가짜가 많을 것이라 생각된다. 차 전문서적에는 벽라춘의 진위를 감별하는 방법이 제시되어 있지만 일반인은 감별하기가 쉽지 않다. 마셔서 은은한 과일 향이 나는 것이 진짜이다.

2015년 내가 남경대학 초빙교수로 있을 때 차를 잘 아는 윤은자(尹恩

子) 교수의 안내를 받아 시내 차 전문점에서 특급 벽라춘을 사서 마신 적이 있다. 특급이라 그런지 맛이 꽤 괜찮았다. 그러나 20여 년 전 처음 마셨을 때의 그 맛은 아니었다. 이 차의 겉 포장지에는 '본 찻잎은 냉장 보관하면 맛이 더욱 좋습니다'라는 문구가 적혀 있었다. 이로써 개봉한 후의 차를 냉장 보관하면 좋다는 지식을 하나 얻었다.

술이든 차든 중국에서는 가짜가 워낙 많아서 진품을 만나기가 어렵다. 또 진짜라 해도 품질의 표준화가 이루어지지 않았기 때문에 같은 상표의 상품이라도 맛에 차이가 있다. 그러니 운이 좋아야 좋은 상품을 만날 수 있을 뿐이다.

벽라춘에도 예외 없이 아름답고도 슬픈 전설이 있다. 동정서산의 어느 마을에 벽라(碧螺)라는 이름의 아름다운 아가씨가 있어 노래를 잘 불렀다. 한편 동정동산에는 아상(阿祥)이라는 총명하고 용감한 청년이 태호에서 고기를 잡으며 살아가고 있었다. 서산의 벽라가 부르는 노랫소리가 아상에게까지 들렸으나 두 사람이 만나지는 못했다. 그러던 어느 날 태호 물속에 사는 추악한 용이 뛰어올라 근처 산기슭에 버티고서 사람들을 위협했다. 용은 촌민들에게 자기를 위해 사당을 지어주고 매년 소녀 한 명씩을 바치라고 요구했으나 촌민들이 이를 거절하자 태호의 물로 서산을 수몰시키고 벽라를 인질로 잡아가겠다고 협박했다.

이를 보고 용감한 아상이 촌민들의 안전을 위하여 용과 격투를 벌였다. 7일 동안 싸웠지만 승부를 내지 못하고 용과 아상은 피차 중상을 입고 호숫가에 쓰러지고 말았다. 촌민들이 와서 용을 죽여버렸으나 아상은 상처가 심해 혼수상태에서 깨어나지 못하고 있었다. 벽라는 아상의 상처를 치료하기 위하여 약초를 캐러 가던 중 아상과 용이 싸우다가 피를 흘린 곳에 이르자 돌연 그곳에서 차나무 싹이 돋아난 걸 보고 용과 싸운 아상을 기념하기 위하여 산 위에 옮겨다 심었다. 그후 이 차나무는 무럭무럭 자라났지만 벽라의 간호에도 불구하고 아상의 상태는 나날이 더 나빠졌다. 그러던 어느 날, 아상이 흘린 피를 먹고 자란 차나무 생각이 나서 그 차 싹을 입으로 물고 와 차를 끓여 마시게 했더니 신기하게도 아상의 의식이 회복되었다. 이후 매일 새벽마다 산 위에 올라가서 찻잎을 물어다가 차를 만들어 마시게 하여 아상의 건강은 완전히 회복되었다.

한편 벽라는 이 고된 일로 지친 나머지 기력이 쇠하여 앓다가 죽고 말았다. 비통에 잠긴 아상은 벽라를 그 차나무 밑에 묻어주고 벽라의 명복을 빌었다. 그후 촌민들은 이 차나무를 '벽라차'라 불렀다. 벽라춘은 이렇게 아상이 흘린 피와 벽라의 일편단심을 먹고 자란 차나무이다.

소식(蘇軾)이 머문 곳에 동파서원을 짓고

소동파가 의흥에 온 사연
동파서원의 이모저모
소동파의 행적과 일화
사촉당과 회소당
어울리지 않는 동파면식점

중국차 4 용정차

소동파가 의흥에 온 사연

우리는 정촉진 자사기 시장에서 각자 필요한 물품을 구입한 후 동파서원(東坡書院)으로 향했다. 소동파(蘇東坡), 즉 소식(蘇軾, 1036~1101)은 1079년(44세)에 왕안석(王安石)과의 정치투쟁에서 패배하고 호북성 황주(黃州)로 유배되었다가 1084년(49세)에 하남성 여주(汝州, 지금의 임여臨汝)의 단련부사(團練副使)로 가게 되었다. 4월에 황주를 떠나 배를 타고 여주로 가는 도중에 그는 강서성, 안휘성을 거쳐 7월에는 강소성 금릉(金陵, 지금의 남경)에서 왕안석을 만나기도 했다. 여기서 그는 시첩(侍妾) 왕조운(王朝雲)과의 사이에서 난 아들을 잃는 슬픔을 겪는다. 8월에 금릉을 출발해서 여주로 향했지만 강을 따라 배를 타고 가는 여정은 험난했다. 이미 심신이 지쳐 있었던 그는 10월에 금릉 근처의 양주(揚州)로 돌아와서 황제에게 「걸상주거주표(乞常州居住表)」를 올려 상주에서 살게 해달라고 청원했지만 허락받지 못하자 연말에 다시 표(表)를 올려서 이듬해 초에 상주에 거주해도 좋다는 윤허가 내렸다.

소동파 초상

강소성의 상주부(常州府)는 무진(武進), 무석(無錫), 의흥(宜興), 강음(江陰)의 네 개 현을 관할하고 있는 고을이었다. 여기서 소동파가 말하는 상주는 구체적으로 의흥을 가리킨다. 그가 의흥에 터를 잡고 살고 싶어 한 데에는 몇 가지 이유가 있었다. 당시 그는 벼슬에 대한 미련을 버리고 조용히 은거하며 살려고 했는데 고향인 사천성의 미산(眉山)은 너무 멀리 떨어져 있을 뿐만 아니라 떠난 지 오래되었기 때문에 그곳엔 아무런 재산도 없고 아는 사람도 없었다. 그런데 의흥에는 그와 같은 해에 진사시험에 합격한 절친한 친구들이 있어서 여러 번 가본 적이 있었다. 일설에는 그가 39세 때 의흥 친구인 전공보(錢公輔)가 죽어 조문을 갔는데 그때 그곳 친구들에게 살 집을 마련해줄 것을 부탁해놓았다고도 한다.

또한 의흥은 산수의 경치가 빼어날 뿐만 아니라 기후가 온화해서 조용히 은거하기에 적합하다고 생각했을 것이다. 특히 의흥에 있는 독산(獨山)을 보고 "이 산은 촉(蜀) 땅과 같다(此山似蜀)"라고 말한 것으로 보아 그는 이곳에서 고향인 촉 땅의 풍광을 떠올렸던 것 같다. 후세 사람들은 소동파가 한 말을 기념하기 위하여 '독산'의 이름을 '촉산'으로 바꾸었다고 한다. 그래서 지금 동파서원의 강당에는 '사촉당(似蜀堂)'이란 편액이 걸려 있다.(436면 사진 참조)

소동파는 1084년 10월에 양주로 가기 전 의흥에 들러 이미 살 곳을 마련해두었다. 이때의 사정은 그가 쓴 「초송첩(楚頌帖)」에 잘 드러나 있다.

> 내가 양선(陽羨, 의흥의 옛 이름)에 와서 배를 타고 형계(荊溪)로 들어가니 생각이 확 트여서 마치 평생 바라던 바의 경치와 꼭 맞는 것 같았다. 이에 장차 이곳으로 돌아와 늙으려고 하는데 아마 전생의 인연인 듯싶었다. 왕일소(王逸少, 왕희지의 자字)도 "내가 이곳에서 즐겁게 죽을 것이다"라고 말했는데 헛된 말이 아니었던 듯하다. 나의 성품이 나무 심기를 좋아하고 손수 과일나무를 접붙일 수 있는데 귤나무 재배하는 것을 더욱 좋아한다. 양선 땅은 동정호 가에 있어서 감귤을 쉽게 재배할 수 있으니 마땅히 조그마한 정원을 사서 감귤 300주를 심어야겠다. 굴원(屈原)이 「귤송(橘頌)」을 지었으니 나의 정원이 만들어지면 정자를 하나 지어 '초송(楚頌)'이라 이름하리라. (괄호 안의 설명은 인용자)

이 글에서 '양선 땅은 동정호 가에 있다'고 한 '동정호'는 호북성과 호남성 경계에 있는 동정호가 아니고 강소성에 있는 '태호(太湖)'를 가리킨다. 태호 안의 섬에 동정산이 있기 때문에 이렇게 말한 것이라 생각된다. 그리고 정자 이름을 '초송정(楚頌亭)'이라 명명한 것은, 초나라의 굴원이 지은 「귤송(橘頌)」의 뜻을 이어받겠다는 의지를 나타낸 것이다. 귤은 남방에서 자라는 식물로 회수(淮水, 화이허강의 다른 이름)를 건너면 탱자가 된다고 한다. 그래서 옮겨심기가 어렵다. 굴원은 「귤송」에서 귤의 이러한 특성을 칭송했다. 그는 귤을 옮겨심기 어려운 것은, 지조를 변치 않는 군자의 풍모를 지녔기 때문이라 했다. 그는 귤의 행동이 백이(伯夷)와 비교할 만하여 "나의 스승이 될 만하다"라고 했다. 소동파가 감귤 300주를 심고 정자에 '초송'이라는 이름을 붙여주려고 한 것은, 귤과 굴원의 굳은 의지를 본받겠다는 뜻을 나타낸 것이다. 「초송첩」은 「종귤첩(種橘帖)」 또는 「매전양선첩(買田陽羨帖)」으로도 불린다.

그러나 소동파는 그의 계획을 실천하지 못했다. 그가 다시 의흥에 돌아온 것은 1085년 5월인데 그동안 신종(神宗)이 죽고 철종(哲宗)이 즉위하면서 소동파와 뜻을 같이했던 사마광(司馬光)이 재상이 되어 그를 발탁했다. 그가 의흥에 돌아온 지 보름 만에 중앙정계로 복귀했기 때문에 감귤 300주를 심으려던 계획을 실현할 수 없었던 것이다.

그가 별세한 후, 감귤 300주를 심으려던 그 장소에 후인들이 동파서원과 사당을 건립하여 그를 기렸다. 그가 의흥에 거주한 기간은 극히 짧았지만 그곳을 제2의 고향으로 생각한 소동파를 의흥 사람들은 결코 잊을 수 없었던 것이다. 1500년에 의흥 출신의 심휘(沈暉)가 동파서원을 중건하고 「초송첩」을 석각하여 사당에 비치했으나 그후 이 비석은 없어지고 탁본(拓本)만 유전되었는데 이 탁본마저도 구하기 어렵게 되었다. 전

동파서원 현판 유명한 서예가 서동(舒同)의 글씨다.

하는 말로는 일본인이 소장했다고도 하고 대만으로 흘러들어갔다고도 한다.

동파서원의 이모저모

동파서원은 청나라 강희·건륭 연간(1662~1795)에 여러 차례 중수, 확장했으며 함풍 연간(1851~1861)에 화재로 소실된 것을 1882년 의흥 지방의 명문 24 집안이 합자하여 중건했다. 청나라 말에 과거제도가 폐지된 후에는 동파소학교로 바뀌었다가 2002년과 2003년에 정촉진 정부가 전면적으로 중수하여 오늘에 이르고 있다.

서원 대문에 크게 '동파서원(東坡書院)'이라 쓰인 글씨가 보이는데 중국의 유명한 현대 서예가 서동(舒同, 수퉁)의 필적이다. 서동(1905~1998)은 1926년 중국공산당에 입당한 이래 대장정(大長征)에 참가하는 등 줄곧 홍군(紅軍)에서 활동했다. 해방 후에는 산동성 제일서기 등의 요직을 역임했다. 그는 어렸을 때부터 글씨에 재능이 있었는데 홍군에 몸을 담고 종군할 때에도 붓이 없으면 말 위에서 손가락으로 바짓가랑이에 글씨를 썼다고 한다. 이를 보고 모택동은 '마배서법가(馬背書法家, 말 잔등 위의 서법가)'라는 별칭을 붙여주었다. 그는 모두가 인정하는 서예가로 '국민당에 우우임(于右任)이 있다면 공산당에 서동이 있다'고 할 만큼 당대의 서예가 우우임과 쌍벽을 이룬 인물이다. 여기서 그의 글씨를 보는 감회가 남다르다.

대문을 들어서서 계란석이 깔린 길을 따라가다보면 왼쪽에 비랑(碑廊, 비석을 전시해둔 건물)이 있다. 2003년에 조성된 비랑에는 소동파의 「초송첩」「걸상주거주주장(乞常州居住奏狀)」 그리고 이동양(李東陽)의 「촉산소문충공사당기(蜀山蘇文忠公祠堂記)」를 비롯해서 역대 서원 중수 비기(碑記)와 동파서원 연혁과 중수 과정을 새긴 비석 등이 보존되어 있다.

비랑을 나와서 서원 안으로 들어가면 소동파가 직접 설계했다는 커다란 자사호가 놓여 있고 그 뒤 건물 중앙에 '동파매전처(東坡買田處, 동파가 전지를 매입한 곳)'라 쓰인 편액이 보인다. 그 앞에 높이 28m의 소동파상이 서 있다. 붓을 들고 있는 이 입상(立像)은 유명한 공예가 서수당(徐秀棠, 쉬슈탕)의 작품으로 자사기의 고장인 의흥의 특색을 나타내기 위하여 순수하게 자사니(紫砂泥)로 빚어 구운 것이라는 설도 있고 그렇지 않다는 설

소동파 입상 붓을 들고 있는 소동파상은 공예가 서수당(徐秀棠)의 작품이다. 위에 '동파매전처(東坡買田處)' 편액이 있다.

도 있다. 자사니로는 이처럼 크게 성형할 수 없다는 것이 후자 설의 근거이다. 이곳이 향당(饗堂)으로 매년 소동파의 탄생일인 음력 12월 19일에 정촉진의 문인 학자들이 여기 모여 제사를 지내는 장소이다. '동파매전처' 편액 밑에는 촉산 주위의 풍광을 그린 그림이 걸려 있는데 '정촉천고수(鼎蜀千古秀)'란 화제(畵題)가 쓰여 있다. 정촉(鼎蜀)은 이곳의 지명인 정촉진(丁蜀鎭)의 '丁蜀'과 같은 말인 듯하다. 양쪽 기둥에는 청나라 때 절강 순무(浙江巡撫)를 지낸 임도용(任道容)이 지은 영련(楹聯)이 쓰여 있다.

玉女銅官 溪山無恙 七百年毓秀鍾靈 盡是東坡桃李 (옥녀동관 계산무양 칠백년육수종령 진시동파도리)

鵝湖鹿洞 文字有緣 六千里尋幽選勝 依然西蜀峨嵋 (아호녹동 문자유연 육천리심유선승 의연서촉아미)

'옥녀'는 의흥에 있는 호수 옥녀담(玉女潭)이고 '동관' 역시 의흥에 있는 산 이름이다. '아호'는 강서성에 있는 산 이름인데 여기에 있는 아호사(鵝湖寺)에서 주희(朱熹)와 육구연(陸九淵) 형제가 강론을 하고 토론을 벌였으며, '녹동'은 역시 주희가 강학한 강서성의 백록동서원(白鹿洞書院)을 가리킨다. 이 영련은 대단히 난해한 글인데 대강의 뜻을 산문적으로 풀이하면 이렇다.

(동파서원 주위의) 옥녀담과 동관산은 (동파가 이곳에 터전을 마련한 이래 내가 이 글을 쓰는 지금까지) 700년 동안 별 탈 없이 옛 모습을 간직하여 빼어나고 신령스러운 인재를 길렀으니 이들은 모두 동파의 문하생이다. 아호사와 백록동은 (주희, 육구연이 학문을 강론한 곳이어서) 문자와 인연이 있는 곳인데 (동파가 여기에 왔으므로 아호사와 백록동 같은 장소가 될 것이다) 동파가 그윽하고 아름다운 경치를 찾아 (고향인 서촉西蜀으로부터) 6000리나 떨어진 이곳에 터를 잡았으니 영락없는 서촉의 아미산이로다. (괄호 안의 보충은 인용자)

소동파의 행적과 일화

향당(饗堂)의 동쪽 벽에는 의흥에서의 소동파의 행적과 일화를 새긴 여덟 장의 자사니(紫砂泥) 판이 걸려 있다. 각각의 자사니 판은 윗부분에 그림이 조각되어 있고 아랫부분에 다음과 같은 요지의 설명문이 새겨져 있다.

• 독산역명(獨山易名): 동파가 이곳 주위의 풍광이 고향인 촉(蜀) 땅과 같다고 말한 이래 후인들이 '독산(獨山)'을 '촉산(蜀山)'으로 개명했다.

• 죽부수조(竹符水調): 동파가 차를 끓일 때는 서동(書童)으로 하여금 10리 밖에 있는 금사사(金沙寺) 옆의 물을 길어오게 했는데 한번은 서동이 물을 엎질러 서원 근처의 물을 대신 담아왔다. 물맛을 본 동파가 추궁하니 서동이 사실대로 말했다. 이에 동파는 대나무를 잘라 두 개의 신표(信標)를 만들고 하나는 금산사의 스님에게, 또 하나는 서동에게 주어 서로 신표를 확인하게끔 하고 물을 조달했다.

• 연대조교(捐帶造橋): 동파가 친구와 함께 축릉주(祝陵酒)를 마시러 가는데 마을 앞의 강에 다리가 없어 촌민들의 도움으로 간신히 건넜다. 이곳 백성이 가난해서 다리를 건설하지 못한다는 말을 듣고 그는 황제가 하사한 옥대(玉帶)를 희사하여 다리를 만들게 했는데 지금도 옥대교(玉帶橋)란 다리가 있다.

• 제시쌍남(題詩雙楠): 모용휘(慕容暉)의 집 앞에 남목(楠木) 두 그루

소동파의 행적을 새긴 자사니 판 오른쪽은 '매전양선(買田陽羨)', 왼쪽은 '수식해당(手植海棠)'이다.

가 있는데 그는 사랑채 쌍남헌(雙楠軒)에서 매일 술만 마시며 공부를 게을리했다. 평소 동파를 흠모한 그는 동파를 초청해서 시를 지어주기를 요청했다. 동파가 시를 써주었는데 그 속에 '집은 화려하나 서향(書香)이 없음'을 넌지시 암시했다. 그후로 모용휘는 분발하여 학문에 정진했다.

• 매전양선(買田陽羨): 동파가 양선, 즉 의흥에 전지를 매입했다.

• 수식해당(手植海棠): 영정촌(永定村)의 명망 있는 가문 출신의 소민첨(邵民瞻)은 소동파의 망년지우(忘年之友, 나이를 뛰어넘어 재주와 학문으로 사귀는 친구)이다. 어느 날 그의 집에서 술을 마시다가 흥에 겨워

시 「해당(海棠)」 한 수를 짓고 말하기를 "(고향인) 미산(眉山)에는 해마다 해당화가 무성하게 피는데 이 집 뜰에 해당화가 없는 것이 유감이다"라고 했다. 그후 동파는 고향으로부터 해당화를 가지고 와서 친히 심어주었다. 사람들은 이를 영정해당(永定海棠) 또는 동파해당(東坡海棠)이라 불렀다.

여기서 잠깐 소동파의 대표 시 중의 하나인 「해당」을 읽어보기로 한다.

봄바람 산들 부니 고결한 빛 떠도는데
향기로운 안개 자욱한 속에 달은 회랑으로 돌아드네

밤 깊어 해당화가 잠들까 두려워
높은 촛불 태워서 미인을 비추네

東風嫋嫋泛崇光 香霧空蒙月轉廊
只恐夜深花睡去 故燒高燭照紅妝

제1구는 낮에 본 해당화이고 제2구는 밤풍경이며 제3구는 깊은 밤의 정경이다. 그러므로 시인은 낮부터 밤이 깊을 때까지 해당화를 떠나지 않고 있다. 그만큼 해당화를 사랑하기 때문이다. 해당화에 대한 애정은 드디어 꽃을 의인화한다. 밤이 깊어 해당화가 잠들어버리면 시인만 혼자 남아 쓸쓸하지 않겠는가? 그래서 꽃이 잠들지 않도록 촛불을 태워 환하게 비춘다는 것이다. 촛불 때문에 꽃이 잠들지 않기를 바라는 바이지만 설령 잠들더라도 촛불에 비친 해당화를 볼 수 있어서 좋은 것이다. 여기서 '높은 촛불'은 진짜 촛불일 수도 있고 하늘에 떠 있는 달일 수도 있다.

후세의 평자들에 의하면 이 시는 소동파가 황주 유배 시절에 쓴 것으로 되어 있다. 그는 해당화를 무척 사랑해서 황주 시절에 유명한 「우거정혜원지동잡화만산유해당일주토인부지귀야(寓居定惠院之東雜花滿山有海棠一株土人不知貴也, 정혜원 동쪽에 우거하고 있을 때 여러 가지 꽃이 산에 가득한 가운데 해당화 한 그루가 있지만 그곳 사람들은 귀한 줄을 몰랐다)」라는 긴 제목의 시를 쓰기도 했다. 「해당」도 이 무렵 쓴 것으로 보인다. 그런데 동파서원의 자사니 판에는 이 시를 인용하고 의흥의 영정촌에 있는 소민첨의 집에서 썼다고 기록되어 있다. 아마 의흥 사람들이 동파서원을 매개로 하여 소동파와의 친연성(親緣性)을 강조하기 위해 그렇게 기록한 것으로 생각된다. 또 의흥 영정촌에는 현재 동파해당원(東坡海棠園)을 새로 조성하여 관광지로 만들어놓았다. 이 모든 일이 위대한 문학가 소동파의 영향력 때문에 일어난 것이 아니겠는가. 다시 동파서원의 자사니 판으로 돌아간다.

• 분계환택(焚契還宅): 소동파가 의흥의 친구에게 살 집을 마련해놓으라고 부탁했는데, 어느 날 저녁 그 마을 근처를 거닐다가 한 집에서 흐느끼는 소리가 들려서 들어가보니 한 노파가 통곡을 하며 "이 집은 조상 대대로 살던 집인데 불초한 아들이 팔아버려 살 집이 없다"고 말했다. 그는 이 집이 자기가 500민(緡)을 주고 매입한 집임을 알고 노파

호산공수 편액이 걸려 있는 향당 호산공수는 '호수와 산이 빼어난 경치를 껴안다'라는 뜻이다.

를 위로하며 즉시 계약서를 불태워버리고 옛집으로 돌아갔다.

• 생가호부(甥嫁湖㳬): 단석(單錫)은 의흥 근처의 호부진(湖㳬鎭) 사람인데 소동파와는 같은 해에 진사 급제한 친구였다. 그는 단석이 박학다식하고 단정한 선비임을 알고 자신의 생질녀를 단석에게 시집보냈다.

향당의 서쪽엔 '호산공수(湖山拱秀)'란 편액이 걸려 있는데 '호수와 산이 빼어난 경치를 껴안다'는 뜻의 이 편액 역시 서수당의 글씨이다. 편액 밑에 태호에서 바라본 동파서원의 원경을 그린 그림이 걸려 있고 그림에는 '호광산색벽연천(湖光山色碧連天, 호수 빛과 산색이 푸르게 하늘에 연해 있다)'이라는 화제(畵題)가 붙어 있다. 그리고 양쪽 기둥에는 다음과 같은 영련이 쓰여 있다.

山色湖光歸一覽 (산색호광귀일람)
歐公坡老峙千秋 (구공파노치천추)

산색과 호수 빛이 한눈에 들어오고
구양수와 소동파가 천추에 우뚝하네

소동파가 구양수(歐陽脩)의 제자이기 때문에 두 사람을 함께 거론한 것이다.

사촉당과 회소당

향당 뒤쪽 건물이 강당(講堂)이다. 전면에 큰 글씨로 '강당(講堂)'이란 편액이 걸려 있는데 의흥 출신으로 청나라 때 절강 순무(浙江巡撫)를 지낸 임도용(任道鎔)의 글씨이다. 안쪽에는 소동파의 고향인 사천성 미산(眉山) 출신으로 강녕 포정사(江寧布政使)를 지낸 양능격(楊能格)이 쓴 '사촉당(似蜀堂)'이란 편액이 걸려 있다. 그리고 사촉당 편액 밑에 '소문충공치학편(蘇文忠公治學篇)'이 동판(銅版)에 새겨져 있다. 그 내용은 이렇다.

강당 안쪽에는 '사촉당(似蜀堂)'이란 편액이 걸려 있다.

내 생각에, 소년이 학문을 하려면 책 한 권을 여러 번 반복해서 읽어야 한다. 책은 바다와 같이 많아서 그 속에 온갖 것이 다 들어 있는데 사람의 정력으로는 전부 다 읽을 수 없고 다만 자기가 추구하고자 하는 것만을 얻을 수 있을 뿐이다. 그러므로 배우는 자는 매번 한 가지 뜻만을 추구해야 한다. 예를 들어 고금의 흥망치란(興亡治亂)과 성현의 역할을 추구하려면 이것만 추구할 것이지 딴생각을 가지지 말아야 한다. 또 다른 계획을 세워, 옛 사실이나 제도와 문물 등을 추구할 때에도 이와 같이 해야 하고 다른 것들도 모두 이렇게 하도록 한다. 이것이 비록 우둔할지라도 후일 학문이 이루어지면 어떤 상황에도 대응할 수 있을 것이니 여러 책을 이것저것 읽은 사람과는 비교할 수 없을 것이다. 이는 분명 학문을 속성하는 방법은 아니라 비웃음을 살 일이기는 하다.

이 글은 소동파의 「우답왕상서(又答王庠書)」의 일부분인데 여기에 '소문충공 치학편'이라는 이름으로 새겨놓은 것이다. 왕상(王庠)은 소동파의 동생인 소철(蘇轍)의 사위로 동파의 질서(姪壻, 조카사위)가 된다. 왕상은 일찍이 부친을 여의고 학문에 전념하여 큰 학자가 된 인물인데 동파에게 학문의 자세를 물은 편지에 답한 글이다. 동파는 여기에서 학문에는 첩경이 없음을 강조하여 책을 정독할 것을 권하고 있다.

강당 안에 책상과 의자가 놓여 있고 벽에는 제자들이 독서하고 유희를 즐기는 모습을 그린 6폭의 그림이 걸려 있다. 또 강당의 좌우 곁방에는 이 서원에서 공부한 인사들의 초상과 간단한 이력을 적은 패널이 진열되어 있다.

강당 앞 오른쪽에는 '회소당(懷蘇堂, 소동파를 그리워하는 집)'이 있다. 여기에는 일본의 소동파 연구자인 사토 후사오(佐藤房雄)가 기증한 동파 관련 문물이 진열되어 있다. 사토는 '동파광(東坡狂)'이라 불릴 만큼 평생 동파를 연구한 학자이다.

강당 뒤편에 망호루(望湖樓)가 있다. 이 누각에 오르면 멀리 태호가 아스라이 보인다고 해서 붙여진 명칭이다. 망호루 2층에는 동파의 초상 그리고 동파 3부자의 초상이 각각 목판에 선각되어 걸려 있다. 이곳은 정촉진에서 도자, 서화 등을 전시하는 장소이기도 하다. 망호루 뒤편에는 귤원(橘園)이 있는데 동파가 「초송첩」에서 '감귤 300주를 심겠다'고 한 뜻을 기려서 조성한 정원이다.

동파서원 관람을 마치고 난 후 '과연 소동파는 큰 그릇이구나'라는 느낌이 들었다. 소동파와 의흥과의 인연이 깊다고는 해도 그가 의흥에 머문 기간은 극히 짧았다. 그럼에도 불구하고 그를 기념하는 건물을 지어 역대로 보존해온 것은 그가 지닌 학문적·문학적 역량이 컸기 때문일 것이다. 그가 유배생활을 한 황주, 혜주, 해남도는 물론이고 그가 잠깐 스치고 지나간 곳마다 그를 기념하는 건조물이 세워진 것을 보면 그가 중국사에서 차지하는 비중이 얼마나 큰지를 짐작할 수 있다.

어울리지 않는 동파면식점

그러나 정촉진에 동파서원을 잘 정비하여 보존하고 있음에도 불구하고 이곳을 찾는 사람이 드문 것이 안타깝다. 6,7년 전이던가, 처음 동파서원을 방문할 때 현지 가이드도 서원의 위치를 몰라 묻고 물어서 간신히 찾았던 기억이 난다. 그뿐만 아니라 서원 대문 앞에는 동파면식점(東坡面食店)이란 조잡한 간판을 달고 있는 분식집이 있어 서원의 경관을 해치고 있다. '面'은 '麵', 즉 '밀가루 면' 자의 간자(簡字)이다. 1990년 사천성 미산(眉山)의 소동파 삼부자를 합사(合祀)한 삼소사(三蘇祠)를 처음 찾았을 때에도 근처 상점의 간판을 보고 씁쓸한 느낌을 받았다. 삼소사 일대의 건물 간판은 온통 '동파'로 뒤덮여 있었는데 '동파독서실' 정도는 괜찮았지만 '동파사료(東坡飼料)'는 좀 지나치다는 생각이 들었다. 하기야 우리나라도 예외가 아니어서 다산(茶山) 정약용이 유배생활을 한 전라남도 강진 읍내에 '다산다방'이 있었다. 지금은 없어진 것으로 알고 있다. 동파면식점이나 동파사료, 다산다방이 소동파와 정다산의 위상을 깎아내리는 것은 아니지만 어쩐지 어울리지 않는다는 느낌을 떨칠 수 없다.

용정차

용정차(龍井茶, 룽징차)는 중국의 대표적인 녹차로 중국 10대 명차 중에서도 으뜸으로 평가되고 있다. '용정'은 절강성 항주 서쪽의 옹가산(翁家山) 서북 기슭에 있는 직경 약 2m의 샘으로 원래 이름은 '용홍(龍泓)'이다. 이 샘은 큰 가뭄에도 마르지 않아서 옛사람들은 샘이 바다와 통해 있고 그 속에 용이 살고 있다고 믿었다. 그래서 '용정'이란 명칭을 얻었고 용정이 있는 마을을 '용정촌'이라 불렀다. 이 일대에서 생산되는 차가 용정차이다.

지금은 산지에 따라서 용정차를 서호용정(西湖龍井), 전당용정(錢塘龍井), 월주용정(越州龍井)으로 구분하고 있다. 서호용정은 항주의 서호 지역에서 생산되는 차이고, 전당용정은 소산(蕭山)·부양(富陽) 등지에서, 월주용정은 소흥(紹興) 지구에서 생산되는 차인데 이 중 서호용정이 정통 용정차로 품질이 가장 우수하다. 이전에는 서호용정차를 산지에 따라 사봉(獅峰), 용정(龍井), 운서(雲栖), 호포(虎跑), 매가오(梅家塢)로 등급을 나누었고 그중에서 사봉용정을 제일 좋은 차로 여겼다.

사봉용정차가 유명하게 된 데에는 청나라 건륭황제와 관련된 이야기가 한몫을 차지한다. 건륭황제는 "임금에게는 하루라도 차가 없을 수 없다"라고 말할 만큼 차를 좋아했다. 그는 여섯 번이나 강남을 순시했는데 그때마다 항주에 들러 용정차를 즐겼다. 네 번째 항주에 왔을 때 사봉산(獅峰山) 아래에서 찻잎 따는 광경을 보던 중 태후가 위독하다는 전갈이

일엽일아

와서 급히 귀경하여 준비해간 용정차를 마시게 했더니 병이 나았다. 태후는 차 맛을 보고 '묘약'이라 칭찬했다. 이에 황제는 명령하여 사봉 아래 호공묘(胡公廟) 앞의 차나무 18그루를 '어다(御茶)'로 봉하고 매년 신차를 따서 태후에게 바쳤다고 한다.

용정차는 종전에 11등급으로 세분했으나 1995년 이래로는 특급부터 5급까지 6등급으로 분류되고 있다. 등급의 분류는 찻잎의 산지와 채취 시기 등 여러 요인에 의하여 결정된다. 용정차의 채취는 1년에 네 번 이루어지고 청명 3일 전에 딴 것을 명전차(明前茶)라 하여 최상급으로 치는데 이때의 찻잎이 이른바 일기일창(一旗一槍)이다. 일기일창은 일엽일아(一葉一芽, 싹 하나 잎 하나)를 말한다. 곡우(穀雨) 전에 딴 우전차(雨前茶)가 그다음이다. 입하(立夏) 전에 딴 것을 삼춘차(三春茶) 또는 작설(雀舌)이라 하고 삼춘차를 따고 나서 한 달 후에 채취한 것을 사춘차(四春茶) 또는 경편(梗片)이라 한다.

어떤 종류의 차든 좋은 차가 생산되는 데에는 온도, 습도, 강우량, 일조량, 안개 등의 주위 환경이 결정적 역할을 한다. 서호 일대는 봄에 싹이 날 때 가랑비가 내리고 적당한 안개가 덮이며 밤낮의 온도 차가 크기 때문에 차나무의 생장에 매우 좋은 조건을 갖추고 있다. 용정차가 너무 유명하여 복건용정, 사천용정, 안휘용정 등의 가짜가 범람하자 국가에서는 2001년에 용정차를 원산지 보호산품으로 지정하여 서호를 중심으로 168km^2 이내에서 생산되는 차만 용정차로 규정하고 있다. 현재 서호용정차의 주산지는 매가오촌(梅家塢村)이다. 여기에는 광대한 차밭이 조성되어 있고 수많은 다실(茶室)이 들어서 있으며 찻잎을 판매하는 상점이 즐비하여 국내외의 유객으로 항상 붐비고 있다.

흔히 색록(色綠), 향욱(香郁), 미감(味甘), 형미(形美)를 일컬어 용정차의 '사절(四絶)'이라고 한다. 즉 색이 푸르고, 향기가 짙고, 맛이 달고, 형태가 아름답다는 것이다. 그러나 이것은 용정차만의 특징이라기보다 좋은 녹차가 지닌 일반적인 특성이라 할 수 있다. 청나라의 어느 품평가는 용정차를 "달콤한 향기는 난초와 같아서 그윽하고도 차지 않고, 마시면 담박하여 맛이 없는 것 같지만 마신 후에는 태화(太和, 만물을 생성하는 힘-인용자)의 기운이 이 사이에 가득함을 느끼게 되니 이것은 무미지미(無味之味, 맛 없는 맛)라 지극한 맛이다"라고 말하기도 했다. 이런 수사를 빌리지 않더라도 용정차는 좋은 차임에 틀림없다. 그러나 나는 아직 특급 용정차를 마셔보지 못했다. 특급 용정차는 생산량이 극히 적어서 일반 시중에서는 구하기 어렵고 특별한 경로를 통해서만 살 수 있다고 한다.

중국 근대회화의 아버지 서비홍

중국화를 개량한 화가
말 그림에 능한 화가
언젠가는 승리한다는 「우공이산」
서비홍의 여인들
제백석을 발탁하다
휴게소의 운치 있는 문구

중국화를 개량한 화가

이번 기행의 마지막 행선지는 '의흥 서비홍기념관'이다. 이곳 의흥이 고향인 서비홍(徐悲鴻, 쉬베이훙, 1895~1953)은 중국 현대미술의 기초를 정립한 걸출한 화가이며 미술교육가이다. 그는 초대 중앙미술학원 원장, 중국미술가협회 주석을 역임하면서 중국 미술 발전에 탁월한 공헌을 하여 '중국 근대미술의 아버지'로 일컬어진다.

서비홍은 가난한 평민 가정에서 태어나 화가인 부친에게서 9세 때부터 그림을 배웠다. 그러나 그림을 팔아서 생계를 유지하는 부친을 따라 이리저리 다니면서 그도 그림을 파는 일에 매달리지 않을 수 없었다. 그러다가 20세 때 상해에서 당시 유신파(維新派)의 영수 강유위(康有爲, 캉유웨이)를 알게 되면서 회화 창작의 방향을 설정했다. 강유위는, 옛것의 모방에 주력하는 정통 문인 산수화가인 왕시민(王時敏), 왕감(王鑒), 왕휘(王翬), 왕원기(王原祁) 등 이른바 '사왕(四王)'의 화풍을 배격했다. 강유위의 영향 아래서 서비홍은 '사왕'을 따르지 않고 당나라의 오도자(吳道子)·염입본(閻立本), 북송의 범관(范寬) 등의 사실적인 화풍을 추구했다.

22세(1917년)에는 일본에 가서 그림에 대한 시야를 넓히고 그다음 해에 귀국하여 채원배(蔡元培)의 초청으로 북경대학 화법연구회(畵法硏究會)의 지도교수가 되었다. 이 시절에 그는 채원배를 비롯하여 진사증(陳師曾), 노신(魯迅) 등과 친교를 맺어 신문화운동의 일익을 담당하는 계기가 되었다. 1918년에는 화법연구회에서 '중국화 개량 방법'이란 제목의 유명한 강연을 했다. 이 강연은 1920년 『회학잡지(繪學雜誌)』에 「중국화 개량론」으로 발표되었는데 그가 제시한 최초의 회화이론이다. 그는 이 글에서 중국화의 개량을 주창하고 개량의 방법까지 구체적으로 제시했다.

> 옛 화법 중에서 좋은 것은 지키고 사라져가는 것은 잇고 좋지 못한 것은 고치고 부족한 것은 더해서 보태고 서양의 회화로서 받아들일 수 있는 것은 (중국화와) 융합해야 한다.(괄호 안의 보충은 인용자)

24세(1919년)에 부인과 함께 프랑스로 유학하여 서양화를 깊이 공부하고 유럽의 여러 나라를 여행한 후 32세(1927년)에 귀국하여 1929년에는 남경의 중앙대학 미술과 교수로 재직하면서 회화의 사실성과 창신성을 주장하는 논문을 발표하는 한편으로 「전횡오백사(田橫五百士)」 「구방고(九方皐)」 등을 창작하여 그의 이론을 실제 그림으로 실천해 보였다.

이후 그는 1931년(36세)에 벨기에의 브뤼셀에서 개인전을 연 것을 시작으로 이탈리아, 프랑스, 독일, 러시아 등지에서 개인전 및 중국근대화전을 여러 차례 개최했다. 43세(1938년) 때에는 시인 타고르의 초청으로 인도로 가서 약 3년간 머물면서 여러 차례 개인전을 열었고 그의 대표작 중의 하나인 「우공이산(愚公移山)」을 완성했다. 46세(1941년)에 귀국해서는 그동안 개인전에서 얻은 수익금 약 10만 달러를 항일투쟁을 위한 비용으로 희사했다. 그는 국민당과 공산당의 치열한 내전 중 공산당을 지지하여 국민당 정부의 일당독재에 분명한 반대의사를 표명했다. 개인적으로 그는 1945년(50세)에 부인 장벽미(蔣碧微, 장비웨이)와 이혼하고 이듬해에 제자인 요정문(廖靜文, 랴오징원)과 재혼했다.

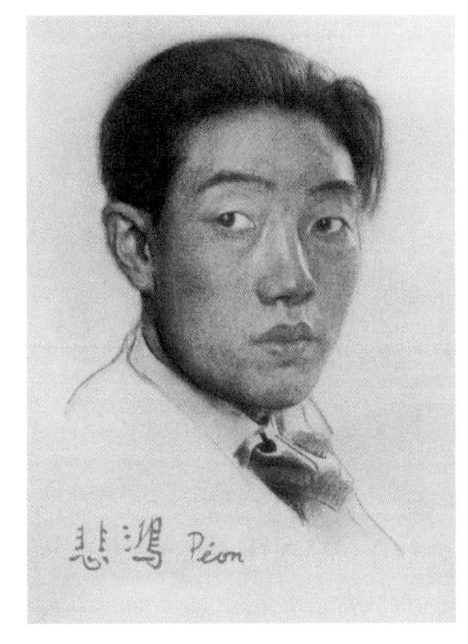

자화상

1949년 신중국 성립 후에는 제1회 전국정협대표(全國政協代表) 등 정치적으로 중책을 맡아 활동하는 한편 신중국 건설의 여러 모습을 담은 그림을 활발하게 창작했다. 그러나 1951년(56세)에 지병인 고혈압 때문에 뇌일혈로 쓰러져 반신불수가 되었고 1953년 58세를 일기로 서거했다.

말 그림에 능한 화가

서비홍의 대표적인 작품으로는 「분마(奔馬)」 「군마(群馬)」 「구방고(九方皐)」 「전횡오백사(田横五百士)」 「부상지사(負傷之獅, 부상당한 사자)」 「우공이산」 등이 있다. 동양화에서 말을 그리는 것이 가장 어렵다고 하는데 그는 특히 말 그림에 능해서 많은 작품을 남겼다. 그중 「분마」와 「군마」는 현대 중국화를 상징하는 작품으로 평가되고 있다. '구방고'는 말 전문가인 백락(伯樂)이 만년에 진(秦)나라 목공(穆公)에게 추천한 인물로, 천리마인지 아닌지를 감별하는 뛰어난 안목을 지녔다고 한다. 1931년 일본이 만주사변을 일으켜 중국을 침략하자 서비홍은 구방고 같은 안목으로 천리마 같은 인재를 발굴하려는 염원을 담아 이 그림을 그렸다고 한다.

그는 이 시기에 유화 「혜아후(徯我后)」를 그렸는데 『서경(書經)』의 "우리의 임금을 기다리노라. 그 임금이 와야 살아날 수 있다(徯我后 后來其蘇)"라는 구절에서 제재를 취한 그림이다. 하(夏)나라 걸(桀)의 폭정에 시달리는 백성이 탕(湯)임금이 와서 자기들을 구해주기를 기다린다는 내용이다. 부인 요정문 여사의 증언에 의하면, 만주사변 후에 일본이 동북지방을 점령하고 있는데도 국민당 정부가 적극적으로 대처하지 않아 고통을 당하는 인민들이 새로운 지도자를 갈망하는 모습을 그린 그림이라고 한다. 그림에는 야윈 소가 나무뿌리를 뜯고 피골이 상접한 인민들은 간절한 눈빛으로 구세주를 기다리는 모습이 잘 묘사되어 있다.

「전횡오백사」의 역사적 사실은 이렇다. 한(漢)나라 고조 유방(劉邦)이 천하를 통일하자 제(齊)나라 왕 전횡(田横)은 군사 500명을 이끌고 어느

「분마」 1941, 130×76cm. 말 그림에 능했던 서비홍은 많은 '분마도'를 남겼다.

「전횡오백사」 1928~1930, 197×349cm. 제(齊)나라 왕 전횡이 500 의사(義士)와 작별을 고하는 장면을 그린 것이다.

섬으로 도피했다. 유방은 전횡을 회유할 목적으로 그를 불렀다. 전횡은 유방에게 가는 도중 자결하고 이 소식을 들은 500명도 전횡을 따라 함께 자결했다. 이 그림은 전횡이 500 의사(義士)와 작별을 고하는 장면인데, 1930년 일본의 침략이 노골화되던 때 어떠한 부귀의 유혹에도 넘어가지 않고 어떠한 무력의 위협에도 굴하지 않고 절개를 지킨 전횡과 500 의사의 정신을 본받자는 뜻으로 그린 유화이다. 500 의사 앞쪽에 두 여인과 어린아이가 앉아서 전횡을 올려다보는 슬픈 표정이 인상적이다.

「부상지사(부상당한 사자)」는 1938년에 그린 중국화로 현실주의와 낭만주의를 결합한 걸작으로 평가된다. 일본은 1932년에 청나라의 마지막 황제였던 부의(溥儀, 푸이)를 앞세워 만주국이란 괴뢰정부를 세우고 1937년의 중일전쟁에 승리하여 중국의 10개 성과 북경, 광주 등 대도시를

「부상지사(부상당한 사자)」 1938, 110×109cm. 일본의 침략을 받은 중국을 '부상당한 사자'로 표현한 그림으로, 부상을 당했지만 조금도 굴하지 않는 강인한 모습을 보여주려고 했다.

점령했다. 일본의 침략으로 만신창이가 된 중국을 서비홍은 '부상당한 사자'로 표현한 것이다. '잠자는 사자'가 이제 '부상당한 사자'로 전락한 것이다. 그는 이 그림에서 용맹한 수사자가 부상을 당했지만 조금도 굴하지 않고 미래를 준비하는 강인한 모습을 나타내고 있다. 그림 오른쪽 위에 "국난(國難)이 극심할 때 인약(麟若) 선생과 함께 중경에 있으면서 서로 돌아다보며 마음이 언짢아 이 그림을 그려서 회포를 쏟았다"라는 제사(題辭)가 있다. '인약 선생'은 당시 서비홍이 재직하고 있던 남경대학 체육과의 주임교수로 중국 현대 체육교육의 개척자로 알려져 있다.

언젠가는 승리한다는 「우공이산」

「우공이산(愚公移山)」은 1940년, 중국이 가장 어려운 항일전쟁을 수행하던 시기의 작품이다. '우공이산'은 널리 알려진 중국 고대의 우화이다. 북산에 사는 우공은 집 앞에 태형(太形)과 왕옥(王屋) 두 개의 산이 가로막고 있어 출입에 큰 불편을 겪고 있었다. 이에 90세의 우공은 자손들과 함께 두 산을 옮기기로 결정했다. 이를 보고 주위에서 무모한 일이라고 그를 비웃으니 그는 "비록 나는 죽더라도 자식은 남아 있다. 내 자식은 또 손자를 낳을 것이고 손자는 또 자식을 낳을 것이며 (…) 자자손손 영원히 낳을 것이다. 그러나 산은 더 늘어나지 않을 것이니 어찌 평평해지지 않음을 걱정하는가?"라고 했다. 이를 본 하느님이 감동하여 두 산을 옮겨주었다는 이야기이다. 이 우화는 어려움을 두려워하지 않고 노력하면 언젠가는 성공한다는 교훈을 나타내는데 중국인도 계속 투쟁하면 일본과의 싸움에서 결국은 승리하리라는 항전의식을 심어주려는 의도에서 창작한 것이다.

이 그림에는 바지만 입거나 벌거벗은 사나이들이 쇠스랑과 삽을 들고 열심히 산을 파내는 모습, 삼태기에 흙을 담아 운반하는 모습 등이 역동적으로 그려져 있다. 「우공이산」은 타고르의 초청으로 인도에 체류하면서 그린 작품으로 서비홍이 그의 최전성기에 가장 심혈을 기울여 만든 걸작이다. 그는 인도인을 직접 모델로 고용해서 수십 장의 데생 작업 끝에 작업을 완성했다고 한다. 이 그림에서 눈에 띄는 것은 남자의 나체상이다. 중국의 전통회화에서는 물론이고 서비홍 당시까지만 해도 남녀

「우공이산」 1939~1941, 1430×4240cm. 최전성기에 심혈을 기울여 만든 걸작이다.

나체상을 그리는 것은 금기시되었다. 그런데 서비홍은 남성의 나체상을 과감히 그렸다. 한 남성상에는 성기까지도 그려져 있다. 그의 데생 중에는 수많은 남녀 나체상을 볼 수 있다. 그만큼 그는 데생을 중시하여 현재 1000여 폭의 데생 작품이 전하고 있다.

역시 부인 요정문 여사의 증언에 의하면 그는 인도를 거쳐 싱가포르 등지를 여행하며 두 폭의 「우공이산」을 그렸는데 모두 해외에 수장되어 있다가 후에 중국으로 반환되었다고 한다. 두 번째 그림은 지금 북경의 서비홍기념관에 소장되어 있고 첫 번째 그림은 2006년 북경 경매에서 3300만 위안(당시 한화 약 40억 원)에 낙찰되었다고 전한다. 이 그림은 중국 전통기법과 서양 전통기법을 조화시켜 중국 근대 인물화의 최고 수준에 이른 작품으로 평가된다.

우공이산 우화는 1945년 중국공산당 7차 당대회 폐막식에서 행한 모택동의 연설로 더욱 유명해졌다. 그는 '우공의 집 앞에 두 산이 있었고 중국 인민의 머리 위에도 두 산이 있다. 하나는 제국주의이고 또 하나는 봉건주의라는 산이다. 공산당이 우공이산의 정신으로 부단히 노력하여 전국 인민대중이 합심하면 우리도 제국주의와 봉건주의라는 두 산을 옮길 수 있다'는 요지의 폐막사이다. 근래 시진핑(習近平) 주석도 여러 차례 우공이산의 정신을 강조한 바 있다.

서비홍의 여인들

서비홍은 항일전쟁의 숨은 공로자이고 신중국 성립에 커다란 공헌을 했으며 중국 근대미술의 토대를 마련한 걸출한 인물이지만 그의 개인 생활은 결코 순탄하지 않았다. 특히 여성과의 관계가 그렇다. 젊은 시절 상해에서 그를 돌봐주던 고전학자 장매생(蔣梅笙)의 둘째 딸 장벽미와 눈이 맞았다. 그녀는 약혼자가 있는 몸이었으나 두 사람은 1917년(서비홍 22세) 일본으로 도망갔다가 일시 귀국한 후 1919년에는 함께 프랑스 유학길에 올랐다. 그러나 그림에만 집중하는 서비홍과 평범한 여자 장벽미의 부부관계는 그리 좋지 않았다.

귀국 후 남경대학 교수로 재직할 때 제자인 젊은 미술학도 손다자(孫多慈, 쑨둬츠)와 사랑에 빠졌다. 그는 자신의 도장에 '대자대비(大慈大悲)'란 글귀를 새겼을 만큼 그녀를 사랑했다. 대자대비는 불교 용어지만 '자(慈)'와 '비(悲)'는 손다자와 서비홍의 이름에서 따온 글자이다. 손다자도 서비홍을 사랑하여 그의 공관이 낙성되었을 때 집 주위에 단풍나무 수십 그루를 심어주었는데 후에 이 사실을 안 부인 장벽미가 질투 끝에 단풍나무를 모두 베어버렸다고 한다. 그래서 그는 당호(堂號)를 '무풍당(無楓堂, 단풍나무가 없는 집)'이라 하고 도장에도 '무풍당'이라 새겼다는 이야기가 전한다. 그러나 손다자와의 사랑은 끝내 이루어질 수 없었다.

서비홍은 1945년(50세)에 8년간 별거하던 장벽미와 정식으로 이혼한다. 그녀는 이혼 조건으로 100만 위안의 돈과 서비홍의 그림 100점을 요구해서 모두 들어주었다. 이듬해 그는 자신의 조교 노릇을 하던 28세 연하의 요정문과 결혼했다. 고혈압으로 극도로 쇠약해진 그를 요정문은 지극정성으로 보살폈으나 서비홍은 1953년에 별세했다. 그녀는 서비홍이 작고한 후 가지고 있던 그의 작품과 고서화 등을 모두 국가에 헌납했다. 그러고는 북경대학 중문과에 입학하여 공부했는데 오로지 서비홍의 전기를 쓰기 위함이었다. 1982년에 드디어 『서비홍의 일생(徐悲鴻一生)』을 출간했다. 세인들은 그녀를 '서비홍을 위해서 태어났고 서비홍을 위해서 살았던 여인'이라 평가했다.

제백석을 발탁하다

서비홍을 논하는 자리에서 제백석(齊白石, 치바이스, 1864~1957)을 빼놓을 수 없다. 중국 미술가협회 주석을 역임했고 '인민예술가'의 칭호를 부여받았으며 탄신 100주년이 되는 1963년에는 세계문화 명인에 선정되기도 한 제백석의 예술을 꽃피울 수 있게 한 사람이 서비홍이기 때문이다. 제백석은 호남성의 한 가난한 가정에서 출생하여 13세 때 목공일을 시작했다. 목수 생활을 하면서 틈틈이 회화, 시문, 글씨, 전각(篆刻) 등을 익히다가 55세 무렵 북경에 거주하며 그림을 팔거나 도장 새기는 일로 생계를 유지했다. 1928년 당시 북경 예술학원 원장으로 있던 서비홍은 미술계의 혁신을 꿈꾸며 참신한 인재를 찾던 중 그 적임자로 제백석을 낙점했다. 서비홍은 제백석을 찾아가 대학의 교수로 초빙하겠다는 뜻을 전했으나 제백석은 완곡히 사양했다. 자신은 정규교육을 받은 적도 없는 목공인데다 이미 나이 60이 넘어 눈도 귀도 어두운 처지라 교수직에 나아갈 수 없다고 했다. 이런 제백석을 서비홍은 세 번이나 직접 찾아가 설득했다. 강의는 하지 않아도 되니 학생들에게 그림 그리는 시범만 보여도 된다고 하여 결국은 허락을 받았다. 제백석은 시, 서, 화, 각에 모두 능했는데 정작 자신은 전각이 으뜸이고 시사(詩詞)가 두 번째이고 서법이 세 번째이며 그림은 네 번째라 말한 바 있다. 그가 서비홍을 만나지 않았다면 일생을 무명의 화가로 묻혀 지냈을 것이다.

의흥의 서비홍기념관은 1988년에 문을 열었다. 3층으로 된 기념관 건물 앞뜰에 서비홍 동상이 서 있는데 그가 그린 자화상과는 달리 어딘지 우수에 잠긴 듯한 표정이었다. 그의 이름 '비홍(悲鴻)'은 '슬픈 기러기'라는 뜻인데 동상의 표정도 슬픈 기러기를 닮았다는 느낌을 받았다.

기념관의 제1전시실에는 각 시기의 서비홍의 활동상을 담은 사진 100여 점이 전시되어 있고, 제2전시실에는 서비홍의 글씨와 그림 원본, 「우공이산」「구방고」「군마」 등의 복제품이 전시되고 있다. 제3전시실은

기념관 앞의 서비홍 입상 서비홍기념관 앞뜰에 우수에 잠긴 듯한 표정으로 서 있다.

「전횡오백사」「혜아후」「요정문상」 등의 유화 작품과, 「노신과 구추백」 「타고르상」을 비롯한 다양한 데생 작품을 전시하고 있다.

휴게소의 운치 있는 문구

서비홍기념관을 끝으로 의흥에서의 기행 일정을 모두 마쳤다. 저녁 식사 후 의흥빈관의 지하 노래방을 빌려서 마지막 밤을 보냈다. 노래방은 꽤 넓고 화려했으나 12월이란 계절 탓인지 손님이 없었다. 그래서

800위안을 주고 하룻밤을 통째로 빌렸는데 맥주는 무제한으로 공급한다고 했다. 그동안 노장들이 술을 산 데 대한 보답으로 젊은 사람들이 돈을 모아 빌린 듯했다. 모두들 각자의 소감을 말하고 노래를 부르며 즐거운 밤을 보냈다. 노래방기계에 한국 노래는 10여 곡 있었다. 이곳에 한국 관광객이 많이 오지 않기 때문이리라.

다음 날(2011년 12월 21일) 귀국하기 위해 상해로 향했다. 상해로 가는 도중 가흥(嘉興) 휴게소에 들렀는데 화장실 소변기 앞에는 예외 없이 '향전일소보 문명일대보(向前一小步 文明一大步)'란 문구가 쓰여 있다. '앞으로 작은 발걸음을 옮기는 것이 문명으로 가는 큰 발걸음이 된다'는 뜻으로 변기 앞으로 한 발짝 다가서서 용변을 보라는 권고문이다. 한자이기 때문에 이런 운치 있는 문구를 만들 수 있었을 것이다. 그냥 '한 발짝 앞으로(請前一步)'라 하지 않고 열 자로 대구(對句)를 맞춘 중국인의 예지가 놀랍다.

그뿐만 아니다. 가흥 휴게소 외벽에는 '종심소욕불유구 삼초일피불가취(從心所慾不踰矩 三超一疲不可取)'란 문구가 쓰여 있었는데 운전자들에 대한 경고문이다. 앞의 구절은 『논어』「위정(爲政)」편에서 따온 것이다.

> 나는 열다섯에 학문에 뜻을 두었고, 서른에 자립하였고, 마흔에 유혹에 흔들림이 없었고, 쉰에는 천명을 알았고, 예순에는 귀가 순해졌으며 일흔에는 마음이 하고자 하는 대로 따라 하여도 법도를 넘지 않았다(吾十有五而志于學 三十而立 四十而不惑 五十而知天命 六十而耳順 七十而從心所慾不踰矩).

즉 일흔이 되어서는 맘 내키는 대로 행동해도 법도를 벗어나지 않는다는 말로, 달관의 경지에 이르렀음을 뜻한다. 경고문의 뒤 구절 '삼초일피(三超一疲)'의 '삼초'는 세 가지를 초과한 행위로, '정원 초과(超員)' '속도 초과(超速)' '적재 초과(超載)'를 말한다. '일피'는 문자 그대로 '피로'이다. 『논어』의 구절까지 동원한 이 경고문의 뜻을 풀이하면 '공자는 일흔 살이 되어서 맘 내키는 대로 행동해도 법도를 벗어나지 않았지만, 운전자들은 맘 내키는 대로 피로한 상태에서 세 가지를 초과해서 운전하면 안 된다'는 뜻일 것이다. 앞뒤 구절의 연결이 다소 어색하긴 하지만 운전자들에 대한 경고문치고는 상당히 품격이 높은 경고문임에 틀림없다. 2015년 9월부터 내가 한 학기 동안 강의를 한 남경대학의 강의실 밖 화단에는 이런 팻말이 꽂혀 있었다.

> 愿君莫伸折枝手 (원군막신절지수)
> 風送果香蝶時來 (풍송과향접시래)

> 그대는 가지 꺾으려 손을 뻗치지 마오
> 바람이 과일 향을 불어 날리면 때맞춰 나비가 날아온다오

꽃가지를 꺾지 말라는 간곡한 부탁이다. 가지를 꺾어버리면 나비가 날아오지 않기 때문이다. 꽃도 보고 나비도 보려면 가지를 꺾지 말아야 한다는 말을 운치 있게 표현한 것이다.

시와 술과 차가 있는
중국 인문 기행 2

초판 1쇄 발행 / 2017년 9월 29일

지은이 / 송재소
펴낸이 / 강일우
책임편집 / 정편집실
조판 / 박지현
펴낸곳 / (주)창비
등록 / 1986년 8월 5일 제85호
주소 / 10881 경기도 파주시 회동길 184
전화 / 031-955-3333
팩시밀리 / 영업 031-955-3399 편집 031-955-3400
홈페이지 / www.changbi.com
전자우편 / nonfic@changbi.com

ISBN 978-89-364-7443-0 03910